A LICITAÇÃO INTERNACIONAL NA NOVA LEI DE LICITAÇÕES

(Lei nº 14.133, de 1º de abril de 2021)

SIDNEY BITTENCOURT

Prefácio
Luiz Claudio Azevedo Chaves

A LICITAÇÃO INTERNACIONAL NA NOVA LEI DE LICITAÇÕES

(Lei nº 14.133, de 1º de abril de 2021)

Belo Horizonte

2023

© 2023 Editora Fórum Ltda.

É proibida a reprodução total ou parcial desta obra, por qualquer meio eletrônico, inclusive por processos xerográficos, sem autorização expressa do Editor.

Conselho Editorial

Adilson Abreu Dallari	Floriano de Azevedo Marques Neto
Alécia Paolucci Nogueira Bicalho	Gustavo Justino de Oliveira
Alexandre Coutinho Pagliarini	Inês Virgínia Prado Soares
André Ramos Tavares	Jorge Ulisses Jacoby Fernandes
Carlos Ayres Britto	Juarez Freitas
Carlos Mário da Silva Velloso	Luciano Ferraz
Cármen Lúcia Antunes Rocha	Lúcio Delfino
Cesar Augusto Guimarães Pereira	Marcia Carla Pereira Ribeiro
Clovis Beznos	Márcio Cammarosano
Cristiana Fortini	Marcos Ehrhardt Jr.
Dinorá Adelaide Musetti Grotti	Maria Sylvia Zanella Di Pietro
Diogo de Figueiredo Moreira Neto (*in memoriam*)	Ney José de Freitas
Egon Bockmann Moreira	Oswaldo Othon de Pontes Saraiva Filho
Emerson Gabardo	Paulo Modesto
Fabrício Motta	Romeu Felipe Bacellar Filho
Fernando Rossi	Sérgio Guerra
Flávio Henrique Unes Pereira	Walber de Moura Agra

FÓRUM
CONHECIMENTO JURÍDICO

Luís Cláudio Rodrigues Ferreira
Presidente e Editor

Coordenação editorial: Leonardo Eustáquio Siqueira Araújo
Aline Sobreira de Oliveira

Rua Paulo Ribeiro Bastos, 211 – Jardim Atlântico – CEP 31710-430
Belo Horizonte – Minas Gerais – Tel.: (31) 99412.0131
www.editoraforum.com.br – editoraforum@editoraforum.com.br

Técnica. Empenho. Zelo. Esses foram alguns dos cuidados aplicados na edição desta obra. No entanto, podem ocorrer erros de impressão, digitação ou mesmo restar alguma dúvida conceitual. Caso se constate algo assim, solicitamos a gentileza de nos comunicar através do *e-mail* editorial@editoraforum.com.br para que possamos esclarecer, no que couber. A sua contribuição é muito importante para mantermos a excelência editorial. A Editora Fórum agradece a sua contribuição.

Dados Internacionais de Catalogação na Publicação (CIP) de acordo com ISBD

B624l	Bittencourt, Sidney
	A licitação internacional na Nova Lei de Licitações: Lei nº 14.133, de 1º de abril de 2021 / Sidney Bittencourt. Belo Horizonte: Fórum, 2023.
	229p. 14,5x21,5 cm
	ISBN 978-65-5518-533-1
	1. Licitações públicas. 2. Direito público. 3. Contratos internacionais. 4. Direito internacional. 5. Relações internacionais. 6. Compras. 7. Contratos. 8. Intendência. 9. Finanças. I. Título.
2023-386	CDD: 341
	CDU: 342

Ficha catalográfica elaborada por Lissandra Ruas Lima – CRB/6 – 2851

Informação bibliográfica deste livro, conforme a NBR 6023:2018 da Associação Brasileira de Normas Técnicas (ABNT):

BITTENCOURT, Sidney. *A licitação internacional na Nova Lei de Licitações*: Lei nº 14.133, de 1º de abril de 2021. Belo Horizonte: Fórum, 2023. 229p. ISBN 978-65-5518-533-1.

Dedico este trabalho:

a) à memória do amigo Prof. **Marcos Juruena Villela Souto**, um dos maiores administrativistas que este País já teve, grande conhecedor dos meandros técnico-jurídicos das licitações, dos contratos administrativos e das questões regulatórias. O amigo Juruena foi um dos que mais me incentivaram a escrever, lá na já longínqua década de 1990, o pioneiro livro sobre licitações internacionais e, de quebra, presenteou-me com um belo prefácio, o qual fiz questão de aqui reproduzir; e

b) ao Prof. **Jonas Lima**, maior entusiasta e profundo conhecedor das licitações internacionais, sendo, hoje, o mais profícuo mestre e palestrante sobre o tema. O prof. Jonas, tal como Marcos Juruena no passado, foi o maior incentivador para que eu me dedicasse a este novo livro, agora com base na Nova Lei de Licitações.

Sonhar é acordar-se para dentro.
Mário Quintana

SUMÁRIO

PREFÁCIO
Luiz Claudio Azevedo Chaves 13

NOTA DO AUTOR 17

CAPÍTULO 1
A LEI DE LICITAÇÕES E CONTRATOS ADMINISTRATIVOS, SUA ORIGEM E BREVE HISTÓRIA 21

CAPÍTULO 2
A LEI DE LICITAÇÕES EM VIGOR 27

CAPÍTULO 3
A ABRANGÊNCIA DAS LEIS. AS COMPRAS GOVERNAMENTAIS. A HARMONIZAÇÃO LEGAL. A HARMONIZAÇÃO ESPECÍFICA NO CAMPO DO DIREITO ADMINISTRATIVO 31

CAPÍTULO 4
DIREITO PÚBLICO/DIREITO PRIVADO E A CORRELAÇÃO COM: (A) O CONTRATO CELEBRADO ENTRE O ESTADO E ESTRANGEIROS; (B) AS LICITAÇÕES PÚBLICAS 43

CAPÍTULO 5
A LICITAÇÃO INTERNACIONAL 49
5.1 Do alcance 49
5.2 Da previsão orçamentária 54
5.3 Da adoção de normas específicas sobre contratações emanadas por entidades financeiras estrangeiras 57

CAPÍTULO 6
COMENTÁRIOS ÀS REGRAS NORMATIVAS SOBRE LICITAÇÕES INTERNACIONAIS CONTIDAS NA NOVA LEI DE LICITAÇÕES E CONTRATOS ADMINISTRATIVOS (LEI Nº 14.133, DE 1º.04.2021) 65

	PARÁGRAFO 2º DO ARTIGO 1º	67
1	Contratações realizadas por entes públicos sediados no exterior	67
1.1	A regulamentação específica	72
	PARÁGRAFO 3º DO ARTIGO 1º	75
2	Licitações e contratações envolvendo recursos externos	75
2.1	A questão da apreciação jurídica das minutas de contratos que utilizem recursos externos	81
	PARÁGRAFO 4º DO ARTIGO 1º	82
3	Aprovação dos contratos de empréstimos pelo Senado Federal	82
	PARÁGRAFO 5º DO ARTIGO 1º	85
4	As contratações relativas à gestão das reservas internacionais do país	85
	INCISO XXXV DO ARTIGO 6º	88
1	Definição legal de licitação internacional	88
	INCISO II DO ARTIGO 9º	95
1	Vedação a tratamento diferenciado entre empresas brasileiras e estrangeiras	95
1.1	Vedação ao tratamento diferenciado quanto à moeda	99
	PARÁGRAFO 5º DO ARTIGO 14	104
1	Impossibilidade de participação em licitações dos penalizados por organismos internacionais	104
	INCISO III DO PARÁGRAFO 1º DO ARTIGO 26	108
1	Extensão das margens de preferência a bens e serviços originários de estados partes do Mercosul	108
	PARÁGRAFO 6º DO ARTIGO 26	117
2	As compensações comerciais, industriais ou tecnológicas	117
	ARTIGO 52	121
1	As licitações internacionais e o ajustamento às diretrizes da política monetária e do comércio exterior	121
1.1	Conflito entre a definição legal e as regras do acordo de compras governamentais da organização mundial do comércio	130
1.1.1	Participação de empresas estrangeiras em licitações públicas nacionais: a ilegalidade da Instrução Normativa nº 10/2020	133
	PARÁGRAFO 1º DO ARTIGO 52	142
2	A cotação do preço em moeda estrangeira	142
	PARÁGRAFO 2º DO ARTIGO 52	144
3	Conversão da moeda para pagamento	144
	PARÁGRAFO 3º DO ARTIGO 52	145

4	Garantias de pagamento equivalentes...	145
	PARÁGRAFO 4º DO ARTIGO 52...	148
5	Indicação dos gravames incidentes no edital licitatório.............	148
	PARÁGRAFO 5º DO ARTIGO 52...	152
6	Sujeição de todos os licitantes às mesmas regras.......................	152
	PARÁGRAFO 6º DO ARTIGO 52...	153
7	Vedação ao estabelecimento de barreiras a licitantes estrangeiros...	153
8	A questão da representação legal no Brasil................................	154
	PARÁGRAFO 4º DO ARTIGO 67...	157
1	Demonstração de qualificação por meio de atestados emitidos por estrangeiros...	157
	PARÁGRAFO 7º DO ARTIGO 67...	163
2	Inscrição de empresas estrangeiras em entidade profissional competente...	163
	PARÁGRAFO ÚNICO DO ARTIGO 70...	165
1	A questão da comprovação dos requisitos de habilitação por meio de documentos equivalentes...	165
	ALÍNEA A DO INCISO IV DO ARTIGO 75...................................	169
1	Licitação dispensável na aquisição de bens de origem nacional ou estrangeira para manutenção...	169
	ALÍNEA B DO INCISO IV DO ARTIGO 75...................................	174
2	Licitação dispensável para a aquisição nos termos de acordo internacional...	174
	ALÍNEA D DO INCISO IV DO ARTIGO 75...................................	180
3	Licitação dispensável para a transferência de tecnologia..........	180
	ALÍNEA H DO INCISO IV DO ARTIGO 75...................................	184
4	Licitação dispensável para atendimento de contingentes militares em operações de paz no exterior................................	184
	ALÍNEA I DO INCISO IV DO ARTIGO 75....................................	186
5	Licitação dispensável para contratações objetivando os abastecimentos militares em estado de operação.....................	186
	INCISO XII DO ARTIGO 75...	188
6	Licitação dispensável para contratação que contenha transferência de tecnologia de produtos estratégicos para o Sistema Único de Saúde (SUS)...	188
	PARÁGRAFO 1º DO ARTIGO 92..	191
1	O foro competente para dirimir questões referentes aos contratos administrativos...	191

CAPÍTULO 7
A APLICAÇÃO DO DIREITO ESTRANGEIRO
A LICITAÇÃO E O CONTRATO INTERNACIONAL CELEBRADO
PELO ESTADO 201

REFERÊNCIAS 213

PREFÁCIO

É com profunda alegria e satisfação que prefacio uma obra que, com absoluta certeza, se tornará leitura obrigatória de operadores do Direito, certo de que se tornará, muito rapidamente, um exemplo de sucesso editorial, pela importância do tema tratado, como, também, pela envergadura de seu autor, o Professor Sidney Bittencourt, jurisconsulto que há décadas ocupa lugar de destaque no cenário jurídico nacional.

Discorrer sobre uma obra de tamanha importância no cenário do Direito Administrativo pós-moderno, como é o caso destas linhas, deveria ser tarefa fácil. Seja pela atualidade do tema, considerando a novel norma geral de licitações e contratos – Lei Federal nº 14.133/2021 – que vem substituir, dentre outras, a já ultrapassada Lei nº 8.666/1993. Ou pelo fato de que as lições que se desbordam de suas páginas se apresentam com uma clareza e pragmatismo adequados ao perfeito entendimento da matéria. Ou ainda, e principalmente, pelo fato de o autor ser um Mestre de renome nacional no campo do Direito Público. Mas, justamente em razão deste último aspecto é que considerei um enorme desafio prefaciar a obra A LICITAÇÃO INTERNACIONAL NA NOVA LEI DE LICITAÇÕES, do Prof. Sidney Bittencourt, cujo convite recebi com grande lisonja. Afinal, ter a oportunidade de apresentar ao leitor uma obra escrita por um dos mestres que me serviu de guia em minha formação e carreira profissional é algo que atrai enorme responsabilidade.

A nova Lei Geral de Licitações e Contratos carrega um grande número de inovações, moderniza procedimentos, sofistica institutos já existentes e incorpora entendimentos consolidados pelo Tribunal de Contas da União. Vem em excelente hora, visto que quase trinta anos após entrar em vigor, a Lei nº 8.666/1993 já não comportava mais as atuais necessidades do Estado. Nesse contexto, a licitação internacional, que ao longo dos últimos anos foi muito timidamente utilizada, mostra-se, hoje, uma excelente fonte de ofertas adequadas e vantajosas para o Poder Público fazer frente às suas necessidades. Na nova Lei, ganha melhor espaço, com disposições mais detalhadas. Nada obstante, o aplicador da norma ainda permanece carente de informações técnicas que lhe possibilite fazer uso desse instrumento. É nesse espaço que este trabalho vem residir, revelando-se importante fonte de conhecimento a orientar intérpretes e aplicadores do Direito Administrativo.

Após traçar um panorama contemporâneo a respeito da evolução das normas licitatórias brasileiras, para se chegar ao atual momento em que estamos e também discorrer sobre o enquadramento e a harmonização específica de tais normas ao Direito Internacional, notadamente sobre o Direito Comercial Internacional, o autor, com o didatismo que lhe constitui marca indelével, avança sobre as questões relacionadas às compras governamentais e a abertura de mercado público para empresas estrangeiras e a posição mais recente do Brasil nesse aspecto.

O autor é muito feliz ao examinar, com acuidade, os novos preceitos, bem como as lacunas que a nova Lei Geral de Licitações deixou, oferecendo caminho seguro ao intérprete para a sua correta aplicação. O autor enfrenta a questão das licitações nacionais com aplicação de regras específicas de organismos financeiros internacionais, examinando cuidadosamente a aplicação dos tratados internacionais dos quais o Brasil é signatário, de acordo com a posição jurisprudencial do Supremo Tribunal Federal, para, após, concluir como se opera o afastamento das normas licitatórias nacionais para aplicação das normas convencionais, com fundamento no Direito dos Tratados.

O trabalho se destaca por se apoiar em lições doutrinárias de autores de grande relevo, o que dá maior robustez às lições e privilegia a abrangência de conteúdo e a apreensão da matéria. Seus comentários às novas regras sobre licitações internacionais desbravaram com tamanha clareza e técnica hermenêutica que não deixaram dúvidas sobre o seu real conteúdo jurídico.

No atual cenário social por que passamos, no qual a polarização agressiva de ideias vem desgastando relações e ofuscando a inteligência dos debates, é um alento passear por esta obra e perceber que o autor não só expôs de maneira robusta e conclusiva seu raciocínio jurídico, sem, contudo, deixar de citar, quando pertinente, posições doutrinárias contrárias às suas, citando e transcrevendo outros autores de renome, dando-lhes, inclusive, destaque. E tal comportamento acadêmico somente poderia vir de um cientista do Direito atento à evolução da ciência jurídica, que, por óbvio, somente se conforma a partir do confronto sadio de ideias.

A obra deixa nítida a evolução normativa no que concerne à utilização da licitação internacional. Em um mundo globalizado, em que o Estado, não raro, necessita se servir de produtos e soluções que não estão nas mãos de fornecedores brasileiros, viabilizar disputas licitatórias com a participação de empresas estrangeiras se mostrará, em certos casos, a única via para o alcance dos objetivos pretendidos. É por esse motivo que a obra A LICITAÇÃO INTERNACIONAL NA NOVA LEI DE LICITAÇÕES, do Prof. Sidney Bittencourt, se apresenta como leitura obrigatória ao profissional que lida diuturnamente com as contratações públicas, pois, sem ela, permaneceria dificultada a utilização deste instituto ante a existência de numerosas lacunas que, aqui, se viram perfeitamente integradas.

Luiz Claudio Azevedo Chaves
Professor da Escola Nacional de Serviços Urbano-ENSR/IBAM

NOTA DO AUTOR

Como registrado na dedicatória deste trabalho, o Prof. Marcos Juruena Villela Souto, grande amigo e parceiro em cursos e palestras, além de companheiro nos bancos do mestrado em Direito, realizado na Universidade Gama Filho (UGF), incentivou-me bastante, juntamente com o Prof. André Fontes (outro estimado amigo), à escrita do pioneiro livro do mercado editorial brasileiro sobre as Licitações Internacionais. O livro saiu em 1998, tendo posteriormente duas edições atualizadas, com grande êxito de vendas. Além do incentivo, Marcos Juruena abrilhantou o trabalho com um belo prefácio.

Assim, em homenagem a esse grande e saudoso administrativista brasileiro, reproduzo a seguir o texto do amigo:

A obra do Professor Sidney Bittencourt vem preencher uma enorme lacuna na literatura jurídica brasileira, exatamente no momento em que o País se prepara para a vida numa economia globalizada. Nesse novo cenário, de formação de blocos econômicos regionais e de acordos internacionais de não discriminação, as empresas locais sofrerão o impacto da entrada de novos competidores em espaços tradicionalmente por elas ocupados, em troca da reciprocidade de acesso a mercados alienígenas.

Desse fenômeno não escapam as contratações governamentais, responsáveis por grande parte do produto interno bruto dos países. O mercado do Poder Público contratante, até então fechado, deverá, no Brasil, encontrar uma nova realidade em que as restrições à participação de estrangeiros nas licitações públicas deverão ser revistas à luz do princípio da reciprocidade.

Isso ensejará mudanças não só na Lei de Licitações, mas, especialmente, nos tratados internacionais – que constituem a sede adequada para o tratamento da matéria, já que a abertura só deve ocorrer para beneficiar empresas de países que admitirem o ingresso de empresas brasileiras em seus mercados.

Vale lembrar que o Brasil, que ainda não assinou o acordo decorrente da Rodada de Tóquio do GATT (sobre compras governamentais), aderiu ao MERCOSUL prevendo igualdade de tratamento às empresas argentinas, paraguaias e uruguaias, mas não adequou sua legislação de licitação para tanto, nem firmou tratado específico sobre a disciplina dessa igualdade em licitações (como, de resto, não o fez em outros temas de Direito Administrativo); agora o

Governo dos Estados Unidos pressiona o País para, imediatamente (e, portanto, desvinculada de um plano de desenvolvimento econômico exigido pelo art. 174 da Constituição Federal), aderir à ALCA (Área de Livre Comércio das Américas), que tem nas compras governamentais um dos pontos de enfoque.

É claro que, para aderir a essas novas exigências do comércio internacional, as empresas brasileiras vão ter que receber do Poder Público algum tipo de orientação sobre a política de desenvolvimento econômico, ressaltando-se que a abertura não pode ser repentina num setor tão sensível e relevante – em termos estratégicos e de valor das transações – sob pena de arruinar alguns setores e impedir a geração interna de tecnologia e de empregos (metas almejadas pelo artigo 219 da Carta Federal).

Por outro lado, a "reserva de mercado" governamental, mantendo as licitações internacionais como exceções, não privilegia o princípio da livre iniciativa nem o princípio da economicidade (decorrente da ampla competitividade). É cediço que as empresas nacionais ainda preferem, em sua maioria, preservar a sua "zona de proteção" a terem franqueado o acesso a outras fronteiras.

Assim, a transformação das licitações nacionais em internacionais envolve um amplo, sério e democrático planejamento, e um responsável investimento no treinamento dos servidores administrativos encarregados da elaboração e condução dos processos licitatórios; estes, acostumados a uma lei repleta de detalhes e minúcias, terão que se adaptar a normas e documentos internacionais, muitas vezes sem similaridade com as práticas internas, sem falar na ausência de culto à burocracia nos países desenvolvidos (nos quais se desconhece o volume de certidões e autenticações, tais como exigidos nas licitações nacionais).

É nesse contexto que o Professor Sidney Bittencourt oferece à literatura jurídica uma obra sem similar, sensível a todas essas questões, sem se limitar ao exame da Lei ou ao Direito Administrativo; o eminente Mestre não apenas adianta comentários sobre as mudanças já previstas (e muito reclamadas) na lei interna de licitações, como tece comentários sobre a aplicação do direito internacional no Brasil, enfrentando os conflitos daí decorrentes.

Assim o faz com a autoridade de quem há anos vem militando na área do Direito Administrativo, como consultor jurídico no âmbito da Administração Federal e como Professor no CEAP (Centro de Aperfeiçoamento Profissional), na Universidade Gama Filho (CEPAD), na Materko Seminários, nos cursos de pós-graduação da Universidade Candido Mendes, na COAD, na LEX Cursos, na Fundação Getulio Vargas (FGV-RJ), dentre outras entidades, sempre com destacada atuação no tema das licitações, conhecendo de perto as necessidades dos profissionais públicos e privados que exercem tal ofício.

Além da invejável experiência, a obra ressalta uma das notáveis qualidades do autor, a modéstia em citar todos aqueles que estudaram e publicaram artigos ou elaboraram pareceres sobre o tema das licitações internacionais, o que, a par de homenagear os citados, demonstra o zelo numa árdua, porém incansável pesquisa.

Com simplicidade e clareza, o Professor Sidney Bittencourt percorreu todos os principais pontos e enfrentou polêmicas, que, certamente, trarão ao leitor a tranquilidade necessária para lidar com as licitações internacionais.

Muito mais poderia ser dito; todavia, a amizade e a estima que tenho pelo Professor – colega que foi nos bancos acadêmicos no Curso de Mestrado e no CEAP – poderiam comprometer a seriedade e a sinceridade na apresentação da obra do autor, cujo brilhantismo será atestado com a leitura.

Marcos Juruena Villela Souto
Administrativista. Procurador do Estado do Rio de Janeiro. Mestre e Doutor em Direito pela UGF. Professor do Mestrado e Doutorado em Direito da UGF; do Mestrado em Direito da UCAM e dos cursos de pós-graduação da FGV/RJ.

CAPÍTULO 1

A LEI DE LICITAÇÕES E CONTRATOS ADMINISTRATIVOS, SUA ORIGEM E BREVE HISTÓRIA

A mola mestra que acionou e originou a Nova Lei de Licitações e Contratos Administrativos brasileira (Lei nº 14.133, de 1º de abril de 2021) foi exatamente a mesma que determinou a edição, à época, da antiga Lei nº 8.666/1993: a premente necessidade de atualização e sistematização da ultrapassada legislação.

Afinal, muita coisa se modificou ao longo de 28 anos. A evolução tecnológica (quando da edição da antiga Lei nº 8.666, o meio mais eficiente para o envio de documentos era o fax) e o desenvolvimento sem precedentes na gestão pública, englobando métodos modernos de sistematização, controle e governança, somados à experiência acumulada por aplicadores, órgãos de controle, doutrinadores e todos os demais atores envolvidos no tema, exigiam não alterações pontuais na legislação vigente, mas, sim, a concepção de nova norma. O conhecimento avançou com tamanha aceleração e com tanto potencial que não sobrava espaço para as superadas práticas da vetusta lei.[1]

Muito se tentou, ao longo desse tempo, atualizar a lei licitatória, com algumas incursões frustradas.

---

[1] Como observa Luiz Davidovich, ex-presidente da Academia Brasileira de Ciências, hoje vivemos tempos fascinantes na ciência e na inovação tecnológica: é a era de Big Data e da inteligência artificial; da biotecnologia aplicada à agricultura e à saúde humana; dos computadores quânticos; de novas fontes de energia menos poluentes, como as células de hidrogênio; da telecomunicação sem fio de alta velocidade, com o 6G, já em desenvolvimento e cem vezes mais rápido que o 5G, que ora se implanta no País (Ciências e eleições, Coluna de Merval Pereira).

Contudo, ao final do conturbado ano de 2020 – que trouxe para a humanidade esse execrável coronavírus, ceifador de inúmeras vidas –, os que lidavam com contratações públicas no Brasil se depararam com uma surpresa. Resolveu o Senado Federal aprovar em dezembro, a toque de caixa, o Projeto de Lei nº 4.253/2020, que deu origem à Nova Lei de Licitações brasileira, a qual, além de consolidar regras de três importantes leis: a Lei Geral de Licitações anterior (Lei nº 8.666/1993); a chamada Lei do Pregão (Lei nº 10.520/2002); e a Lei do Regime Diferenciado de Contratações – RDC (Lei nº 12.462/2011), trouxe diversas inovações.

Jamais se poderia esperar que um diploma de tamanha importância surgisse no ordenamento jurídico pátrio de forma tão inusitada, muito embora o relator, Senador Antonio Anastasia, professor de Direito Administrativo, tenha concluído que o Congresso Nacional idealizou um bom texto jurídico, assegurando que o Congresso Nacional produzira um texto legal que atende às ambições dos administradores e dos administrados, contribuindo para melhorar o ambiente de negócios com o setor público e impulsionar o desenvolvimento do país.

Julieta Vareschini, por exemplo, mesmo considerando que as leis de licitações então vigentes mereciam urgentes alterações, questionou a aprovação de uma norma tão importante no período complexo que o País atravessava, em virtude da situação de calamidade pública, não só porque os gestores públicos já estavam enfrentado grandes desafios para absorver e interpretar a enxurrada de normas temporárias editadas para o combate ao COVID-19, mas, acima de tudo, em função do projeto aprovado estar bem longe de representar inovação e modernização no âmbito das licitações e contratações.[2]

Certo é que, nesse contexto, veio à tona a Lei nº 14.133, em 1º/04/2021, intitulada oficialmente de Lei de Licitações e Contratos Administrativos.

Consoante um de seus dispositivos, em dois anos, a partir da sua publicação, ocorrida no DOU de 1º.4.2021 – Edição extra-F, desapareceriam do ordenamento jurídico brasileiro a Lei nº 8.666/1993 (Lei Geral de Licitações); a Lei nº 10.520/2002 (Lei do Pregão); e parte da Lei nº 12.462/2011 (Lei do Regime Diferenciado de Contratações – RDC), já que, em função da previsão de *vacatio legis* estabelecido, permaneceriam tais normas vigendo por esse período, tendo os entes federativos a opção de adotarem a Nova Lei ou seguirem utilizando os vetustos

---

[2] VARESCHINI. Nova lei de licitações e contratos é aprovada no senado!

diplomas. Esse período, contudo, foi estendido pela MP nº 1.166/2023, passando a data limite a ser 30.12.2023.

Registre-se que a Nova Lei de Licitações nasceu sob o manto de críticas contrárias e favoráveis.[3]

Vemos a nova norma com otimismo. Trata-se de diploma longo, cansativo, exaustivamente pormenorizado, mas, com a ótica e a bagagem de tantos anos de convivência com a matéria, concluímos que, ao menos, traz soluções para antigos problemas. A existência de um punhado de normas aplicadas em paralelo era traumática, difícil e causadora de inúmeros transtornos.

Destarte, a reunião em um único diploma de tudo o que se edificou durante essas quase três décadas do Estatuto licitatório anterior, não só no que concerne a leis, mas também a decretos regulamentares, normas infralegais (como instruções normativas e portarias) e orientações normativas, decisões de cortes de contas, pareceres, decisões judiciais etc., bem como a riquíssima produção doutrinária, parece-nos ter sido a adequada maneira de equacionamento da questão.

O tema no Brasil teve tratamento inicial em 1922, no Código de Contabilidade Pública da União e seu respectivo regulamento. A partir de 1964 (Lei nº 4.401), o termo *licitações* passou a significar no nosso Direito o procedimento administrativo prévio que a Administração Pública estabelece quando deseja contratar, instituindo, assim, a então consagrada "Concorrência Pública". Posteriormente, com a reforma administrativa

---

[3] Joel de Meneses Niebuhr, mesmo reconhecendo que há avanços pontuais, considerou-a muito extensa, com desanimadores pormenores e engessadora, pois exige demasiadas justificativas, distante, nesse contexto, da realidade da Administração Pública nacional, por ser complexa para os pequenos municípios: "Pretenderam que fosse moderna, no entanto caíram na armadilha burocrática de tratar tudo em pormenor, de engessar e amarrar, de exigir punhados de justificativas para qualquer coisa, documentos e mais documentos, até para compras simples e usuais. Um filhote malparido da Lei nº 8.666/1993, um tipo de Macunaíma legislativo". (NIEBUHR. O grande Desafio da Nova Lei de Licitações).
Marcos Nóbrega e Diogo Jurubeba foram categóricos, obtemperando que, em geral, a redação finalizada é extensa e vai na contramão de uma simplificação do sistema de compras nacional (NÓBREGA; JURUBEBA. Assimetrias de informação na nova Lei de Licitação e o problema da seleção adversa).
Hamilton Bonatto recebeu-a com entusiasmo: "Eu digo: tem muita coisa boa! Em que pese as críticas recebidas, tenho a convicção de que a lei nascitura é melhor que a agonizante Lei nº 8.666, de 1993; herda com maestria os ganhos trazidos pela Lei do Pregão; internaliza excelentes inovações da Lei do RDC; inova em muitos aspectos". (BONATO. Notas sobre obras e serviços de engenharia na nascitura lei de licitações e contratos).
Jonas Lima avaliou que o novo diploma pode ser resumido como uma lei que reúne demandas já esperadas, entendimentos já firmados na jurisprudência e soluções que estavam sendo colocadas em operação como boas práticas de gestão pública, inovando em medidas para melhorar a fase de planejamento. (LIMA. Senado aprova Nova Lei de Licitações).

de 1967, veio à tona o famoso Decreto-Lei nº 200/67, disciplinando, com mais desenvoltura, o procedimento licitatório. Substituiu-o o Decreto-Lei nº 2.300/86, tratando especificamente do assunto, autodenominado "Estatuto das Licitações e Contratos Administrativos", aflorando após trabalho profícuo levado a efeito na Consultoria Geral da República, sob comando do eminente então Consultor-Geral, Dr. Saulo Ramos, com a participação integral e supercompetente do Professor Dr. Sebastião Afonso, o aconselhamento, sempre sábio, do eminente publicista Hely Lopes Meirelles (que tanta falta faz ao Direito Público pátrio), sugestões de juristas e técnicos de vários setores da sociedade, entre os quais, modestamente, se inclui o autor destas linhas.

O cognome "estatuto" visava, na verdade, dar sentido de "código" ao tema, ou seja, apresentar um conjunto completo de normas sobre o assunto em um único diploma.

Este diploma legal, de alto significado para o Direito brasileiro, foi totalmente recepcionado pela Constituição de 1988.

Todavia, sob a concepção de que o diploma não combatia a corrupção que assolava o solo brasileiro, editou-se a Lei nº 8.666/93.

Até que, pelas razões já esposadas, sobreveio a Nova Lei de Licitações e Contratos Administrativos (Lei nº 14.133/2021).

O assunto "licitações" está inserido no contexto do Direito Público. Todavia, sempre se polemizou sobre a natureza jurídica da licitação, discutindo-se muito se as regras estariam regidas pelo Direito Financeiro ou pelo Direito Administrativo.

Tal enquadramento se fazia necessário diante da necessidade de definir-se a competência para legislar.

Os defensores da tese de que a matéria se ajustaria ao chamado Direito Financeiro (Ruy Barbosa Moreira, Nascimento Franco e outros) pautavam-se na ideia de que o tema deveria ser enquadrado como "normas gerais de Direito Financeiro" e, assim sendo, de competência federal.

Roberto Bazilli alerta quanto à dificuldade desse enquadramento "considerando que a licitação é um procedimento complexo e o campo de distinção entre o direito financeiro e o direito administrativo não é dos mais nítidos".[4]

A nosso ver, por constituir um procedimento administrativo que antecede ao contrato, cujo objetivo final não é o acordo, mas sim o

---

[4] BAZILLI. *Contratos administrativos*.

alcance de um adjudicatário que, por sua vez, terá o direito subjetivo de ser contratado, a licitação jamais poderia estar alojada no âmbito do direito financeiro, mas tão somente como instituto do direito administrativo, pois não se refere a procedimento que consubstancia despesa.

Certo é que a Constituição Federal de 1988 pôs fim a essa discussão meramente acadêmica, definindo, em seu artigo 22, XXVII, ser de competência privativa da União legislar sobre "normas gerais de licitação e contratação, em todas as modalidades, para a administração pública, direta e indireta, incluídas as fundações instituídas e mantidas pelo Poder Público, nas diversas esferas de governo, e em empresas sob o seu controle".

CAPÍTULO 2

A LEI DE LICITAÇÕES EM VIGOR

Por força do estabelecido no art. 37, inciso XXI, da Constituição Federal, estão obrigadas a instaurar licitação pública todas as pessoas de direito público de capacidade política, assim como as entidades de suas administrações indiretas ou fundacionais.[5]

---

[5] A Emenda Constitucional nº 19/98 determinou mudanças importantes no assunto, disciplinando a edição de lei específica estabelecedora do estatuto jurídico da empresa pública, da sociedade de economia mista e de suas subsidiárias que explorem atividade econômica de produção ou comercialização de bens ou de prestação de serviços, dispondo sobre licitação e contratação de obras, serviços, compras e alienações, observados os princípios da Administração Pública (art. 173, §1º, inciso III da Constituição).
Nesse contexto, em 30.06.2016, foi sancionada a Lei nº 13.303, que "dispõe sobre o estatuto da empresa pública, da sociedade de economia mista e de suas subsidiárias, no âmbito da União, dos Estados, do Distrito Federal e dos Municípios", já denominada "Lei de Responsabilidade das Empresas Estatais", "Lei de Responsabilidade das Estatais" ou, simplesmente "Lei das Estatais".
Assim, doravante, as empresas estatais, de qualquer esfera federativa, passaram a se submeter ao regime implantado por essa lei.
É de se registrar que, embora a expressão "empresa estatal" designe todas as entidades, civis ou comerciais de que o Estado tenha o controle acionário, abrangendo a empresa pública, a sociedade de economia mista e outras empresas que não tenham essa natureza e às quais a Constituição faz referência, em vários dispositivos, como categoria à parte (arts. 37, XVII, 71, II, 165, §5º, II, 173, §1º), a Lei das Estatais, consoante preceitua seu art. 1º, destina-se especificamente às empresas públicas, às sociedades de economia mista e às suas subsidiárias.
Concretamente, como observa José Anacleto Abduch, a regra abarca "centenas, senão milhares de empresas estatais que deverão ajustar sua formação orgânica, composição diretiva, procedimentos internos e processos de licitação e contratação, dentre outros ajustes, às novas diretrizes" (SANTOS. A nova Lei das Estatais).
Com o intuito de solucionar grandiosos problemas de gestão e de transparência nas estatais, a Lei das Estatais surgiu em meio à enorme crise envolvendo algumas dessas organizações, totalmente implicadas na conhecida "Operação Lava-Jato", investigadora da maior trama de corrupção e lavagem de dinheiro já ocorrida no País.
Nesse cenário, esse marco legal prescreveu regras mais rígidas para as licitações e contratações dessas organizações, bem como para a nomeação de diretores, membros do conselho de administração e presidentes (sobre o assunto, verifique-se o nosso "A Nova

A Carta Magna confere à União a competência exclusiva para legislar, privativamente, sobre "normas gerais de licitação e contratação".

Regulamentando o supracitado inciso XXI, foi editada a Lei nº 8.666, de 21 de junho de 1993, instituindo normas para licitações e contratos da Administração Pública.

Como já esposado, após 28 anos de aplicação, a Lei nº 8.666 foi substituída pela Lei nº 14.133, de 1º de abril de 2021, fruto da reorganização das normas relacionadas ao tema e inspiração na prática, jurisprudência e doutrina, considerando os aspectos antes listados (evolução tecnológica e desenvolvimento na gestão pública).

Certo é que o certame licitatório, mais brando ou mais rígido, é, sem contestação, um procedimento administrativo, com uma série ordenada e coerente de vários atos administrativos, cujo objetivo é a seleção de um possível eventual contratado pelo Poder Público.

Com a crescente evolução das necessidades públicas que o povo atribui ao Estado, a cada dia se torna mais imperiosa e urgente a adoção de mecanismos mais ágeis e eficazes de atendimento à sociedade. O aumento desmedido da máquina administrativa estatal deu lugar a um Estado lento e ineficiente. A criação de autarquias, empresas públicas, sociedades de economia mista e fundações (descentralização por outorga) especializa e personaliza determinadas funções do Estado, mas a um custo muitas vezes elevado.

Essa foi a dicção de Marcos Juruena Villela Souto, ficando bem claro, como lecionava o saudoso jurista, que o moderno Direito Administrativo, como de resto toda a ciência da Administração, tem buscado no conceito de terceirização a alternativa de descentralização de funções administrativas para entidades especializadas da iniciativa privada. É o que é chamado de privatização, quando a Administração Pública vai buscar, entre os particulares, parceiros para o desempenho de suas funções.

Logo, não podendo produzir todos os bens e serviços de que necessita para funcionamento da máquina administrativa, ou não

---

Lei das Estatais – ovo regime de licitações e contratos nas empresas estatais (Lei nº 13.303, de 30 de junho de 2016)".
Logo, em apertada síntese, a intenção da lei foi o aprimoramento da governança das estatais. *Vide* que, inclusive, assim como previsto na Lei nº 12.846/2013 (Lei Anticorrupção), a lei determinou, no §1º do art. 9º, a elaboração de um Código de Conduta e Integridade que deverá conter regras de gestão de riscos e controle, com mecanismos e procedimentos internos de integridade, auditoria e incentivo à denúncia de irregularidades, ou seja, os Programas de *Compliance*, cultura empresarial largamente adotada em todo o mundo.

desejando fazê-lo, para concentrar esforços naquilo que é mais eficiente, o Estado procura um especialista para atendê-lo, com a melhor técnica e ao menor custo, obedecendo, pois, ao dever de eficiência do administrador público.

A escolha do administrador, contudo, não é livre. A todos deve ser assegurada igualdade de oportunidades em oferecer seus bens e serviços para a Administração; por outro lado, o gestor público, por força do citado dever de eficiência, deve escolher a proposta que melhor atenda ao interesse público. A esse processo de escolha da proposta mais vantajosa para a contratação com a Administração se dá o nome de *licitação*.[6]

---

[6] SOUTO. *Licitações e contratos administrativos.*

CAPÍTULO 3

A ABRANGÊNCIA DAS LEIS. AS COMPRAS GOVERNAMENTAIS. A HARMONIZAÇÃO LEGAL. A HARMONIZAÇÃO ESPECÍFICA NO CAMPO DO DIREITO ADMINISTRATIVO

No tocante à abrangência das leis, impõe-se ressaltar, preliminarmente, que a lei de um país, a princípio, só obriga em seu próprio espaço territorial.

O Estado exerce, portanto, jurisdição exclusiva em seu território, sendo o Direito Público interno o balizador das obrigações e deveres nas diversas relações jurídicas nos limites dessa área.

Convém acrescentar, entrementes, que, no que concerne às pessoas submetidas à autoridade direta do Estado – os chamados nacionais –, residindo em país estrangeiro, as relações com os Estados fogem do direito interno, sendo então açambarcadas pelo Direito Internacional, com exceção de atos jurídicos relativos ao estado e à capacidade.

Dois ramos dividem o Direito, cada um deles com funções próprias e bem delineadas: o Direito Internacional Público e o Direito Internacional Privado.

A fonte quase exclusiva do Direito Internacional Privado é a legislação interna do país, fator determinante para que muitos jurisconsultos entendam como incabível o rótulo Direito Internacional, uma vez que suas regras emanam de doutrinas e realidades dos legisladores internos.

Em consequência, como regra geral, é possível constatar uma distinção perfeita entre o Direito Internacional Público e o Privado: o primeiro é totalmente regido por tratados e convenções, cujos controles pertencem aos órgãos internacionais; e o segundo, preponderantemente, estabelece-se por intermédio de normas criadas pelo legislador interno. As normas de competência dos tribunais de cada nação são elaboradas, exclusivamente, sob imaginação do legislador pátrio, considerando as concepções, os costumes, as vontades e as necessidades impostas pela sociedade.

Consoante lição de Clóvis Beviláqua, em matéria de conflito de lei, via de regra, as soluções são encontradas nas normas internas de cada sistema sobre a aplicação da lei no espaço.[7]

No Direito Comercial Internacional, a aplicação das regras sobre nacionalidade de pessoa jurídica depende daquelas determinadas pelo Direito Internacional, assim como, à guisa de exemplo, situações de insolvência, quando determinadas pela jurisdição onde a firma tem sua matriz, dependem de dimensão do Direito Internacional Privado para se ter ciência dos efeitos em filiais lotadas em outros países.

O conflito das leis pode ser focado no plano comparativo dos inúmeros sistemas e, também, com enfoque nas relações jurídicas (quando existe a busca da aplicação de uma norma a um fato jurídico) no plano internacional.

Reconhecida a existência do conflito de leis que rege o Direito Internacional, resta verificar a sua abrangência em termos de categoria de leis, tanto de Direito Privado quanto de Direito Público.

Cabe estabelecer, desde logo, que tal situação configura uma das questões mais controvertidas e discutidas no âmbito doutrinário. Juristas de todo o mundo divergem sobre a questão. A posição de Clovis Beviláqua, por exemplo, adotando a orientação do jurisconsulto francês Pasquale Fiore, é a de que as leis de Direito Público, as leis penais, as leis processuais e as leis de polícia são territoriais e, consequentemente, obrigatórias em relação a essas classes de normas, não permitindo o surgimento de conflitos de aplicabilidade internacional.[8] Esta forte corrente doutrinária advoga que leis penais, fiscais e monetárias estariam totalmente fora do alcance do Direito Internacional, uma vez que não há como impor a aplicação extraterritorialmente.

Quanto às correntes doutrinárias de outras escolas, verifica-se que há divergências apenas – salvo algumas exceções – quanto ao Direito Penal, porquanto sustentam que este ramo se incluiria no campo do Direito Internacional (Eduardo Espínola, Haroldo Valadão e outros), conflitando com a conceituação do festejado Pontes de Miranda, defensor

---

[7] BEVILÁQUA. *Princípios elementares de direito internacional privado*. 3. ed.
[8] BEVILÁQUA. *Princípios elementares de direito internacional privado*. 3. ed.

perene da tese de que o Direito Penal não estaria compreendido no Direito Internacional.[9]

Diante do exposto, é possível avaliar a dimensão e o alcance internacional das regras jurídicas de direito interno, entendendo que, além das sociedades internas, regidas por legislação própria, há outra sociedade muito maior: a chamada "sociedade internacional".[10]

Apesar da existência do Direito Internacional, que procura indicar os caminhos jurídicos e as normas legais para o deslinde de certas situações, é relevante destacar que é o direito interno de cada país que, via de regra, determina os passos a serem trilhados. Nesse curso, os ensinamentos de Eros Grau:

> Cada Direito subjaz, latente, um determinado conjunto de princípios, diverso do conjunto daqueles que subjazem, latentes, em outros Direitos.[11]
> (...) a cada sociedade corresponde um Direito. Não há que falar em Direito, pois, senão, em Direitos.[12]

A ordem jurídica de cada país está intimamente ligada a inúmeros fatores (costumes, ideias, princípios etc.) que, de tão particulares, determinam os seus discursos legais, tornando difícil, senão impossível, em certas situações, a adoção internacional, uma vez que, conforme Peluso Albino, a ideologia tem o sentido de conjunto harmônico de princípios que vão inspirar a própria organização da vida social, segundo o regime que irá regê-la.[13]

Cada Estado tem que ter o seu direito próprio, e não é só um orgulho intelectual que lhe faz desejar, mas a convicção de que o seu estado político, econômico e social lhe impõe regras peculiares.[14]

Em percuciente monografia avaliando a ordem pública, Negi Calixto conclui que nessa expressão (que também poderia ser denominada ordem social) estão entendidas a soberania nacional, os bons costumes, a ordem econômica e a ordem administrativa, sendo cediço que há uma ordem pública (ou social) nacional com duas formas de defesa, dependendo da maneira como são reveladas as ofensas ou

---

[9] MIRANDA. *Tratado de direito internacional privado*.
[10] Nessa tese, autores de escol, como Clóvis Beviláqua (*Princípios elementares de direito internacional*) e Rodrigo Otávio (*Direito internacional privado*).
[11] GRAU. *A ordem econômica na Constituição de 1988*: interpretação e crítica.
[12] GRAU. *Direito, conceitos e normas jurídicas*.
[13] SOUZA. *Direito econômico*.
[14] RIPERT. *O regime democrático e o direito civil moderno*.

agressões, que se situam como "ordem pública interna" e como "ordem pública internacional" – não implicando tal divisão em diferença funcional, porque as duas atuam e se desenvolvem com a mesma certeza de sustar efeitos contrariados.

É preciso entender, por conseguinte, que os conflitos internacionais frutificam em ambientes díspares, em face das diferentes concepções dos povos, até mesmo de princípios, divergindo até nos conceitos de ordem pública e de soberania. É sobre esse conflito que converge a assertiva de Miranda Guimarães, concluindo que tais conceitos diferem de país a país. A aplicação da lei se torna, na verdade, uma equação lógica, que tem como variáveis as próprias leis e seus pontos de conexão, sistemas de conflitos e ordem pública – variáveis que devem ser identificadas país a país, caso a caso.[15]

Há a necessidade de cada Estado consagrar, em seu ordenamento jurídico, a ordem pública nacional, com a prevalência das duas faces – ordem pública interna, para os seus nacionais, e ordem pública internacional, para a relação de seus nacionais e estrangeiros e Estados estrangeiros, porque pode subsistir, induvidosamente, a exceção de ordem pública internacional com a competência normal do Estado para legislar.[16]

É de se relembrar que a maior dificuldade encontrada pelos países-membros dos tratados assinados objetivando mercados comuns centra-se na compatibilização de leis, em face dos diversos pontos de diferenciação.

Esse, realmente, é o grande obstáculo. Os processos de integração regionais importam, necessariamente, na criação de um novo território de influência das normas supranacionais, sendo indispensável o acesso à jurisdição, em face dos litígios originários dessas novas relações.[17]

O efetivo acesso à jurisdição, conforme leciona Schneider, depende exclusivamente de um amplo estudo com vistas a superar as assincronias das diferentes formas e procedimentos já existentes em cada país, com o objetivo de obter uma harmonização eficaz e, sobretudo, abrangente e aprimorada, no sentido da garantia do mais amplo acesso possível, pois este princípio deve estar sempre presente como

---

[15] GUIMARÃES. *Concorrências e licitações no Mercosul*.
[16] CALIXTO. *Ordem pública exceção à eficácia do direito estrangeiro*.
[17] Como assevera Adilson Pires, "em um mundo cada vez mais competitivo, como o de hoje, o isolamento é um verdadeiro suicídio político e econômico" (Integração econômica e soberania. *In*: GOMES (Org.). *Direito internacional*: perspectivas contemporâneas).

alicerce de toda e qualquer experiência de organização humana, seja estatal ou supraestatal.[18]

Em matéria referente ao Fórum Econômico Mundial (Davos, janeiro de 2011), Merval Pereira, com ótica ampla sobre a questão, asseverou:

> Fundamental para enfrentar essa nova realidade mundial será a busca de normas compartilhadas que possam ser utilizadas num mundo multipolar, tanto por governos quanto por corporações multinacionais, permitindo que comportamentos inaceitáveis sejam vistos como tal em todos os mercados.[19]

As gritantes diferenças das legislações trabalhistas de cada país, notadamente no que se refere aos encargos sociais, também representam empecilhos para essa harmonização legal.

Sobre tal aspecto, Ângelo Passos indigna-se com razão:

> Os encargos sociais mantêm viva no Brasil a cultura do "gigantismo legal", conforme enfatiza Pastore, mas a esta observação deve também compreender o reflexo da crise fiscal no país. O preço desta situação é uma cadeia de prejuízos. Perdem o capital, o trabalho e o país. O capital, porque tem a rentabilidade afetada; o trabalho, pelo custo que inibe a expansão do mercado; o país, no seu mercado interno e no externo, com a queda da performance exportadora que prejudica o resultado da balança comercial, que atinge a conta corrente.[20]

Além disso, persiste, inexplicavelmente, a principal barreira para uma maior inserção das empresas brasileiras no comércio internacional: a altíssima carga tributária sobre as exportações.[21]

Leonardo Greco elenca fatores a serem considerados para que seja alcançado êxito num acordo internacional visando à harmonização legal: câmbio, seguros, mercado de capitais, sistemas financeiros, sistemas tributários, defesa do consumidor, propriedade intelectual,

---

[18] SCHNEIDER. *Acesso à jurisdição no Mercosul.*
[19] PEREIRA. Agricultura em xeque.
[20] PASSOS. O campeão dos encargos.
[21] Sobre a exclusiva tributação como um todo, críticas diversas são tecidas pelos tributaristas pátrios, que conclamam, com veemência, pela implantação da necessária reforma tributária.

meio ambiente, direito do trabalho, contratos comerciais e sociedades comerciais.[22]

Infelizmente, no campo do Direito Administrativo, não se tem notado grande interesse na harmonização.

Alertando sobre o fato, a antiga dicção de Marcos Juruena – ainda tão presente –, analisando a questão à época da celebração do Tratado de Assunção:

> A omissão assume maior nitidez no campo do Direito Administrativo, não relacionado em qualquer dos subgrupos do Grupo Mercado Comum (1. Assuntos Comerciais; 2. Assuntos Aduaneiros; 3. Normas Técnicas; 4. Políticas Fiscal e Monetária relacionadas com o comércio; 5. Transporte Terrestre; 6. Transporte Marítimo; 7. Política Industrial e tecnológica; 8. Política energética; 9. Coordenação de política Macroeconômica).[23]

Roberto Favelavic, coordenador do grupo de trabalho que debateu e estudou, na 4ª Conferência Industrial Argentina, as assimetrias entre Argentina e Brasil, reconheceu que os mecanismos de harmonização previstos no tratado não seriam de fácil instrumentalização, em face da existência de enorme disparidade entre os países-membros, notadamente com relação à cultura.[24]

Sustentando ser possível e essencial a necessidade de unificação dos regimes jurídicos das licitações e contratos da Administração Pública entre os países que compõem o MERCOSUL, obtemperou Roberto Dromi:

> (...) visto que a adaptação das regras aplicadas a licitações e contratos denota também a transparência pública. Não podemos, em âmbito do MERCOSUL, ter um ordenamento no qual um país siga certos requisitos e outro requisitos diversos.[25]

Tratando das possíveis fontes das normas disciplinadoras do tema, o publicista argentino ressalta a necessidade de adotar, como ponto de partida, as regras trazidas pelos próprios tratados de integração:

---

[22] GRECO. Integração jurídica e integração econômica no Mercosul *apud* SOUTO. O Mercosul e a nova lei de licitações brasileira.
[23] SOUTO. O Mercosul e a nova lei de licitações brasileira.
[24] Conforme matéria de: ALMEIDA. Controvérsias no Mercosul.
[25] DROMI. *Informativo Licitações e Contratos*. p. 584.

Algumas regras que marcaram a experiência da União Europeia devem ser aplicadas, como a implantação de uma homogeneização sobre as regras de qualificação referentes à pré-adjudicação, adjudicação, controle e, também, de sanção e de relação de ofertas.

É certo que, em 1997, tendo o Brasil como anfitrião do encontro econômico internacional denominado *3º Encontro das Américas*, houve uma importante tentativa de harmonização.

Ocorrido na cidade de Belo Horizonte, o encontro reuniu ministros de comércio exterior de 34 países das Américas, debatendo caminhos para a implantação da Área de Livre Comércio das Américas (ALCA),[26] analisando formas para a eliminação das tarifas de importação, o fim das restrições a investimentos de outros países americanos e, mais do que nunca, a uniformização das legislações sobre as atividades econômicas.

Entre os grupos temáticos estudados (como padrões e barreiras não tarifárias ao comércio; procedimentos alfandegários; tecnologia e propriedade intelectual; investimentos; serviços; defesa da concorrência; o papel do setor privado; infraestrutura: energia, transportes e telecomunicações; desenvolvimento econômico sustentável; subsídios, *antidumping* e direitos compensatórios; acesso aos mercados), constava, com destaque, o tema *compras governamentais*.

Apesar do porte do evento, os avanços no quesito *compras governamentais* não foram significativos, ressaltando, não obstante, a preocupação na regulação de um tema até então praticamente inexistente em eventos daquela natureza.[27]

---

[26] Promovida pelos Estados Unidos, a ideia da ALCA veio à tona em 1994, durante a realização do evento denominado Cúpula das Américas, ocorrido em Miami, com o propósito de dar fim às barreiras alfandegárias entre os 34 países americanos (exceto Cuba). Pelo programado, a ALCA entraria em vigor em 2005, tornando-se o maior bloco comercial do mundo. Entrementes, vários empecilhos a puseram por terra, pois vários governos eram contrários ao bloco. Sua "derrocada" ocorreu na 4ª Cúpula das Américas, no mesmo ano de 2005, na cidade de Mar Del Plata, notadamente em função da postura dos países que compõem o MERCOSUL.

[27] A primeira inclusão do tema *compras governamentais* nas normas de comércio plurilateral ocorreu nas negociações da Rodada Tóquio, resultando no primeiro acordo desse tipo, em 1979, com vigência a partir de 1981. Depois, o acordo foi renovado nas negociações desenvolvidas na Rodada Uruguai, com celebração em 15 de abril de 1994, data de criação da Organização Mundial do Comércio (OMC), entrando em vigor em 1º de janeiro de 1996. Nas Américas, o acordo pioneiro sobre compras governamentais deu-se com a efetivação do Acordo de Livre Comércio da América do Norte (NAFTA), em 1992, com vigência a partir de 1º de janeiro de 1994, abrangendo os Estados Unidos, o Canadá e o México, tendo se expirado oficialmente em 27 de agosto de 2018.

Na época, os participantes vislumbraram a fundamental necessidade de que todos os fornecedores dos órgãos governamentais dos países componentes da então futura ALCA recebessem tratamento isonômico, tendo ainda concluído, conforme as deduções do *workshop compras governamentais*, que os entraves residiam nos seguintes pontos:

a) o *buy american act* (lei americana que regulamenta as compras governamentais americanas e limita a possibilidade de o governo americano realizar licitações internacionais);
b) o *small business act* (lei das pequenas empresas americana, por meio da qual o governo, através de agências federais, pratica a reserva de diversas competições, exclusivamente para a participação das pequenas empresas); e
c) o protecionismo legal da maioria dos governos considerados em desenvolvimento.

Heloíza C. Moreira e José Mauro de Morais comentaram a matéria:

> Nas negociações para um acordo de *compras governamentais* (...), um dos aspectos a ser superado diz respeito à preferência às empresas de pequeno porte na legislação dos Estados Unidos. São conhecidas as dificuldades para a exclusão das preferências a essas empresas, uma vez que, mesmo sob acordo de comércio, que suspende as restrições aos produtos estrangeiros, as diretrizes de apoio às empresas de pequeno porte seriam mantidas na legislação de licitações, consubstanciando uma barreira aos produtos estrangeiros.[28]

Concluindo pela existência de vários motivos que fizeram com que o Brasil não concordasse com a ALCA nos termos propostos, opinou Tarso Cabral Violin:

> O fato é que o Brasil deve tratar as suas *compras governamentais* com o intuito de fortalecer a política industrial do país, pois movimenta bilhões em suas contratações, e definir certos produtos que devem ser fornecidos apenas por empresas nacionais, assim como faz os EUA com as armas e equipamentos militares e com os incentivos às suas micro e pequenas empresas. Por fim, entendemos que o nosso ordenamento jurídico permite que a Administração Pública brasileira, como no

---

[28] MOREIRA; MORAIS. Compras governamentais: políticas e procedimentos no Nafta, nos Estados Unidos e no Brasil. *In*: BAUMANN (Org.). *A ALCA e o Brasil*: uma contribuição ao debate.

exemplo da Petrobras, com as devidas justificativas, realize licitações com regras que garantam a presença da indústria e de produtos nacionais, excluindo-se as compras de equipamentos e contratações de serviços que não sejam fabricados ou realizados no Brasil, evitando-se a exportação de investimentos e empregos.[29]

No caso particular do Brasil, a Lei de Licitações então em vigor (Lei nº 8.666/93) não previa nenhum tratamento favorecido à produção de bens e serviços por microempresas e empresas de pequeno porte. Contudo, em 2006, por intermédio da Lei Complementar nº 123, esse grupo de empresas também passou a receber tratamento diferenciado nas compras governamentais.

Posteriormente, por intermédio da Lei nº 12.349, de 15 de dezembro de 2010, com a intenção de promoção do desenvolvimento econômico e a preservação da segurança nacional em setores estratégicos, inseriu-se na Lei nº 8.666/93 a permissão do Poder Público vir a dar preferência, nas suas contratações, a produto manufaturado ou ao serviço prestado no Brasil.[30]

No que diz respeito ao MERCOSUL, após reuniões e debates, finalmente, em 15.12.2003, na cidade de Montevidéu (Uruguai), foi aprovado pelo Conselho do Mercado Comum o Protocolo de Contratações Públicas do Mercosul (MERCOSUL/CMC/DEC nº 40/03), sob o argumento de que a aprovação de um protocolo de compras governamentais dessa natureza representaria um instrumento essencial para o fortalecimento da união aduaneira, visando à construção do mercado comum; permitiria a necessária segurança jurídica aos agentes econômicos dos Estados Partes; e, ainda, em face da importância que um marco normativo comum para as licitações públicas dos Estados Partes teria como um passo fundamental para a devida transparência nos processos dessas compras.

Depois, principalmente em função da modificação dos compromissos assumidos pelo Paraguai e pelo Uruguai relativos ao tema, e por considerar a premente conveniência de atualização e consolidação em um só instrumento de contratações públicas, o Conselho do Mercado Comum aprovou novo Protocolo de Contratações Públicas (MERCOSUL/CMC/DEC. nº 27/04), derrogando a Decisão nº 40/03.

---

[29] VIOLIN. A ALCA, as compras governamentais e a defesa do interesse público nacional.
[30] A exposição de motivos que acompanha a MP menciona que essa política já é adotada por países como Argentina, China, Colômbia e EUA.

Em 21.12.2017, durante a 51ª Cúpula do Mercosul, Argentina, Brasil, Paraguai e Uruguai retomaram a matéria, culminando com a celebração do "Protocolo de Contratações Públicas do Mercosul",[31] acordo cujos princípios basilares foram a transparência, a não discriminação e o acesso a mercados entre Estados Partes.

José Carlos Cavalcanti de Araújo Filho ressaltou o caráter evolutivo do acordo, uma vez que suas cláusulas de cooperação (com destaque para as políticas voltadas para micro, pequenas e médias empresas) abriram espaço para uma convergência normativa facilitadora à participação de empresas do bloco em contratações públicas fora de seu estado parte.[32]

Em termos globais, lá nos idos de 1979, a partir da chamada "Rodada de Tóquio", vinha à tona o Acordo de Compras Governamentais (Agreement on Government Procurement – GPA), da Organização Mundial do Comércio (OMC), com o objetivo de abrir os mercados de compras governamentais para a concorrência estrangeira e tornar os contratos governamentais mais transparentes, tendo como principal benefício permitir que empresas acessem o mercado de compras governamentais dos partícipes do acordo.

Atualmente, quase todos os países desenvolvidos são signatários do GPA, o qual vem abrindo seletivamente seus mercados públicos para outros signatários. Um princípio fundamental do GPA é a não discriminação: nenhum dos signatários tratará menos favoravelmente os produtos, serviços e fornecedores de outros.

O acesso ao GPA está previsto em uma decisão da Conferência Ministerial de Marrakech, destacando-se a possibilidade de um Estado poder se tornar Parte Contratante sem ser signatário do Tratado constitutivo da OMC.[33]

Ainda que tenha aderido ao acordo de Marrakesh, o Brasil veio ao longo dos anos mantendo a posição de não considerar o tema prioritário.

Recentemente, contudo, o governo brasileiro, durante o Fórum Econômico Mundial, em Davos, Suíça, em janeiro de 2020, manifestou interesse em aderir ao GPA, tendo, inclusive, dando azo a essa intenção, num primeiro passo, editando a Instrução Normativa nº 10/2020,

---

[31] MERCOSUL/CMC/P. DEC. Nº 37/17.
[32] ARAÚJO FILHO. O Protocolo de Contratações Públicas do Mercosul.
[33] Decisão da OMC: DS/ MC 89/90.

que simplificou a participação de empresas estrangeiras em licitações públicas nacionais.

A instrução, que tem como escopo alterar a IN nº 3/2018, que estabelece regras de funcionamento do Sistema de Cadastramento Unificado de Fornecedores (SICAF) no âmbito do Poder Executivo federal, insere um artigo que versa sobre a participação em licitações nacionais de empresas estrangeiras que não funcionem no Brasil.[34] Assim, pela IN nº 10/2020, para participar de uma licitação nacional, a única exigência para a empresa estrangeira seria a inclusão no Sistema de Cadastramento Unificado de Fornecedores (SICAF).[35]

De tudo o que foi exposto, vê-se que, embora a economia global, com a pandemia do coronavírus e a guerra na Ucrânia, entre outros fatores, esteja enfrentando um período de reconfiguração, o fenômeno da globalização e a formação de blocos econômicos, com a consequente abertura dos mercados, configurou um enorme desafio nessa seara.[36]

---

[34] Art. 20-A. As empresas estrangeiras que não funcionem no País, para participarem dos procedimentos de licitação, dispensa, inexigibilidade e nos contratos administrativos, poderão se cadastrar no Sicaf, mediante código identificador específico fornecido pelo sistema, observadas as seguintes condições:
I – Os documentos exigidos para os níveis cadastrais de que trata o art. 6º poderão ser atendidos mediante documentos equivalentes, inicialmente apresentados com tradução livre; e
II – Para fins de assinatura do contrato ou da ata de registro de preços:
a) os documentos de que trata o inciso I deverão ser traduzidos por tradutor juramentado no País e apostilados nos termos do disposto no Decreto nº 8.660, de 29 de janeiro de 2016, ou de outro que venha substituí-lo, ou consularizados pelos respectivos consulados ou embaixadas; e
b) deverão ter representante legal no Brasil com poderes expressos para receber citação e responder administrativa ou judicialmente.
§1º No caso de inexistência de documentos equivalentes para os níveis cadastrais de que trata o inciso I, o responsável deverá declarar a situação em campo próprio no Sicaf.
§2º A solicitação do código de acesso de que trata o caput deverá se dar nos termos do disposto no Manual do Sicaf, disponível no Portal de Compras do Governo Federal.

[35] Sobre a IN, verifique-se o nosso "Participação de empresas estrangeiras em licitações públicas nacionais: a ilegalidade da instrução normativa nº 10/2020". (BITTENCOURT. A participação de empresas estrangeiras em licitações públicas nacionais: a ilegalidade da Instrução Normativa nº 10/2020).

[36] O fenômeno da globalização foi bem definido por Roberto Campos – de saudosa lembrança – quando, sempre lúcido, discorreu sobre a existência de quatro globalizações, configurando-se num processo que ocorre em ondas, com avanços e retrocessos separados por intervalos que podem durar séculos. "A primeira globalização foi a do Império Romano. Enquanto os gregos filosofavam em suas cidades e ilhas, os romanos articulavam um império. Construíam estradas e aquedutos, impunham seu sistema legal, difundiam o uso de sua moeda e protegiam o comércio contra piratas. Eram mais engenheiros que filósofos. A segunda globalização ocorreu na era das grandes descobertas dos séculos XIV e XV. Desvendaram-se novos continentes e foi aberto o caminho da Índia e da China. A terceira globalização veio no século XIX, após as guerras napoleônicas. Foi o século em que o liberalismo sobrepujou o mercantilismo e começou a prosperar a democracia política. A

Não obstante, houve progressos em termos legislativos quanto às compras governamentais. Vide que, em 2010, a Lei nº 12.349 alterou a então vigente lei licitatória brasileira (Lei nº 8.666/93), fazendo constar, pioneiramente, regra específica voltada para o MERCOSUL. Ao inserir o §5º no art. 3º, dispondo que, nos processos de licitação, poderia ser estabelecida margem de preferência para produtos manufaturados e para serviços nacionais que atendessem a normas técnicas brasileiras, dispôs, no §10 do mesmo dispositivo, que essa margem de preferência poderia ser estendida, total ou parcialmente, aos bens e serviços originários dos Estados Partes do MERCOSUL.

No mesmo diapasão, a Nova Lei de Licitações, Lei nº 14.133/2021, ao prever, em seu art. 26, que no processo de licitação poderá ser estabelecida margem de preferência para bens manufaturados e serviços nacionais que atendam a normas técnicas brasileiras e bens reciclados, recicláveis ou biodegradáveis, sinaliza que essa margem poderá ser estendida a bens manufaturados e serviços originários de Estados Partes do Mercado Comum do Sul (MERCOSUL), desde que haja reciprocidade com o País prevista em acordo internacional aprovado pelo Congresso Nacional e ratificado pelo Presidente da República (§1º, inc. III, do mesmo artigo).

Avaliando que, com a Nova Lei de Licitações, deu-se um passo importante para a harmonização legislativa nessa seara, Marcelo Coimbra, Helena Colodetti e Lucas de Oliveira observaram que

> o pontapé inicial para a harmonização com a legislação internacional foi dado com a Nova Lei de Licitação, cujo capítulo dedicado aos certames internacionais indubitavelmente busca imprimir um caráter mais igualitário à concorrência entre licitantes nacionais e estrangeiros, sem descurar das modulações que devem ser feitas em benefício da indústria nacional.[37]

---

quarta globalização viria após a Segunda Guerra Mundial, mas só atingiria seu apogeu com o colapso do socialismo em 1889/91. Por que a quarta globalização está provocando talvez mais apreensão que entusiasmo? Primeiramente, porque o processo globalizante se tornou muito mais rápido com a revolução das comunicações e a difusão da sociedade do conhecimento. Segundo, porque se tornou mais abrangente, envolvendo não só comércio e capitais, mas também telecomunicações, finanças e serviços antes cobertos por várias formas de proteção". (CAMPOS. A quarta globalização).

[37] COIMBRA; COLODETTI; OLIVEIRA. As licitações internacionais na Nova Lei de Licitações.

CAPÍTULO 4

DIREITO PÚBLICO/DIREITO PRIVADO E A CORRELAÇÃO COM: (A) O CONTRATO CELEBRADO ENTRE O ESTADO E ESTRANGEIROS; (B) AS LICITAÇÕES PÚBLICAS

O Direito, baseado em um conjunto de normas de conduta impostas pelo Estado, constitui unidade indivisível, repartindo-se, entrementes, em dois ramos distintos: Público e Privado.

Direito Público é o conjunto de normas que organiza o poder soberano e a ordem política, e regula as relações e os interesses do Estado entre os seus agentes e as coletividades.[38]

O Direito Privado, em sentido amplo, é o conjunto de normas que disciplina e organiza as relações a serem estabelecidas entre os particulares.

O Direito Público regra, portanto, as relações jurídicas em que prevalecem os interesses do Estado, enquanto o Direito Privado normatiza as relações jurídicas em que predominam os interesses dos particulares.

Remonta ao tempo do império romano a distinção entre o Direito Público e o Direito Privado. Na lição de Hermes Lima, na concepção, domina a ideia da posição privilegiada dos interesses do Estado em face dos interesses individuais: a situação jurídica do Estado era não só diferente, como superior à dos cidadãos. Estes não tinham direito contra aquele, não havendo, portanto, possibilidade de confundirem-se os dois domínios.[39] Citando Ferrara, o jurista ensina que, para os

---

[38] NUNES. *Dicionário de tecnologia jurídica*. 5. ed.
[39] LIMA. *Introdução à ciência do direito*. 22. ed.

romanos, o *ius publicum* abrangia também o Estado em suas relações patrimoniais, uma vez que o Estado nunca se despojava de suas vestes soberanas. Assim, os contratos celebrados com particulares no domínio das relações patrimoniais eram contratos públicos especiais, dos quais se inferiam consequências impossíveis de se obter através das formas comuns dos ajustes.

O critério dessa distinção, vigente até os dias de hoje – e sustentáculo dos contratos administrativos –, está no interesse. De um lado, o interesse público (Direito Público), do outro, o interesse individual (Direito Privado).

Nesse curso, alude Hermes Lima que a distinção comporta consequências de alcance prático e, por esse motivo, surgiu e se mantém.

Destarte, as normas de Direito Público não são suscetíveis de derrogação por parte dos indivíduos, pois o objetivo que visam é social, comum à coletividade, ao passo que, no campo do Direito Privado, há lugar para transigências, como acontece nas questões patrimoniais em que os interessados podem ceder, renunciar, desistir.

Na interpretação das normas de Direito Internacional Público, há que se buscar sempre um equilíbrio com o direito interno dos Estados, considerando que o Direito se constitui num sistema uno de normas.[40]

Sustentado no interesse público é que nos contratos celebrados pela Administração Pública, notadamente nos administrativos, há a "supremacia de poder", que aflora, principalmente, nas chamadas "cláusulas exorbitantes", ou seja, aquelas que exorbitam do direito comum para o estabelecimento de uma restrição ao contratado, sendo principais as que possibilitam a alteração e a rescisão unilateral do contrato e a aplicação de penalidades contratuais.

A questão da supremacia do Poder Público é bem delimitada por Manoel de Oliveira Franco Sobrinho, ao dispor que essa superioridade não significa potestades arbitrárias, uma vez que também está ele sujeito a regime de direito, já que, preliminarmente, ancorando a atividade administrativa consentida, há diversos valores estáveis que dizem com a organização estatal, os poderes, os órgãos e os serviços indispensáveis à consecução dos fins públicos.[41]

Em virtude das relações, o problema dos privilégios ou das prerrogativas públicas constitui questão de natureza jurídica. Quando

---

[40] Nesse sentido: MENEZELLO. *Licitações internacionais e a Lei Federal nº 8.666/93.*
[41] FRANCO SOBRINHO. *Obrigações administrativas.*

muito, se locam na discricionariedade, não dispensando o Estado de assumir obrigações, nem livrando a Administração de fundar seus atos conforme norma aplicável ou de acordo com permissivos legais previamente estabelecidos.

Themístocles Brandão Cavalcanti, em alentada obra, reuniu vários elementos e definiu com rara felicidade o conteúdo e a matéria que compreendem o Direito Público, prescrevendo a sua relação com o Direito Privado. Alguns trechos são obrigatórios destacar:

> Embora não satisfaça doutrinariamente a divisão do Direito em dois compartimentos, é da tradição romana, conservada pela moderna legislação, a visão do Direito em privado e público, um regulando e disciplinando as relações entre indivíduos, o outro as relações com o Estado. As transformações sociais impuseram, ainda ao Estado, novas tarefas, uma função disciplinadora mais interna (...). Daí a penetração do Estado em relações anteriormente vedadas à sua intervenção, e, consequentemente, a redução dos traços de separação do Direito Público e do Privado, tornando corrente a opinião já formulada por Bacon, de que não existe direito privado sem direito público, e a crítica severa feita à dicotomia tradicional do direito.[42]

No tocante à adoção do Direito Público de um país em outro território, cabe ressaltar a discussão, havida em 1975, na França, em reunião anual do Comitê Francês de Direito Internacional Privado, no simpósio cujo tema era *O Direito Público Estrangeiro e o Direito Internacional Privado*. Concluíram os debatedores que não deveriam ser ignoradas as normas estrangeiras em matéria de licença de importação ou exportação, de concorrência ou de controle de câmbio, acrescentando que a jurisprudência de alguns países, inclusive Áustria e Suíça, vem acatando a aplicação de normas de direito público estrangeiro.

No mesmo ano, o Instituto de Direito Internacional aprovou resolução semelhante, ressalvando que "a Resolução não vedaria a questão mais delicada referente a iniciativas judiciais requeridas por uma autoridade ou organismo estrangeiro baseadas em dispositivos de seu Direito Público".

Ainda sobre o assunto, versando na área do Direito Internacional Público, Hildebrando Accioly relembra decisão da Corte Permanente de Justiça Internacional no sentido de que "um Estado não pode invocar

---

[42] CAVALCANTI. *Princípios gerais de direito público*. 3. ed.

contra outro Estado sua própria Constituição para se esquivar a obrigações em virtude do direito internacional ou de tratado vigentes".[43]

Voltando-se para o âmbito dos contratos a serem celebrados entre o Estado e estrangeiros, avista-se a relevância da questão, diante da importância desses contratos, uma vez que atingem duas órbitas: o Direito Interno e o Direito Internacional.

Como é cediço, no Direito Internacional Privado importa averiguar qual o direito aplicável; já no Direito Internacional Público, indaga-se se a violação de normas do contrato acarretaria responsabilidades internacionais do Estado. Roberto Husek chama atenção, nesse aspecto, para a relevância da dúvida, porque, nesse tipo de acordo, é comum a intervenção da mais alta autoridade do Estado, e, normalmente, a especificação de cláusulas que limitam a sua soberania.[44]

> Quando tais contratos nascem para o mundo jurídico, dois interesses antagônicos se vislumbram: o das empresas ou estrangeiros (pessoa jurídica ou física), fundamentalmente econômico, e o do Estado, eminentemente público.[45]

No que diz respeito aos contratos celebrados entre o Estado e estrangeiros, não obstante a dúvida sobre a responsabilidade do Estado pela violação do contrato,[46] cremos que o prevalecente é o direito interno,

---

[43] ACCIOLY. *Manual de direito internacional público*. 10. ed.

[44] Tratando da noção de soberania, aduz Francisco Rezek: O fato de encontrar-se sobre certo território bem delimitado uma população estável e sujeita a autoridade de um governo não basta para identificar o Estado enquanto pessoa jurídica de direito das gentes: afinal, esses três elementos se encontram reunidos em circunscrições administrativas variadas, em províncias federadas como a Califórnia e o Paraná, até mesmo em municípios como Diamantina e Buenos Aires. Identificamos o Estado quando seu governo – ao contrário do que sucede com o de tais circunscrições – não se subordina a qualquer autoridade que lhe seja superior, não reconhece, em última análise, nenhum poder maior de que dependam a definição e o exercício de suas competências, e só se põe de acordo com seus homólogos na construção da ordem internacional, e na fidelidade aos parâmetros dessa ordem, a partir da premissa de que aí vai um esforço horizontal e igualitário de coordenação no interesse coletivo. Atributo fundamental do Estado, a soberania a faz titular de competências que, precisamente porque existe uma ordem jurídica internacional, não são ilimitadas; mas nenhuma outra entidade as possui superiores (REZEK. *Direito internacional*: curso elementar. 12. ed.).

[45] HUSEK. *Curso de direito internacional público*. 9. ed.

[46] Essa dúvida fica clara nas indagações de Eliane Maria Octaviano Martins e Fernando Passos: Ora, primeiramente, há que inquirir-se: Quem é que pode garantir, no atual estágio do papel do Estado no mundo contemporâneo, que o interesse do contratante Estado é realmente interesse público? Segundo, quem pode afirmar não serem legítimos os interesses privados, muitas vezes, sustento e avalista das ações do Estado? Queiramos ou não admitir, toda a polêmica desemboca em uma única indagação: qual a extensão da soberania de um Estado

até porque, como ponderou Marcelo Huck, cumpre ressaltar que a presença do Estado como parte contratante é realidade fundamental e, assim, fenômenos como mutabilidade, soberania ou imunidades estarão sempre presentes nesse tipo de relação contratual.[47]

Roberto Husek infere no mesmo diapasão:

> Parece-nos que prevalece a responsabilidade perante o Direito Interno. Ainda assim, o estudo tem sua importância, pelas consequências político-administrativas que acarreta para o Estado e como subsídio aos demais aspectos do Direito Internacional Econômico.[48]

No tocante às licitações, ou seja, no que concerne à competição instaurada pelo Estado almejando um futuro contratado, constata-se, em função de tudo o que foi exposto, que a regra geral que a compreende no Direito pátrio – a Lei nº 14.133/2021 – disciplina assuntos de Direito Interno brasileiro, em que predominam interesses do Estado, tendo como finalidade única preservar o interesse da coletividade.

---

nos dias atuais? Haverá limites? (MARTINS; PASSOS. Contratos internacionais com o Estado: algumas considerações).

[47] HUCK. *Contratos com o Estado*: aspectos de direito internacional.

[48] HUSEK. *Curso de direito internacional público*. 9. ed.

CAPÍTULO 5

A LICITAÇÃO INTERNACIONAL

5.1 Do alcance

No direito brasileiro, a expressão *Licitação Internacional* tem gerado confusão no tocante à sua abrangência, provocando um entendimento errôneo ao desavisado. A menção ao termo *internacional* tem determinado com que muitos imaginem que se trata de certame a ocorrer em outro país. Todavia, diante das conclusões apresentadas em capítulos anteriores, não é difícil perceber que o diploma legal que regia a matéria até recentemente, a famosa Lei nº 8.666/93, tipicamente de direito interno, cuidava exclusivamente de procedimentos licitatórios a transcorrer em solo brasileiro, dando margem à participação de empresas estrangeiras domiciliadas em outro país, desde que se sujeitem às diretrizes impostas por órgãos responsáveis pelos aspectos de política monetária e de comércio exterior, bem como sob a égide de diversos outros mecanismos que disciplinam a implantação desta política no Brasil.[49] [50] [51]

---

[49] Nessa linha, Pedro Chrismann e Kayene Heberle: "Ao contrário do que se poderia pensar em leitura desavisada do termo, licitação internacional não é aquela que acontece em território estrangeiro. Trata-se de certame realizado em território nacional, em que, resumidamente, busca-se a participação de empresa estrangeira, domiciliada no exterior" (CHRISMANN; HEBERLE. *Licitações internacionais*).

[50] Eros Grau discorda, em parte, desse entendimento, dispondo em parecer, emitido à época da vigência do Decreto-lei nº 2.300/86: "Licitação internacional – ou 'concorrência internacional', qual costumeiramente se menciona – não é, segundo me parece, ao contrário do que parte da doutrina afirma, aquela em que se permite a participação de licitantes nacionais e estrangeiros, porém, rigorosamente, aquela cuja publicidade tenha sido assegurada no exterior, para além das fronteiras do território nacional, ou seja, a de âmbito internacional. Essas licitações – cujo objeto pode ou não ser financiado com recursos provenientes de financiamentos concedidos por organismo internacional, de que o Brasil faça

A atual lei de licitações, Lei nº 14.133/2021, manteve essa abrangência, mas, diversamente do diploma anterior, que não definia o que seria uma licitação internacional, fixou, no art. 6º, inc. XXXV, que licitação internacional é a competição processada em território nacional na qual é admitida a participação de licitantes estrangeiros, com a possibilidade de cotação de preços em moeda estrangeira, ou licitação na qual o objeto contratual pode ou deve ser executado no todo ou em parte em território estrangeiro.[52]

Estabelecida a definição, há então que se inquirir quando poderia a Administração Pública instaurar a licitação internacional. Sua instauração dar-se-ia sempre que o administrador público entendesse

---

parte – geralmente atendem, no que diz com a publicidade, quando, na segunda hipótese, a aquisição do bem ou serviço seja financiada por organismo internacional (o BIRD, o BID, etc.), a certas regras por tais organismos dispostas. A mera participação nela, de licitante estrangeiro, sem que a sua publicidade tenha sido promovida no plano internacional por exigência do organismo internacional, não a qualifica como tal, mesmo porque nada obsta que qualquer licitante estrangeiro, atendido o disposto no §2º do art. 3º do Decreto-Lei nº 2.300, de 21 de novembro de 1986, participe de licitação local (não, pois, de âmbito internacional). Por isso distinguem, aqueles organismos, entre concorrência internacional e concorrência local. Estas, que se admite sejam instauradas em relação a contratações cujo valor não exceda determinado montante, são realizadas sem que nenhuma publicidade a seu respeito seja promovida no exterior, ainda que delas possam participar licitantes estrangeiras" (GRAU. Parecer emitido em 11.08.92. p. 427).

[51] Da mesma forma, as licitações levadas a efeito pelo setor privado devem considerar as normas de comércio exterior, sendo este o ponto comum entre os certames dos setores público e privado.

[52] A legislação pátria oferecia uma definição para a expressão em diploma voltado para o âmbito tributário, apenas para efeitos de aplicação do *drawback* previsto na Lei nº 8.032/1990. Assim, a Lei nº 11.732/2008, que dispôs sobre o regime tributário, cambial e administrativo das Zonas de Processamento de Exportação (alterando as Leis nºs 11.508, de 20 de julho de 2007, e 8.256, de 25 de novembro de 1991), previa, no §5º do art. 3º, que o Poder Executivo regulamentaria, por Decreto, no prazo de 60 (sessenta) dias contados da entrada em vigor da Medida Provisória nº 418, de 14 de fevereiro de 2008, as normas e procedimentos específicos a serem observados nas licitações internacionais promovidas por pessoas jurídicas de direito privado, a partir de 1º de maio de 2008, sem prejuízo da validade das licitações internacionais promovidas por pessoas jurídicas de direito privado até aquela data. Apesar de a lei expressamente informar que a regulamentação dizia respeito tão somente às licitações internacionais promovidas por pessoas jurídicas de direito privado do setor privado, o decreto regulamentar foi além, regulamentando as licitações internacionais também para os entes e entidades regidos pelo direito público. Destarte, o Decreto nº 6.702/2008 regulamentou o art. 3º da Lei nº 11.732/2008, e, a despeito de tratar especificamente de licitações internacionais para importação de matérias-primas, produtos intermediários e componentes destinados à fabricação, no Brasil, de máquinas e equipamentos a serem fornecidos no mercado interno, sob amparo do regime aduaneiro especial de que trata o art. 5º da Lei nº 8.032/90, definiu, no art. 2º, que "considera-se licitação internacional o procedimento promovido por pessoas jurídicas de direito público e por pessoas jurídicas de direito privado do setor público e do setor privado, destinado à seleção da proposta mais vantajosa à contratante, observados os princípios da isonomia, da impessoalidade, da publicidade, da probidade, da vinculação ao instrumento convocatório, da ampla competição e do julgamento objetivo".

necessário? Diríamos que sim. O certame internacional seria instaurado todas as vezes que o agente público responsável vislumbrasse que o objeto pretendido poderia ser economicamente mais viável se fornecido por uma empresa estrangeira ou, ainda, quando o objeto almejado não seja prestado ou produzido no Brasil.[53][54]

Ainda no âmbito da Lei pretérita, manifestou-se o Tribunal de Contas da União (TCU):

> (...) nas aquisições de objetos cujo mercado seja restrito no país, avalie previamente a conveniência e a oportunidade de realizar licitação internacional, nos termos do art. 3º e 23, §3º, da Lei nº 8.666/93.[55]

O procedimento no exterior resumir-se-á, em regra, na publicidade da licitação internacional, unicamente para a divulgação do certame. Os demais atos transcorrerão em território brasileiro.

Essa tese, ainda no âmbito da lei anterior, foi plenamente confirmada pelo Tribunal de Contas da União (TCU) em decisão proferida em plenário, avaliando representação contra cláusula de edital de concorrência pública empreendida pela Petrobras, sob a alegação de ilegalidade, por, supostamente, restringir a participação aos concorrentes estabelecidos em território nacional.[56]

Percuciente parecer da lavra de Rui Berford Dias, chefe da divisão de contratos da Petrobras, alicerçado em ensinamentos de vários administrativistas nacionais (Adilson Abreu Dallari, Marcos Juruena Villela Souto, Celso Antônio Bandeira de Mello, entre outros), sustentou a tese do poder discricionário da Administração no sentido de privilegiar, nas licitações públicas instauradas, segmentos econômicos nacionais, facultando à Administração fixar, a seu livre arbítrio, o âmbito nacional ou internacional, em face, principalmente, do disposto no art. 42 da antiga Lei nº 8.666/93:

---

[53] Ivan Barbosa Rigolin entende que também seria possível no caso de o produto estrangeiro ser incomparavelmente melhor (e por isso insubstituível), ou porque provavelmente será melhor o objeto se contratado de um *pool* de empresas de que participem estrangeiras (RIGOLIN. *Lei nº 14.133/2021 comentada*: uma visão crítica.).

[54] Fabrício Motta apoia explicitamente nosso entendimento: "Em apoio à tese, corretamente sustentada, convém aduzir que a adoção do certame em âmbito internacional inviabilizaria ou complicaria desnecessariamente inúmeros procedimentos licitatórios, em virtude da simplicidade ou abundância do objeto almejado nas empresas do país" (MOTA. *Direito da integração*).

[55] TCU Processo nº TC-017.979/2002-1 – Acórdão nº 1.443/2004 – Plenário.

[56] Decisão nº 607/94 – TCU – Plenário (*DOU*, 26 out. 94).

Se juntarmos as lições recebidas, poderemos concluir que compete à Administração fixar quando irá realizar uma concorrência de âmbito nacional e quando realizará uma concorrência de âmbito internacional. Se assim não fosse, de resto, ficaria sem nenhum sentido a própria lei de licitação, quando estipula a divisão das concorrências entre nacionais e internacionais (art. 42 da Lei nº 8.666/93). Bastaria a lei falar em concorrência, apenas. Todas as concorrências seriam, então, na prática, concorrências internacionais.

Apesar das opiniões discordantes de doutas consultorias, estranhamente contrárias ao sustentado pelo setor jurídico da Petrobras, o Ministro-Relator Homero Santos, em prestigioso voto, reconhecendo os ensinamentos da doutrina transcritos na defesa, asseverou:

> É como se os ilustres preopinantes não aceitassem a existência, de um lado, das Licitações Comuns (ou nacionais) e, de outro, das Concorrências Internacionais, na exata e perfeita distinção oferecida por J. Cretella Júnior (*Das Licitações Públicas*, Ed. Forense, 1993, nº 244, págs. 211-212). Na retromencionada obra, o conhecido administrativista pátrio sustenta, com toda ênfase, que a concorrência comum, ou concorrência nacional, contrapõe-se à concorrência internacional (...)

Após alusão a ensinamentos de diversos doutrinadores (como Raul Armando Mendes e Marçal Justen), e trazer à colação os autores já citados pela Petrobras, concluiu o relator pelo correto procedimento daquela empresa pública, não instaurando a concorrência internacional, utilizando-se da discricionariedade ínsita do Poder Público. O voto foi submetido ao Plenário, que confirmou o entendimento, negando provimento à representação.

A licitação internacional, no caso de aquisições, deve circunscrever bens cuja importação seja permitida, estando, em princípio, aberta à participação de interessados de todos os países com os quais o Brasil mantenha relações comerciais, bem como aos que não se tenha restrição política ou comercial.[57]

Tratando recentemente da matéria, já no âmbito da Nova Lei de Licitações, Jonas Lima observou:

---

[57] Adotamos a expressão "em princípio", tendo em vista que as licitações internacionais baseadas nas regras de organismos internacionais não raro definem os países que poderão apresentar propostas.

Mas quais seriam as razões para a licitação internacional ser obrigatória? Várias. Basicamente, em mercado no qual haja ausência de competidores brasileiros ou no qual apenas um potencial competidor se faria presente em licitação nacional, passa a ser uma obrigação abrir a competição internacional, formalmente, pois no exterior pode haver cinco ou dez outros possíveis interessados na competição. A licitação internacional, portanto, não é facultativa e nem discricionária.[58]

Observe-se que, recentemente, por intermédio do Acórdão nº 242/2023 – Plenário, o Tribunal de Contas da União (TCU) determinou que o Ministério da Saúde anule o Pregão Eletrônico nº 126/2022, para a aquisição de imunoglobulina humana, utilizada no tratamento de diversas doenças e ofertada no Sistema Único de Saúde (SUS). O plenário do TCU analisou representação formulada pela empresa Virchow Biotech Private Limites, que apontou possíveis irregularidades no edital, entre elas a restrição de participação de empresas estrangeiras que não tivessem o produto registrado no Brasil. A decisão do TCU suspendeu a continuidade do pregão e determinou que o Ministério inicie novo processo licitatório de acordo com a Resolução RDC-Anvisa nº 203/2017, devendo incluir a participação de empresas estrangeiras com produtos sem registro na Agência Nacional de Vigilância Sanitária (Anvisa), devido à indisponibilidade do produto no mercado nacional em quantidade suficiente para atender à demanda de todo o país. O entendimento da Corte de Contas é que a excepcionalidade se justifica devido ao histórico de dificuldades de aquisição do medicamento e abastecimento do SUS observados, pelo menos, desde 2018.

Destarte, dentre as providências que fazem com que a licitação seja realmente internacional, vislumbra-se a obrigatória publicidade (mais ampla possível) no exterior, além da divulgação oficial no Portal Nacional de Contratações Públicas (PNCP), a publicação de extrato do edital no Diário Oficial da União, do Estado, do Distrito Federal ou do Município, ou, no caso de consórcio público, do ente de maior nível entre eles, bem como em jornal diário de grande circulação no Brasil (art. 54, *caput*, e §1º da Lei nº 14.133/2021).

Vide a assertiva de Maria Lúcia Jordão Ortega:

(...) considerado que ao optar por uma licitação internacional a Administração objetiva busca interessados além de seus limites territoriais, a

---

[58] JONAS. *Lei nº 14.133 e as razões para a licitação internacional obrigatória.*

publicidade deverá ser realizada de forma a viabilizar essa sua intenção, com o que a publicidade não poderá ser limitada àquela legalmente prevista às licitações nacionais.[59]

Nesse sentido, mesmo louvando o preenchimento da lacuna legislativa quanto ao estabelecimento, na Nova Lei de Licitações, de um conceito para as licitações internacionais, Jonas Lima lamenta que o principal elemento caracterizador da licitação internacional, que é a publicidade no exterior, tão cobrada há décadas pelos tribunais de contas e por outros entes de controle, tenha sido esquecido. Entende, entretanto, numa interpretação sistêmica da legislação, que deve ser considerado impositivo respeitar o princípio da publicidade, do caput do artigo 37 CF, de modo a se ter a igualdade entre concorrentes, que é expressa no inciso XXI, do mesmo artigo, significando, com isso, que o aviso da licitação internacional deva ser

> publicado, normalmente, no Brasil, além de ter uma divulgação adicional no exterior, que tem sido aceita em ferramentas como o www.dgmarket.com, maior portal de licitações do mundo, sem despesa para inclusão de avisos, com editais de mais de 170 países e dezenas de organismos internacionais, além de envio para listas de contatos dos Setores de Promoção Comercial (Secoms), do Brasil nos países, ou seja, listas de contatos comerciais das embaixadas e consulados brasileiros pelo mundo, para que as oportunidades sejam localmente replicadas.[60]

É certo, contudo, que, atualmente, com a facilidade de divulgação de informações em função da internet, eventuais interessados que tenham sede em outros países terão enormes condições de tomar conhecimento de licitações realizadas no Brasil, independentemente da obrigatória divulgação no exterior.

5.2 Da previsão orçamentária

A licitação internacional pode ser financiada por recursos públicos ou através de financiamentos concedidos por organismos financeiros internacionais de que o Brasil faça parte ou, ainda, por agência estrangeira de cooperação, tais como o BIRD (Banco Internacional de

---

[59] ORTEGA. *Licitações à luz da Lei nº 8.666/93*.
[60] LIMA. *Licitações internacionais na Lei nº 14.133/2021: 10 tópicos*.

Reconstrução e Desenvolvimento) e o BID (Banco Interamericano de Desenvolvimento).

Em consequência, também nas licitações internacionais faz-se mister a previsão de recursos.

A Lei nº 8.666/1993 explicitava a necessidade de previsão de recursos para a instauração de um certame licitatório. O §2º do art. 7º dispunha que as obras e os serviços somente poderiam ser licitados quando houvesse previsão de recursos orçamentários que assegurassem o pagamento das obrigações decorrentes de obras ou serviços a serem executados no exercício financeiro. Da mesma forma, o art. 14 previa que nenhuma compra poderia ser realizada sem a indicação dos recursos orçamentários para o seu pagamento, sob pena de nulidade do ato e responsabilidade de quem lhe tivesse dado causa.

Da mesma forma, a Lei nº 14.133/2021, quando, em seu art. 150, preconiza que nenhuma contratação poderá ocorrer sem a indicação dos créditos orçamentários para pagamento das parcelas contratuais vincendas no exercício em que for realizada a contratação, sob pena de nulidade do ato e de responsabilização de quem lhe tiver dado causa; e o inc. II do art. 106 condiciona a contratação à previsão de recursos na lei orçamentária do exercício, ao especificar que a Administração deverá atestar, no início da contratação e de cada exercício, a existência de créditos orçamentários vinculados à contratação.

Assim, a Nova Lei de Licitações vincula a Administração a uma providência para qualquer contratação: a indicação de existência de créditos orçamentários. Inexistindo o pressuposto, dispõe o diploma pela nulidade de todo o ato, além de responsabilização de quem o ordenou.

Cabe anotar que, nas contratações públicas, há de se observar ainda as disposições dos arts. 15 e 16 da Lei de Responsabilidade Fiscal (Lei Complementar nº 101/2000), prescritos no capítulo voltado à Despesa Pública.

Prescrevem tais dispositivos:

Art. 15. Serão consideradas não autorizadas, irregulares e lesivas ao patrimônio público a geração de despesa ou assunção de obrigação que não atendam o disposto nos arts. 16 e 17.
Art. 16. A criação, expansão ou aperfeiçoamento de ação governamental que acarrete aumento da despesa será acompanhado de:
I – Estimativa do impacto orçamentário-financeiro no exercício em que deva entrar em vigor e nos dois subsequentes;

II – Declaração do ordenador da despesa de que o aumento tem adequação orçamentária e financeira com a lei orçamentária anual e compatibilidade com o plano plurianual e com a lei de diretrizes orçamentárias.
§1º Para os fins desta Lei, considera-se:
I – Adequada com a lei orçamentária anual, a despesa objeto de dotação específica e suficiente, ou que esteja abrangida por crédito genérico, de forma que somadas todas as despesas da mesma espécie, realizadas e a realizar, previstas no programa de trabalho, não sejam ultrapassados os limites estabelecidos para o exercício;
II – Compatível com o plano plurianual e a lei de diretrizes orçamentárias, a despesa que se conforme com as diretrizes, objetivos, prioridades e metas previstos nesses instrumentos e não infrinja qualquer de suas disposições.
§2º A estimativa de que trata o inciso I do caput será acompanhada das premissas e metodologia de cálculo utilizadas;
§3º Ressalva-se do disposto neste artigo a despesa considerada irrelevante, nos termos em que dispuser a lei de diretrizes orçamentárias.
§4º As normas do caput constituem condição prévia para:
I – Empenho e licitação de serviços, fornecimento de bens ou execução de obras;
II – Desapropriação de imóveis urbanos a que se refere o §3º do art. 182 da Constituição.[61]

Esse último parágrafo, como se vê, estabelece que tais regras são condicionantes para a emissão do empenho e para a licitação de serviços, fornecimento de bens ou execução de obras. Portanto, despesas realizadas sem a devida adequação serão lesivas ao patrimônio público, caracterizando-se crime de responsabilidade.

Como leciona Benedicto de Tolosa:

A despesa adequada à Lei Orçamentária anual é aquela cujo objeto tenha dotação específica e suficiente, ou seja, que esteja abrangida por crédito genérico, de forma que somadas todas as despesas da mesma espécie, realizadas ou a realizar, previstas no programa de trabalho, não sejam ultrapassados os limites estabelecidos para o exercício. Por outro lado, a despesa é compatível com o plano plurianual e com a lei

---

[61] O dispositivo constitucional mencionado tem o seguinte texto:
"Art. 182. A política de desenvolvimento urbano, executada pelo Poder Público municipal, conforme diretrizes gerais fixadas em lei, tem por objetivo ordenar o pleno desenvolvimento das funções sociais da cidade e garantir o bem-estar de seus habitantes. [...]
§3º As desapropriações de imóveis urbanos serão feitas com prévia e justa indenização em dinheiro".

de diretrizes orçamentárias, quando se coaduna com as diretrizes, os objetivos, as prioridades e as metas previstos nesses instrumentos. A observação rigorosa dessas regras é condição prévia para o empenho e a licitação de serviços, fornecimento de bens e execução de obras, devendo ser demonstrada no respectivo procedimento administrativo.[62]

Ao elencar as fases e as atividades do processo de contratação, Luiz Claudio de Azevedo Chaves registra que,

> estimada a despesa, naturalmente o processo deve seguir para a verificação da disponibilidade orçamentária e, caso haja dotação suficiente, o consequente compromissamento da despesa, cristalizando a etapa do planejamento da contratação. Essa informação é crucial para a formação do juízo de conveniência e oportunidade da autoridade competente. Caso o órgão não disponha de recursos orçamentários, o processo sequer lhe será apresentado.[63]

Tratando da matéria, dispôs Eliana Goulart Leão:

> Por previsão de recursos (...) pode-se entender não só a indicação de importâncias em dinheiro efetivamente existentes nos cofres públicos, mas também de quantias monetárias apenas previstas no orçamento da entidade responsável pela realização do certame, a serem a ela futuramente creditadas.[64]

5.3 Da adoção de normas específicas sobre contratações emanadas por entidades financeiras estrangeiras

De plano, há de se distinguir entre as licitações internacionais instauradas somente com base na lei de licitações brasileira e aquelas que se alicerçam em regras dispostas por organismos internacionais, uma vez que nessas são admitidos as normas e os procedimentos dos mencionados organismos, inclusive quanto ao critério de seleção da proposta mais vantajosa para a Administração.

---

[62] TOLOSA FILHO. *Comentários à nova Lei de Responsabilidade Fiscal*: Lei Complementar nº 101, de 04.05.2000: comentada e anotada. 2. ed.
[63] CHAVES. *A atividade de planejamento e análise de mercado nas contratações governamentais*. 2. ed.
[64] LEÃO. *Concorrências internacionais*.

No Brasil, consoante o sedimentado em jurisprudência, o tratado internacional (celebrado pelo Presidente da República e ratificado pelo Congresso Nacional) possui hierarquia de lei ordinária, sendo aplicado somente em consonância com os ditames constitucionais,[65][66] devendo ser entendido por tratado o ato jurídico através do qual é manifestado um acordo de vontades entre duas ou mais pessoas internacionais, conforme prescreve a Carta Magna (art. 105, alínea "a", do inciso III), estando amplamente sujeitos ao controle de constitucionalidade (art. 102, alínea "b" do inciso III).

A posição do Supremo Tribunal Federal, ainda que o Congresso Nacional tenha ratificado um tratado, é a de que somente ocorre a sua

---

[65] a) Conforme decidiu o STF, no julgamento do RE nº 80.004, publicado na *RTJ* 83/809.
b) Na Argentina, contrariamente, a Corte Suprema de Justiça manifestou-se pela supremacia do "Direito Convencional" sobre a legislação interna.
– No Paraguai, a Constituição prescreve a superioridade jurídica do "Direito Convencional" sobre o interno, ficando o mesmo, tal como na Argentina, hierarquicamente inferior somente à Constituição.
– No Uruguai não existe posicionamento sobre o assunto, o que, a nosso ver, demonstra a supremacia da lei do país.
– Nos Estados Unidos adota-se a solução da adoção global das regras do Direito Internacional pelo Direito Interno, sem instituir, a princípio, a primazia de uma sobre a outra, com base no preceito jurisprudencial inglês *International law is part of the law of the land*. A jurisprudência americana, entrementes, firmou-se no entendimento de que há imperiosidade da Constituição e leis federais sobre o tratado, quando inexistir possibilidade de conciliação.
– Alemanha, Itália, Holanda, Espanha e França conferem ao "Direito Convencional" o valor de lei interna, com peculiaridades diversas quanto à aplicação desse preceito.
c) Nesse diapasão tem assentado, também, o entendimento do TCU – como não poderia deixar de ser –, tendo, em sessão da 2ª Câmara, de 12.06.97, relação nº 34/97 – Ata nº 17/97, firmado posicionamento de que em todos os contratos e convênios decorrentes do "Acordo Básico de Assistência Técnica", celebrado entre o Brasil e a ONU, suas Agências Especializadas e a Agência Internacional de Energia Atômica, promulgado pelo Decreto nº 59.308, de 23.09.66, são admitidos os procedimentos licitatórios exigidos pelos referidos organismos internacionais, através de cláusulas e condições previstas nos respectivos instrumentos de avença, desde que não conflitantes com o texto constitucional, cabendo ao administrador responsável nacional adotar sempre a decisão que melhor atenda aos interesses da União, expressos na legislação em vigor.
d) Ana Cristina Paulo Pereira obtempera que o primado do tratado sobre o direito interno constitui-se, sobretudo, numa proposição doutrinária, cabendo efetivamente aos Estados o poder soberano de determinar o verdadeiro estatuto da norma jurídica convencional (PEREIRA. *Mercosul*: o novo quadro jurídico das relações comerciais na América Latina).

[66] Jurisprudência criticada por Celso Duvivier de Albuquerque Mello: "A tendência mais recente no Brasil é um verdadeiro retrocesso nesta matéria. No Recurso Extraordinário nº 80.004, decidido em 1978, o Supremo Tribunal Federal estabeleceu que uma lei revoga o tratado anterior. (...) A decisão é das mais funestas, vez que o STF não viu a consequência de seu acórdão, que poderá influenciar os juízes nos mais diferentes locais do Brasil. Por outro lado, faltou a ele sensibilidade para o momento atual em que o Brasil intensifica as relações internacionais" (MELLO. *Curso de direito internacional público*. 15. ed.).

vigência no ordenamento interno após a promulgação de decreto do Presidente da República pondo-o em vigor.

Nesse viés, a Corte Suprema recusou, por exemplo, o cumprimento de carta rogatória expedida pela Argentina, entendendo que a "Convenção sobre o cumprimento de medidas cautelares" celebrada pelos membros do MERCOSUL, ainda que ratificada pelo Congresso, não vigorava no país.[67]

Esse entendimento tem causado certa estranheza, de vez que a Constituição Federal não prescreve tal necessidade. José Carlos Magalhães vislumbrou essa incerteza – além da dificuldade do STF no sentido de fundamentar tal entendimento – comentando:

> A constituição não dispõe em qualquer artigo que os tratados, para terem vigência no país, dependem dessa providência que a praxe consagrou, mas que não encontra suporte constitucional que a torne obrigatória. Segundo o art. 59 da Constituição, o processo legislativo compreende: I – a elaboração de emendas à Constituição; II – leis complementares; III – leis ordinárias; IV – leis delegadas; V – medidas provisórias; VI – decretos legislativos; e VII – resoluções. Não há referência alguma a tratado e muito menos a decreto do Executivo, que é o meio pelo qual esse Poder regulamenta leis ou expede ordens que vinculam a administração federal, como se verifica do art. 84, IV, da Constituição. O Congresso, ao ratificar o tratado, o faz por meio de decreto legislativo, pondo-o em vigor no país, não havendo necessidade do decreto de promulgação pelo Executivo, providência não prevista na Constituição.[68]

Com outra ótica, João Grandino Rodas defende a necessidade de ratificação do Presidente da República:

> Os poucos artigos das Constituições Brasileiras republicanas sobre a dinâmica interna dos tratados internacionais não mudaram muito, sendo formal e substancialmente semelhantes. A tradição constitucional brasileira, com exceção da Carta de 1937, determina a colaboração entre o Poder Executivo e o Poder Legislativo na conclusão dos tratados internacionais. A Constituição vigente considera a vontade do Estado com referência aos atos internacionais como ato complexo, sendo necessária a vontade conjugada do Presidente da República e a do Congresso Nacional. O art. 84, Inciso VIII, estabelece como competência privativa

---

[67] Carta Rogatória nº 8.279, República Argentina, de 04.05.1998 (*apud* MAGALHÃES. *O Supremo Tribunal Federal e o direito internacional*. p. 69).
[68] MAGALHÃES. *O Supremo Tribunal Federal e o direito internacional*. p. 73.

do Presidente da República: "Celebrar tratados, convenções e atos internacionais, sujeitos a referendo do Congresso Nacional". Entretanto, completa o art. 49, inciso I, que tais atos só se tornam definitivos, após a provação do Congresso Nacional. Uma vez aprovado o tratado pelo Poder Executivo, aprovação essa materializada pela emissão do decreto do Legislativo, assinado pelo Presidente do Senado Federal, o Poder Executivo pode proceder à ratificação internacional, realizada pela troca (em caso de tratado bilateral) ou depósito (no caso de tratado multilateral) de instrumento de ratificação. Chama-se ratificação internacional, pois obriga o Estado que a faz, internacionalmente, com relação ao conteúdo do tratado.

Certo é que a praxe determina que, só após a promulgação presidencial, o tratado passa a ter força executória na nossa ordem interna. Apoiando-se nessa jurisprudência, Mirtô Fraga acrescenta:

> O decreto do Presidente da República atestando a existência de nova regra e o cumprimento das formalidades requeridas para que ela se concluísse, com a ordem de ser cumprida tão inteiramente como nela se contém, confere-lhe força executória, e a publicação exige sua observância por todos: Governo, particulares, Judiciário.[69]

É nesse contexto que se vislumbra o momento em que se permitiu a introdução no Direito pátrio de normas específicas sobre contratações de entidades financeiras estrangeiras.

Em 1944, em Bretton Woods, EUA, os países que lutavam em aliança democrática contra o nazismo fixaram os alicerces de uma nova estrutura econômica mundial, cujo objetivo era fomentar o intercâmbio, incentivando o livre comércio, com garantia de fluxos financeiros globais de capitais para investimentos e ajuda econômica aos países em desenvolvimento. Nessa reunião – que passou a ser conhecida como Convenção de Bretton Woods – deu-se a aprovação da criação do FMI (Fundo Monetário Internacional) e do BIRD (Banco Internacional de Reconstrução e Desenvolvimento), também conhecido como Banco Mundial, sempre com o intuito de implementar uma política econômica mundial, constituindo-se como instrumentos de transferência dos

---

[69] FRAGA. *O conflito entre tratado internacional e norma do direito interno.*

recursos dos países desenvolvidos ou em desenvolvimento, apoiando projetos consideráveis viáveis.[70] [71]

O Brasil, como integrante da aliança democrática, aderiu à Convenção de Bretton Woods, recepcionando em seu direito interno as normas estabelecidas sobre financiamento externo.

Portanto, ao aderir à Convenção, o Brasil, após a tramitação legislativa constitucionalmente exigida, introduziu no seu direito interno uma norma específica sobre contratações financeiras pelo BIRD, afastando, pois, a aplicação de uma norma geral de licitação – o que foi expressamente reconhecido no antigo estatuto de licitações brasileiro, a Lei nº 8.666/1993, em seu art. 42, §5º.

Distinguem-se, também, em decorrência das normas desses organismos internacionais, as denominações para as licitações. Normalmente, tais normas fazem diferenciação entre "concorrência internacional" e "concorrência local", dispondo que as "locais", atreladas a valores menores, devam ser instauradas sem publicidade no exterior, mesmo que nelas seja permitida a participação de licitantes de outros países.[72]

---

[70] Em 1959, os países que compunham a OEA (Organização dos Estados Americanos) criaram, em moldes semelhantes, o Banco Interamericano de Desenvolvimento (BID), com campo de atuação na América Latina. Conforme registra Humberto Barbosa de Castro, o Brasil também foi signatário do Convênio Constitutivo do BID: celebrado em Washington, em 8 de abril de 1959, e, na mesma data, assinado pelo Brasil, foi aprovado pelo Decreto Legislativo nº 18, publicado no *Diário Oficial* de 9 de dezembro de 1959 e promulgado por meio do Decreto nº 73.131, de 9 de novembro de 1973.

[71] Para aprofundamento sobre o assunto, sugerimos a leitura de *O regime de Bretton Woods para o comércio mundial*, de autoria de Nelson Giordano Delgado (Editora Mauad). (DELGADO. *O regime de Bretton Woods para o comércio mundial*: origens, instituições e significado).

[72] No que se refere aos financiamentos concedidos por entes externos, há de se destacar que alguns bancos privados, ao proporem os contratos de empréstimos, apesar de não serem organismos internacionais de fomento, determinam regras que merecem reflexão, notadamente aquelas que impõem à feitura do certame licitatório tão somente entre países denominados elegíveis, restringindo a participação de empresas brasileiras. Tal restrição causa natural incômodo, com incontestes vestígios de inconstitucionalidade, conquanto restaria desrespeitando os princípios regedores de Administração Pública brasileira, notadamente o da igualdade, com indícios ainda maiores de agressão à soberania nacional. Todavia, não é possível deixar de atentar para o aspecto factual do problema, resumido na assertiva de que o empréstimo somente se consumará com o atendimento das regras impostas. A questão é deveras delicada. Ora, tendo sido o contrato de financiamento aprovado no âmbito do Senado Federal, é de se inferir que houve por parte daquela casa uma profunda avaliação dos termos do acordo, considerando-o regular. Daí, a nosso ver, não cabe ao órgão público financiado vislumbrar afrontas à Constituição, mas tão somente operacionalizar o procedimento dentro das regras preestabelecidas. Nada afasta, no entanto, que o assunto seja levado ao conhecimento do Judiciário, para análise e reavaliação de constitucionalidade. É cediço, todavia, que conflitos entre um tratado e a Constituição Federal devem ser resolvidos em prol da prevalência do texto constitucional (essa é uma regra quase que mundial: "O postulado monista da primazia absoluta do direito internacional desaparece

Ressalta-se, por fim, que, no exercício interpretativo dos tratados, faz-se mister o uso das regras estabelecidas na Convenção de Viena sobre "Direito dos Tratados", que sinalizam para uma interpretação totalmente literal, tornando irrelevantes as possíveis intenções dos contratantes.

Como leciona Denis Borges Barbosa, essa interpretação se baseia precipuamente na boa-fé, impondo a Convenção de Viena duas regras de análise textual:

> Em primeiro lugar, às palavras deve ser dado o sentido comum atribuível aos termos do tratado em seu contexto. Só se dará a uma expressão um sentido especial, fora do sentido comum, se estiver estabelecido que esta era a intenção das partes. Evidentemente, estabelecido no texto.
> A Convenção precisa o que ela entende como "contexto". Não são as circunstâncias externas ao tratado, mas o texto propriamente dito, seus preâmbulos e anexos, os acordos relativos ao Tratado e feitos entre todas as partes por ocasião da conclusão do tratado, assim como qualquer instrumento, estabelecido por apenas algumas das partes convenentes, mas aceito por todas como sendo relativo ao tratado.
> Fora do contexto, mas igualmente relevante para a interpretação do tratado serão os acordos posteriores, assim como a prática na execução do texto, a qual conte com o assentimento das partes (CV 31.3.a e 31.3.b). Em segundo lugar, deve-se interpretar cada expressão tendo em vista o *objeto* e a *finalidade* do tratado (CV 31). Não se extrairá tal objeto de elementos extratextuais, mas, uma vez mais, do seu texto. É dos *consideranda*, do conteúdo mesmo do tratado, que se depreenderá qual o fim a que ele se propõe (como distinto dos fins individuais dos Estados que dele são partes).[73]

Foi exatamente nesse contexto que a Nova Lei de Licitações (Lei nº 14.133/2021) prescreveu, no §3º do art. 1º, que, nas licitações e contratações que envolvam recursos provenientes de empréstimo ou doação oriundos de agência oficial de cooperação estrangeira ou de organismo financeiro de que o Brasil seja parte, poderão ser admitidas:

---

em face da supremacia constitucional. Com efeito, poucos ordenamentos constitucionais chegam ao ponto de conferir ao direito internacional um valor superior ou igual ao da Constituição" ("Le Dertin des Normes Internationales dans le Droit Interne Perspectives Europeennes", Jean-Marc Sorel apud MASCARENHAS. *O conflito entre a Constituição e os tratados internacionais*).

[73] BARBOSA. *Uma introdução à propriedade intelectual*.

a) condições decorrentes de acordos internacionais aprovados pelo Congresso Nacional e ratificados pelo Presidente da República;
b) condições peculiares à seleção e à contratação constantes de normas e procedimentos das agências ou dos organismos, desde que:
   I   sejam exigidas para a obtenção do empréstimo ou doação;
   II não conflitem com os princípios constitucionais em vigor; e
   III sejam indicadas no respectivo contrato de empréstimo ou doação e tenham sido objeto de parecer favorável do órgão jurídico do contratante do financiamento previamente à celebração do referido contrato.

CAPÍTULO 6

COMENTÁRIOS ÀS REGRAS NORMATIVAS SOBRE LICITAÇÕES INTERNACIONAIS CONTIDAS NA NOVA LEI DE LICITAÇÕES E CONTRATOS ADMINISTRATIVOS (LEI Nº 14.133, DE 1º.04.2021)

Na Nova Lei de Licitações, as licitações internacionais receberam tratamento específico no art. 6º, inc. XXXV, onde consta a sua definição legal, e na Subseção V, da Seção IV (Disposições Setoriais), do Capítulo II (Da Fase Preparatória), intitulada "Das Licitações Internacionais".

Não obstante, diversos outros dispositivos tratam, de forma direta ou indireta, da matéria.

Dessa forma, esses comentários seguirão a ordem das menções no diploma.

Os artigos constarão na íntegra, para melhor compreensão, e as alusões ao tema estarão destacadas em negrito.

Os comentários focarão os regramentos negritados.

TÍTULO I
DISPOSIÇÕES PRELIMINARES
CAPÍTULO I
DO ÂMBITO DE APLICAÇÃO DESTA LEI

Art. 1º Esta Lei estabelece normas gerais de licitação e contratação para as Administrações Públicas diretas, autárquicas e fundacionais da União, dos Estados, do Distrito Federal e dos Municípios, e abrange:

I – os órgãos dos Poderes Legislativo e Judiciário da União, dos Estados e do Distrito Federal e os órgãos do Poder Legislativo dos Municípios, quando no desempenho de função administrativa;

II – os fundos especiais e as demais entidades controladas direta ou indiretamente pela Administração Pública.

§1º Não são abrangidas por esta Lei as empresas públicas, as sociedades de economia mista e as suas subsidiárias, regidas pela Lei nº 13.303, de 30 de junho de 2016, ressalvado o disposto no art. 178 desta Lei.

§2º As contratações realizadas no âmbito das repartições públicas sediadas no exterior obedecerão às peculiaridades locais e aos princípios básicos estabelecidos nesta Lei, na forma de regulamentação específica a ser editada por ministro de Estado.

§3º Nas licitações e contratações que envolvam recursos provenientes de empréstimo ou doação oriundos de agência oficial de cooperação estrangeira ou de organismo financeiro de que o Brasil seja parte, podem ser admitidas:

I – condições decorrentes de acordos internacionais aprovados pelo Congresso Nacional e ratificados pelo Presidente da República;

II – condições peculiares à seleção e à contratação constantes de normas e procedimentos das agências ou dos organismos, desde que:

a) sejam exigidas para a obtenção do empréstimo ou doação;

b) não conflitem com os princípios constitucionais em vigor;

c) sejam indicadas no respectivo contrato de empréstimo ou doação e tenham sido objeto de parecer favorável do órgão jurídico do contratante do financiamento previamente à celebração do referido contrato;

d) (VETADO).

§4º A documentação encaminhada ao Senado Federal para autorização do empréstimo de que trata o §3º deste artigo deverá fazer referência às condições contratuais que incidam na hipótese do referido parágrafo.

§5º As contratações relativas à gestão, direta e indireta, das reservas internacionais do País, inclusive as de serviços conexos ou acessórios a essa atividade, serão disciplinadas em ato normativo próprio do Banco Central do Brasil, assegurada a observância dos princípios estabelecidos no caput do art. 37 da Constituição Federal.

PARÁGRAFO 2º DO ARTIGO 1º

1 Contratações realizadas por entes públicos sediados no exterior

> *§2º As contratações realizadas no âmbito das repartições públicas sediadas no exterior obedecerão às peculiaridades locais e aos princípios básicos estabelecidos nesta Lei, na forma de regulamentação específica a ser editada por ministro de Estado.*

Este parágrafo reproduz regra do art. 123 da revogada Lei nº 8.666/1993, voltada para as contratações a serem realizadas por entes públicos sediados no exterior, explicitando a necessidade de observação de peculiaridades locais e os princípios básicos licitatórios previstos no art. 5º (Capítulo II) da Nova Lei de Licitações, remetendo a questão à regulamentação específica a ser editada por Ministro de Estado.[74]

> CAPÍTULO II
> DOS PRINCÍPIOS
> Art. 5º Na aplicação desta Lei, serão observados os princípios da legalidade, da impessoalidade, da moralidade, da publicidade, da eficiência, do interesse público, da probidade administrativa, da igualdade, do planejamento, da transparência, da eficácia, da segregação de funções, da motivação, da vinculação ao edital, do julgamento objetivo, da segurança

---

[74] Essa remessa atende ao recomendado pelo Tribunal de Contas da União (TCU), que, à época da antiga Lei nº 8.666/1993, indicou que os ministérios com repartições sediadas no exterior deveriam possuir ato normativo próprio para a regulamentação interna aprovada mediante decreto do Poder Executivo. Com isso, segundo a Corte de Contas, se evitaria "a reiterada modificação dos diversos procedimentos de licitação pela mera decisão interna de alguns poucos agentes públicos em cada ministério" (Processo nº 033.808/2016-3. Acórdão nº 7.428/2017 – Segunda Câmara. Rel. Min. André de Carvalho).

jurídica, da razoabilidade, da competitividade, da proporcionalidade, da celeridade, da economicidade e do desenvolvimento nacional sustentável, assim como as disposições do Decreto-Lei nº 4.657, de 4 de setembro de 1942 (Lei de Introdução às Normas do Direito Brasileiro).

O tema, muito pouco comentado pela doutrina, merece atenção especial.

O regramento, que configurou elogiada inovação da lei pretérita, intenciona solucionar questão cotidiana das diversas organizações públicas localizadas no exterior, tais como unidades diplomáticas, comissões militares etc.

Vê-se, portanto, que, mesmo sediados no exterior, nas suas contratações, os entes públicos brasileiros, ainda que obviamente devam acolher as peculiaridades dos países que estejam estabelecidos, também estarão obrigados a atender aos princípios licitatórios que a lei brasileira especifica, pois seria desaconselhável, senão inviável, sujeitar tais organizações ao cumprimento estrito da lei nacional.[75] Como bem assenta Ivan Rigolin, a intenção do legislador foi conciliar o direito estrangeiro com a nova lei licitatória brasileira.[76]

Nesse contexto, comentou José Cretella Júnior:

> As repartições brasileiras, como embaixadas e consulados, sediadas no exterior, ficarão, em princípio, sob o impacto das leis do País em que estiverem seguindo também os princípios básicos do procedimento licitatório nacional, na forma da regulamentação específica, vigente no momento em que se procederem à abertura de licitações e assinatura subsequente de contrato.[77]

Na verdade, os entes públicos brasileiros sediados no exterior devem licitar e contratar alicerçados não só nos princípios norteadores das licitações disciplinados no mencionado art. 5º, mas também em todos aqueles existentes, implícita ou explicitamente, em outros dispositivos da Nova Lei. Assim, além dos princípios elencados no artigo (legalidade, impessoalidade, moralidade, publicidade, eficiência, interesse público, probidade administrativa, igualdade, planejamento, transparência, eficácia, segregação de funções, motivação, vinculação

---

[75] JUSTEN FILHO. *Comentários à Lei de Licitações e Contratos Administrativos*. 4. ed.
[76] RIGOLIN. *Lei nº 14.133/2021 comentada*: uma visão crítica.
[77] CRETELLA JÚNIOR. *Das licitações públicas*.

ao edital, julgamento objetivo, segurança jurídica, razoabilidade, competitividade, proporcionalidade, celeridade, economicidade e desenvolvimento nacional sustentável), o novo diploma licitatório brasileiro elenca ainda os seguintes princípios: ampla defesa, economia processual, finalidade, verdade material, contraditório e processual.

Os princípios consignam diretrizes que alicerçam o direito, dando-lhe sentido e validade. São, verdadeiramente, as ideias centrais de um sistema, ao qual dão sentido lógico, harmonioso e racional, permitindo a compreensão de seu modo de organizar-se.[78]

Como anota Bandeira de Mello, o princípio jurídico constitui o mandamento nuclear de um sistema, seu alicerce, configurando disposição fundamental que se irradia sobre diferentes normas compondo-lhes o espírito e servindo de critério para sua exata compreensão e inteligência, exatamente por definir a lógica e a racionalidade do sistema normativo, no que lhe confere a tônica e lhe dá sentido harmônico.

Para ele, violar um princípio é muito mais grave que transgredir qualquer norma:

> A desatenção ao princípio implica ofensa não apenas a um específico mandamento obrigatório, mas a todo o sistema de comandos. É a mais grave forma de ilegalidade ou inconstitucionalidade, conforme o escalão do princípio atingido, porque representa insurgência contra todo o sistema, subversão de seus valores fundamentais, contumélia irremissível a seu arcabouço lógico e corrosão de sua estrutura mestra.[79]

Superados os pressupostos principiológicos para as licitações e contratações realizadas por órgãos da Administração Pública brasileira sediados no exterior, soerguem-se duas importantes indagações:

a) as contratações realizadas por entes públicos brasileiros com sede no exterior seriam realmente administrativas, ou seja, estariam os contratos celebrados enquadrados na categoria contratos administrativos?; e

b) as disposições do dispositivo em análise só alcançariam as aquisições e/ou serviços que atendessem exclusivamente aos interesses individuais desses entes?

---

[78] SUNDFELD. *Licitação e contrato administrativo*. 2. ed.
[79] MELLO. *Curso de direito administrativo*. 12. ed.

As duas indagações são de extrema relevância, haja vista que, não raro, tais contratos têm origem em licitações ou processos de afastamentos de procedimentos licitatórios efetuados em solo brasileiro, regidos, obviamente, pela lei brasileira de licitações. Os órgãos militares, por exemplo, possuem organizações sediadas no exterior, denominadas "comissões", que atuam como uma importante ferramenta para aquisições de equipamentos bélicos.

Sendo o contrato administrativo o ajuste que a Administração Pública estabelece, nessa qualidade, com terceiros (particular ou não), objetivando a consecução de interesse público, pode parecer, a princípio, que o contrato celebrado pelo ente da Administração Pública sediado no exterior estaria enquadrado nessa categoria.

Perseguindo-se o conceito de contrato administrativo, relembra-se que o que tipifica esse ajuste, diferenciando-o do contrato privado, é a participação da Administração no ajuste com supremacia de poder, estando caracterizado o privilégio administrativo na relação contratual, surgindo daí as cláusulas exorbitantes, principalmente a que faculta a rescisão unilateral do contrato.

E aí surgiria novo questionamento: haveria supremacia de poder nos contratos celebrados no exterior por entes públicos lá sediados?

Entendemos que, embora muitas vezes a licitação (ou seu afastamento) tenha transcorrido no Brasil, o contrato, por ter sua celebração no exterior, não será regido, salvo raríssimas exceções, pela lei brasileira, ficando sob a égide da lei do país de celebração ou do de sua execução. Daí, concluir-se que, apesar de conter todos os contornos que permeiam o contrato administrativo brasileiro, o acordo não deve ser encarado como tal, uma vez que sua regência legal não é a legislação pátria.

Dessa forma, é condizente e oportuna a menção dos casos de aquisição e serviços realizados por unidades administrativas do exterior como exceção disposta no inc. III do §1º do art. 92, pois neles não seria prudente a declaração do foro brasileiro como competente para dirimir possíveis conflitos.

Art. 92.
[...]
§1º Os contratos celebrados pela Administração Pública com pessoas físicas ou jurídicas, inclusive as domiciliadas no exterior, deverão conter cláusula que declare competente o foro da sede da Administração para dirimir qualquer questão contratual, ressalvadas as seguintes hipóteses:
[...]

III – aquisição de bens e serviços realizada por unidades administrativas com sede no exterior.

Destarte, depreendemos que os contratos celebrados pelas unidades da Administração Pública sediadas no exterior, para execução de seu objeto fora do solo brasileiro, possuem vestes de contratos comerciais comuns, sendo regidos, por conseguinte, precipuamente pelas regras de direito do local.

No mesmo tom, a conclusão de Marçal Justen:

> Quanto às contratações, usualmente será aplicável a lei do país em que estiver estabelecida a autoridade brasileira. O relacionamento contratual com estrangeiros, aperfeiçoado fora do território brasileiro, não se subordina ao Direito nacional.[80]

Não obstante, em atendimento aos princípios antes elencados, é indubitável que essas contratações deverão ser realizadas com terceiros que tenham oferecido propostas aptas a gerarem os resultados mais vantajosos para a Administração Pública.

Outra questão que se apresenta diz respeito às contratações diretas (com dispensa ou inexigibilidade de certame licitatório) de empresas sediadas em solo estrangeiro.

As contratações oriundas desses afastamentos licitatórios demandariam o atendimento ao estabelecido no art. 72, isto é, seria necessária a elaboração de todo um processo de afastamento do certame, com a publicação final na internet, com a devida ratificação da autoridade superior?

> Art. 72. O processo de contratação direta, que compreende os casos de inexigibilidade e de dispensa de licitação, deverá ser instruído com os seguintes documentos:
> I – documento de formalização de demanda e, se for o caso, estudo técnico preliminar, análise de riscos, termo de referência, projeto básico ou projeto executivo;
> II – estimativa de despesa, que deverá ser calculada na forma estabelecida no art. 23 desta Lei;
> III – parecer jurídico e pareceres técnicos, se for o caso, que demonstrem o atendimento dos requisitos exigidos;

---

[80] JUSTEN FILHO. Comentários à lei de licitações e contratos administrativos.

IV – demonstração da compatibilidade da previsão de recursos orçamentários com o compromisso a ser assumido;
V – comprovação de que o contratado preenche os requisitos de habilitação e qualificação mínima necessária;
VI – razão de escolha do contratado;
VII – justificativa de preço;
VIII – autorização da autoridade competente.
Parágrafo único. O ato que autoriza a contratação direta ou o extrato decorrente do contrato deverá ser divulgado e mantido à disposição do público em sítio eletrônico oficial.

Preliminarmente, relembra-se que a licitação (ou o afastamento dela por dispensa ou inexigibilidade) e o contrato são institutos jurídicos absolutamente distintos, não obstante estarem intimamente ligados. A adjudicação, que é a derradeira fase da licitação, não gera o direito à contratação, mas sim, o direito à preferência na contratação (direito, portanto, apenas subjetivo).

Nada impede, assim, que a licitação (ou o afastamento licitatório) ocorra sob a égide de uma lei e a contratação de outra. Na verdade, é isso que quase sempre ocorre quando a contratação direta é realizada no exterior.

Em consequência, todo o processo de enquadramento de afastamento licitatório deverá, obrigatoriamente, atender às regras preconizadas no art. 72, com ratificação da autoridade superior e divulgação mantida à disposição do público em sítio eletrônico oficial.

1.1 A regulamentação específica

O dispositivo remete à regulamentação específica, a ser editada por Ministro de Estado. Tal medida atende ao recomendado pelo Tribunal de Contas da União (TCU), que, à época da antiga Lei nº 8.666/1993, manifestou-se no sentido de que os ministérios com repartições sediadas no exterior deveriam possuir ato normativo próprio para a regulamentação interna aprovada por decreto do Poder Executivo. Com isso, segundo a Corte de Contas, se evitaria "a reiterada modificação dos diversos procedimentos de licitação pela mera decisão interna de alguns poucos agentes públicos em cada ministério" (Processo nº 033.808/2016-3. Acórdão nº 7.428/2017 – Segunda Câmara. Rel. Min. André de Carvalho).

Assim, os ministérios detentores de unidades administrativas no exterior deverão providenciar seus respectivos regulamentos, submetendo-os à Casa Civil da Presidência da República, através da Advocacia Geral da União (AGU), os quais deverão ser aprovados pelo Presidente da República.

Essa submissão é fundamental para que haja coerência entre os diversos regulamentos, ofertando não só a necessária segurança jurídica, mas, também, a instituição de uma procedimentalização, garantindo uniformidade na aplicação das regras estatuídas, conferindo ao agente público à frente das contratações a certeza de aplicação do normativo em atendimento ao interesse público.[81]

Advém daí uma questão importante: a regulamentação específica deveria fundar-se apenas nos princípios previstos na Lei nº 14.133/2021, ignorando, assim, todas as demais regras do diploma legal, ou dever-se-ia adotar as regras jurídicas locais *in totum*, apenas não ultrapassando os limites dos princípios já mencionados?

O dispositivo sinaliza que os entes da Administração Pública brasileira sediados no exterior deverão, em suas licitações e contratações administrativas, observar as peculiaridades locais e os princípios básicos da lei na forma de regulamentação específica.

Considerando o comprometimento que trazem para o Brasil os negócios jurídicos em que se envolvem esses entes, é prudente e salutar a determinação legal do atendimento aos princípios basilares que disciplinam as licitações constantes da lei específica. Na verdade, não só os princípios licitatórios devem ser observados, mas, também, todos os princípios regedores da Administração Pública, listados no art. 37 da Constituição Federal. Da mesma forma, é indispensável a adoção das peculiaridades locais, pois não haveria sentido na utilização de costumes e particularidades brasileiras nos negócios jurídicos levados a termo em locais onde estes jamais seriam atendidos e entendidos.

Hans Kelsen, sobre o uso do costume, assevera:

> As normas jurídicas gerais criadas pela via legislativa são normas conscientemente postas, quer dizer normas estatuídas. Os actos que constituem o facto legislação são actos produtores de normas, são actos instituidores de normas; quer dizer: o seu sentido subjectivo é um dever-ser. Através da Constituição este sentido subjectivo é alçado

---

[81] PIRES; PARZIALE. *Comentários à Nova lei de Licitações Públicas e Contratos Administrativos*: Lei nº 14.133, de 12 de abril de 2021.

a uma significação objectiva, o facto legislativo é instituído como facto produtor de Direito. A Constituição também, pode, porém, instituir como facto produtor de Direito um determinado facto consuetudinário. Este facto, como já foi referido acima, é caracterizado pela circunstância de os indivíduos pertencentes à comunidade jurídica se conduzirem por forma sempre idêntica sob certas e determinadas circunstâncias, de esta conduta se processar por um tempo suficientemente longo, de por essa forma surgir, nos indivíduos que, através dos seus actos constituem o costume, a vontade colectiva de que assim nos conduzamos. Então, o sentido subjectivo do facto que constitui o costume é um dever-ser: o sentido de que nos devemos conduzir de acordo com o costume [...].[82]

Dever-se-á sempre ter em mente que, no mundo, considerando a ainda vigente globalização dos mercados[83] e a incessante busca da harmonização dos direitos, coexistem diversos sistemas jurídicos, sendo nesse ambiente que se desenvolve e se descortina o negócio jurídico.

Dessa maneira, em total consonância com esse universo, as regras dessa "regulamentação específica" deverão se basear nos conceitos e regras jurídicas locais, entremeadas de pontos que conduzam a atender aos princípios antes mencionados e que busquem propostas aptas a gerarem os resultados mais vantajosos para a Administração.

Sobre a matéria, proferiu o TCU:

> [...] a adoção de medidas pelo gestor que visem garantir a ampla competitividade do certame e a contratação da proposta mais vantajosa, bem como a observância do certame e a contratação da proposta mais vantajosa, bem como a observância dos princípios básicos insculpidos no estatuto das licitações e contratos, que possibilitem resguardar a lisura do procedimento licitatório, revelam-se suficientes para legitimar a licitação.[84]

Nesse contexto, as ponderações de Luiz Henrique de Castro Pereira:

> Os negócios jurídicos que a representação celebrar devem obedecer aos princípios da licitação e contratações internacionais da Administração

---

[82] KELSEN. *Teoria pura do direito.* 6. ed.
[83] Que António Guterres, secretário-geral da ONU, em pronunciamento na 77ª Assembleia Geral das Nações Unidas, em 20.09. 2002, na cidade de Nova Iorque, classificou, em função da guerra na Ucrânia, da crise global do custo de vida e do impacto persistente da pandemia de Covid-19, como uma "colossal disfunção global".
[84] Acórdão nº 1.126/2009 – Plenário.

Pública brasileira. Por outro lado, elas não podem ignorar as leis do território de sua sede, razão pela qual a lei articula os princípios da legislação nacional brasileira com as normas de direito positivo ou consuetudinário adotadas pela ordem jurídica do país em que está sediada a repartição, devendo haver regulamentação especifica a este respeito.[85]

Importa ressaltar, contudo, a necessidade de cautela na aplicação prática desse mandamento, pois, ainda que as diretrizes do diploma não demandem efeitos externos sobre a validade dos ajustes celebrados, posto que estão voltadas para a definição da atuação dos funcionários dos órgãos brasileiros sediados no exterior na elaboração desses contratos, poderão servir para questionamentos referentes às decisões tomadas.[86]

PARÁGRAFO 3º DO ARTIGO 1º

2 Licitações e contratações envolvendo recursos externos

> §3º Nas licitações e contratações que envolvam recursos provenientes de empréstimo ou doação oriundos de agência oficial de cooperação estrangeira ou de organismo financeiro de que o Brasil seja parte, podem ser admitidas:
> I – condições decorrentes de acordos internacionais aprovados pelo Congresso Nacional e ratificados pelo Presidente da República;
> II – condições peculiares à seleção e à contratação constantes de normas e procedimentos das agências ou dos organismos, desde que:
> a) sejam exigidas para a obtenção do empréstimo ou doação;
> b) não conflitem com os princípios constitucionais em vigor;
> c) sejam indicadas no respectivo contrato de empréstimo ou doação e tenham sido objeto de parecer favorável do órgão jurídico do contratante do financiamento previamente à celebração do referido contrato;

---

[85] PEREIRA. *Licitações internacionais e a Lei nº 8.666/93*.
[86] GUIMARÃES. Âmbito de Incidência da Lei (Refere-se aos arts. 1º, 2º e 3º).

Intentando reduzir a pobreza de grande parte da população mundial, com a promoção do desenvolvimento de países que não têm como progredir sozinhos, foram criadas instituições específicas pelo Sistema Financeiro Internacional (SFI)[87] com o objetivo de oferecer crédito a essas nações a custos mais baixos.

Como já esposado, o ponto de partida para a concepção do SFI atual ocorreu no ano de 1944, em Bretton Woods, EUA, quando os países que lutavam em aliança democrática contra o nazismo fixaram os alicerces de uma nova estrutura econômica mundial, buscando fomentar o intercâmbio e incentivar o livre comércio, garantindo fluxos financeiros globais de capitais para investimentos e ajuda econômica aos países em desenvolvimento.

Nessa reunião – conhecida como Convenção de Bretton Woods – deu-se a aprovação da criação do FMI (Fundo Monetário Internacional) e do BIRD (Banco Internacional de Reconstrução e Desenvolvimento), também conhecido como Banco Mundial, com o firme propósito de implementar uma política econômica mundial. Fincavam-se, assim, as bases de constituição dos instrumentos de transferência dos recursos aos países pouco desenvolvidos. Tal ordenação, como sistema monetário, durou apenas até 1971, mas as bases estabelecidas se mantiveram.

Hoje, alicerçados nessa estrutura, diversas instituições de fomento e de cooperação estrangeira existem, tais como, entre outras, o Banco de Desenvolvimento da América Latina (CAF); o Banco Europeu de Investimento (BEI); o Banco Europeu para a Reconstrução e o Desenvolvimento (BERD); o Banco Interamericano de Desenvolvimento (BID); o Fundo Comum para os Produtos de Base (FCPB); o Fundo Internacional para o Desenvolvimento Agrícola (FIDA); o Banco de Desenvolvimento do Conselho da Europa (CEB), o recente Novo Banco de Desenvolvimento (NBD), também conhecido como Banco de Desenvolvimento do BRICS ou simplesmente Banco do BRICS,[88] todos, de uma forma ou de outra, financiando projetos que priorizem

---

[87] Partindo do pressuposto de que cada Estado-Nação possui a sua autonomia financeira, bem como diferentes vias de regulamentação da economia e diferentes estruturas econômicas, pode-se conceituar o Sistema Financeiro Internacional (SFI) como fluxos econômicos de moedas, comércios, aplicações, pagamentos, empréstimos transfronteiriços, realizados por governos, bancos, empresas ou até mesmo pessoas, e cuja principal finalidade é facilitar e regulamentar essa cadeia de atividade de maneira a maximizar os ganhos (DUARTE JÚNIOR; PONTIN. Sistema Financeiro Internacional e os seus efeitos na soberania estatal).

[88] Com sede em Xangai, China, teve seu ato constitutivo celebrado em 15.07.2014, na cidade de Fortaleza, pelos signatários dos Estados membros dos BRICS: Brasil, Rússia, China,

o desenvolvimento de países menos favorecidos em áreas como educação, saúde, meio-ambiente etc.

Como informa Fernandes de Oliveira, estes financiamentos objetivam apoiar projetos inovadores em países em desenvolvimento, com o objetivo de torná-los modelos a serem imitados por outras localidades, exigindo reciprocidade dos governos subnacionais e, muitas vezes, também buscam assegurar infraestrutura básica para a geração de desenvolvimento econômico e social nas localidades.

A tendência atual das instituições financiadoras internacionais – como o Banco Mundial e o BID –, é a de exigir coparceria, ou seja, o financiamento dos projetos só ocorre na medida em que haja contrapartida financeira de, pelo menos, 50% por parte do Poder Público local para a execução dos projetos. No caso de muitos municípios brasileiros, esta coparceria só e possível se a cidade estiver livre de restrição ao endividamento externo graças à Lei de Responsabilidade Fiscal – LRF. Além dessas determinações, existe ainda a necessidade de aprovação de empréstimos pelo Senado.[89]

No mesmo tom, Rômulo Nogueira obtempera que, em função da abrangência de serviços que o Estado se obriga a prestar à população e a crônica situação deficitária de recursos, só resta buscar a saída do financiamento por instituições financeiras, dentre elas, de bancos internacionais.

A busca por organismos financeiros internacionais se justifica, também, pela necessidade de um alto investimento para determinada região programada, haja vista a necessidade do Estado em realizar investimentos de maiores dimensões, com a possibilidade de amortização em médio e longo prazo.[90]

Nessa contextura, sempre que a Administração Pública brasileira tiver interesse em obter recursos externos para a execução de determinado objeto, deverá apresentar um projeto a um desses organismos internacionais, o qual, avaliando que a solicitação confere com seus

---

Índia e África do Sul, tendo como propósito o financiamento de projetos de infraestrutura e desenvolvimento em países pobres e emergentes.

[89] OLIVEIRA. Cooperação técnica internacional e financiamento externo: aportes teóricos.
[90] NOGUEIRA. Licitações financiadas com recursos de organismos internacionais: a constitucionalidade da cláusula de confidencialidade.

objetivos, emprestará os recursos solicitados, com o ajustamento de um contrato.

De posse dos recursos, a Administração deverá realizar a competente licitação e a posterior contratação, ambas regidas pelas regras previstas em diretrizes estabelecidas pelo organismo financiador.

Assim, este §3º, repisando, com as adaptações necessárias, o §5º do art. 42 da revogada Lei nº 8.666/1993, acolhe decisão trazida a lume pelo TCU ainda à época do vetusto Decreto-Lei nº 2.300/1986, em orientação à consulta formulada pela EMBRAPA,[91] dispondo sobre a possibilidade de serem atendidas nas licitações e contratações as regras e condições previstas pelas entidades internacionais, quando os recursos forem provenientes de empréstimos ou doações de agências oficiais de cooperação estrangeira ou organismo financeiro de que o Brasil faça parte.

Assim, o reposicionamento do dispositivo revela uma preocupação do legislador em reconhecer e delimitar o alcance da norma nacional frente aos diferentes ordenamentos jurídicos internacionais de que o Brasil é parte.[92]

Tal dispositivo simplesmente atende à realidade de mercado, a qual impõe que "quem dita as regras é aquele que empresta o dinheiro" (pois, evidentemente, se não fosse dessa forma, o empréstimo não se concretizaria). A solução, portanto, "atende bem e melhor aos interesses do país, posto que, se não se adotar as normas daqueles organismos, não se terão financiamentos, como é óbvio".[93]

Evidencia-se que a amenização das regras licitatórias se dá em situações especiais, ou seja, aquelas que envolvem ação de recursos advindos do exterior por intermédio de financiamento ou doação. Afinal, não seria plausível permitir que exigências inflexíveis impedissem a Administração de auferir benefício financeiro advindo do exterior para a fomentação de projetos em benefício do país. Ademais, os organismos estrangeiros apresentam procedimentos que valorizam a disputa e a concorrência, pois têm interesse na lisura do certame e na consecução de uma boa contratação.[94]

---

[91] Acórdão nº 245/1992 – Plenário.
[92] ALMEIDA. A Nova Lei de Licitações e as regras dos Bancos Multilaterais de Desenvolvimento.
[93] MUKAI. *O novo estatuto jurídico das licitações e contratos públicos*.
[94] TORRES. *Leis de licitações públicas comentadas*. 13. ed.

Vide decisão do Tribunal de Justiça de Mato Grosso do Sul:

> Em licitação internacional, para compra de material, com emprego de recursos alocados perante organismos internacionais, a observância de normas de licitação ditadas por esses organismos não se constitui ilegalidade ou quebra de Soberania Nacional, se no contrato de empréstimo celebrado pela União, devidamente autorizado pelo Senado Federal, com o BIRD, no caso, consta expressamente a obrigação de serem observadas essas normas.[95]

Roque Citadini observou que há duas justificativas para essa correta diretiva:

> A primeira é que o Brasil, sendo participante do órgão internacional (ainda que minoritário), referenda as normas da Instituição; e a segunda, de natureza prática, é que caso o administrador brasileiro não as aceite, o órgão não liberará os recursos, logo não havendo, assim, contratação.[96]

É fundamental ressalvar, contudo, que as normas estabelecidas pelas entidades internacionais não poderão, sob nenhuma hipótese, afrontar a soberania nacional e conflitar com os princípios constitucionais,[97] e até mesmo os princípios básicos das contrações públicas.

Logo, os certames licitatórios e as contratações não poderão conter regras que afrontem os seguintes princípios constitucionais: isonomia (art. 5º, *caput*, CF); direito de petição (art. 5º, inc. XXXIV, CF); direito ao contraditório, à ampla defesa e ao acesso ao Judiciário (art. 5º, inc. LV, CF); legalidade, impessoalidade, moralidade, publicidade e eficiência (art. 37, *caput*, CF). E mais: não poderão conter cláusulas que desatendam o disposto no art. 37, inc. XXI, CF, que assegura igualdade de condições a todos os concorrentes.

> O fato de tratar-se de aplicação de recursos estrangeiros não exime o pleno atendimento aos princípios da eficiência e da moralidade, ou seja, a origem externa dos recursos não serve como pálio, desculpa ou justificativa para contratações desastrosas ou desnecessárias, sobretudo

---

[95] Ap. Cível B-XXI-35.437-6, Campo Grande, 1ª Turma Cível, conforme informa Carlos Ari Sundfeld na obra *Licitação e contrato administrativo*. (SUNDFELD. *Licitação e contrato administrativo*).

[96] CITADINI. *Comentários e jurisprudência sobre a Lei de Licitações Públicas*.

[97] Decisão TCU nº 150/93 (*DOU*, p. 6974, 11 mai. 1993) ratificou a linha de conduta esposada, com relação a licitações internacionais com financiamentos externos, recomendando, entrementes, a renegociação de exigência que conflitava com preceitos constitucionais.

nas hipóteses de financiamentos, em que há, sim, uma oneração dos cofres públicos, embora tal pagamento seja postergado ao momento da quitação do empréstimo. Por tal motivo, a justificativa do gasto e da contratação, pelo setor competente, é elemento prévio necessário à concretização do certame. Da mesma forma, a captação de recursos internacionais não legitima a prática de que, de forma desarrazoada, restrinjam a competitividade ou mesmo a publicidade do certame.[98]

Nessa contexto, para o uso das regras das organizações de fomento internacionais, a Administração Pública brasileira deverá demonstrar com clareza as vantagens da adoção. Estudos técnicos, pareceres e outros documentos demonstradores serão, portanto, indispensáveis, além do imprescindível detalhamento das circunstâncias fáticas e econômico-financeiras motivadoras.

Havendo incompatibilidade com a ordem interna, a inconstitucionalidade poderá ser declarada pelo Poder Judiciário, ficando sujeita ao controle pelo Supremo Tribunal Federal, como prevê o art. 102, inciso III, alínea "b", da Constituição Federal.[99]

Impende frisar também a imperatividade da aplicação de regras contidas em acordos, protocolos, convenções ou tratados internacionais. O fundamento para a aplicação das normas previstas nesses instrumentos está na própria integração de tais regras ao ordenamento jurídico brasileiro, com status hierárquico idêntico ao de lei ordinária.[100]

Observe-se o registro de Rogério Roberto de Abreu:

> A aplicação de normas procedimentais ditadas por organismos internacionais às licitações brasileiras não parece traduzir nenhuma violação à soberania nacional. Em primeiro lugar, existe base na lei [...]. Em segundo lugar, a aplicação é restrita às hipóteses em que o objeto do contrato a ser firmado deverá ser custeado com recursos da entidade financiadora ou doadora, que poderá ter interesse em saber como o dinheiro fornecido ou doado estará sendo aplicado. Em terceiro lugar, a aplicação das regras

---

[98] TORRES. *Leis de licitações públicas comentadas*. 13. ed.
[99] Art. 102. Compete ao Supremo Tribunal Federal, precipuamente, a guarda da Constituição, cabendo-lhe: (...) III – julgar, mediante recurso extraordinário, as causas decididas em única ou última instância, quando a decisão recorrida: (...) b) declarar a inconstitucionalidade de tratado ou lei federal;
[100] SCHWIND. *Licitações internacionais*: participação de estrangeiros e licitações realizadas com financiamento externo. 3. ed.

procedimentais, autorizadas por lei, não poderá contrariar princípios constitucionais fundamentais aplicáveis à atividade administrativa.[101]

Destarte, nessas licitações e contratações, poderão ser admitidas condições:

a) decorrentes de acordos internacionais aprovados pelo Congresso Nacional e ratificados pelo Presidente da República; e
b) peculiares à seleção e à contratação constantes de normas e procedimentos das agências ou dos organismos, desde que:
   ✓ sejam exigidas para a obtenção do empréstimo ou doação;
   ✓ não conflitem com os princípios constitucionais em vigor;
   ✓ sejam indicadas no contrato de empréstimo ou doação;
   ✓ haja demonstração das vantagens de adoção mediante estudos técnicos, pareceres etc.;
   ✓ haja detalhamento das circunstâncias fáticas e econômico-financeiras motivadoras; e
   ✓ haja prévio parecer favorável do setor jurídico do contratante do financiamento.

Assente-se que essas exigências deverão ocorrer conjuntamente, impondo a elaboração de uma sucessão de atos administrativos.

2.1 A questão da apreciação jurídica das minutas de contratos que utilizem recursos externos

O afastamento parcial da aplicação da lei licitatória nacional poderia significar a desnecessidade dessa apreciação. É o que sustentam alguns analistas.

Contudo, a nosso ver, esse abrandamento na aplicação da lei de licitações brasileira não teria o condão de afastar a avaliação jurídica dos termos do contrato a ser assinado. Aliás, como explicitado anteriormente, o próprio ato de abrandamento necessitará de apreciação, mormente para a verificação de inexistência de conflito com os princípios

---

[101] ABREU. Apontamentos sobre os contratos administrativos internacionais e as licitações internacionais no contexto do direito brasileiro.

constitucionais. Vide, inclusive, que a alínea c do inc. II preceitua, como condição à seleção e à contratação para o uso das normas e procedimentos das agências ou dos organismos, o prévio parecer favorável do órgão jurídico do contratante do financiamento.

Como anota Ronny Charles, a mitigação à aplicação dos dispositivos da lei brasileira deve ser minuciosamente analisada pelo órgão de assessoramento jurídico, notadamente no que se refere às eventuais incompatibilidades entre o regramento apresentado e os limites impostos no ordenamento.[102]

Nesse sentido, a sinalização do TCU:

> (...) Ausência de cumprimento do disposto (...), que determina a submissão a prévio exame e aprovação do Órgão Jurídico das minutas dos instrumentos da licitação (edital, contrato etc.), considerando que, ainda que obedecendo a modelagem do (...), a configuração final após as necessárias adaptações e ajustes não podem se furtar à exigência da lei pátria que, nesse particular, não gera colidência (...). Tal ocorrência desatende o comando do princípio da legalidade e, por desdobramento, o da tutela ou controle da administração pública (...). Considero indispensáveis os pareceres jurídicos, para que fiquem esclarecidos todos os pontos exigidos pelos organismos internacionais e suas adequações às normas e princípios legais nacionais (...).[103]

Como anotam Capagio e Couto,[104] as análises jurídicas levadas a efeito pelos órgãos nacionais de assessoramento têm o exato fim de verificar a adequação dos requisitos indicados pelos bancos internacionais aos princípios constitucionais que regem a atuação do Estado brasileiro e o funcionamento de Administração Pública.

PARÁGRAFO 4º DO ARTIGO 1º

3 Aprovação dos contratos de empréstimos pelo Senado Federal

> *§4º A documentação encaminhada ao Senado Federal para autorização do empréstimo de que trata o §3º deste artigo*

---

[102] TORRES. *Leis de licitações públicas comentadas.* 11. ed.
[103] Acórdão TCU nº 715/2004 – Plenário.
[104] CAPAGIO; COUTO. *Nova lei de licitações e contratos administrativos.*

deverá fazer referência às condições contratuais que incidam na hipótese do referido parágrafo.

Os contratos de empréstimos celebrados pela União precisam ser aprovados pelo Senado Federal,[105] [106] em atendimento às prescrições dos incs. V, VII e VIII do art. 52 da Constituição Federal.[107]

---

[105] Vide Resolução nº 48/2007 do Senado Federal.
Os artigos 389 a 393 do Regimento Interno do Senado Federal tratam das atribuições previstas nos arts. 52 da CF e versam sobre a autorização para operações externas de natureza financeira.
Art. 389. O Senado apreciará pedido de autorização para operações externas, de natureza financeira, de interesse da União, dos Estados, do Distrito Federal, dos Territórios e dos Municípios (Const., art. 52, V), instruído com:
I – documentos que o habilitem a conhecer, perfeitamente, a operação, os recursos para satisfazer os compromissos e a sua finalidade;
II – publicação oficial com o texto da autorização do Legislativo competente;
III – parecer do órgão competente do Poder Executivo.
Parágrafo único. É lícito a qualquer Senador encaminhar à Mesa documento destinado a complementar a instrução ou o esclarecimento da matéria.
Art. 390. Na tramitação da matéria de que trata o art. 389, obedecer-se-ão às seguintes normas:
I – lida no Período do Expediente, a matéria será encaminhada à Comissão de Assuntos Econômicos, a fim de ser formulado o respectivo projeto de resolução, concedendo ou negando a medida pleiteada;
II – a resolução, uma vez promulgada, será enviada, em todo o seu teor, à entidade interessada e ao órgão a que se refere o art. 389, III, devendo constar do instrumento da operação.
Parágrafo único. No caso de mensagens propondo perdão e reescalonamento de dívidas de que o Brasil seja credor, a matéria será encaminhada para parecer da Comissão de Relações Exteriores e Defesa Nacional antes de seu exame pela Comissão de Assuntos Econômicos.
Art. 391. Qualquer modificação nos compromissos originariamente assumidos dependerá de nova autorização do Senado.
Art. 392. O disposto nos arts. 389 a 391 aplicar-se-á, também, aos casos de aval da União, Estado, Distrito Federal ou Município, para a contratação de empréstimo externo por entidade autárquica subordinada ao Governo Federal, Estadual ou Municipal.
Art. 393. Compete ao Senado:
I – fixar limites globais para o montante da dívida consolidada da União, dos Estados, do Distrito Federal e dos Municípios (Const., art. 52, VI);
II – dispor sobre limites globais e condições para as operações de crédito externo e interno da União, dos Estados, do Distrito Federal e dos Municípios, de suas autarquias e demais entidades controladas pelo poder público federal (Const., art. 52, VII);
III – dispor sobre limites e condições para a concessão de garantia da União em operações de crédito externo e interno (Const., art. 52, VIII).

[106] A autorização foi conferida ao Senado Federal e não à Câmara dos Deputados. A razão para tal procedimento é que no âmbito do bicameralismo do Congresso Nacional compete aos Senadores representar os Estados-membros. Portanto, para que a União, os Estados, o Distrito Federal e os Municípios contraiam operações financeiras de natureza externa, faz-se necessária a autorização do Senado Federal por meio da edição de Resolução autorizativa (OLIVEIRA *et al*. Regime jurídico das operações de crédito externo de interesse da União, Estados, Distrito Federal e Municípios).

[107] Os projetos ou programas do setor público com apoio de natureza financeira de fontes externas deverão ser analisados e autorizados pela Comissão de Financiamentos Externos – Cofiex, órgão colegiado, integrante da estrutura organizacional do Ministério da Economia,

Art. 52. Compete privativamente ao Senado Federal:
[...]
V – autorizar operações externas de natureza financeira, de interesse da União, dos Estados, do Distrito Federal, dos Territórios e dos Municípios;
[...]
VII – dispor sobre limites globais e condições para as operações de crédito externo e interno da União, dos Estados, do Distrito Federal e dos Municípios, de suas autarquias e demais entidades controladas pelo Poder Público federal;
VIII – dispor sobre limites e condições para a concessão de garantia da União em operações de crédito externo e interno;

Tal autorização deverá considerar diversos aspectos, desde os econômico-financeiros até os político-administrativos.

No que diz respeito às operações financeiras externas da União, haverá a necessidade de ouvir o chefe do Poder Executivo Federal, porque em relação à União é ele que tem que solicitar a autorização do Senado.

Deve-se levar em consideração que a União detém um amplo poder de controle sobre o endividamento dos entes federativos no plano internacional. Tal prerrogativa decorre da impontualidade de alguns Estados e Municípios de honrarem seus compromissos financeiros no exterior, causando prejuízo ao crédito nacional. Este dispositivo está de acordo com o próprio regime federativo, já que tudo o que repercute internacionalmente deve ter o assentimento da União.[108] [109]

---

que tem por finalidade examinar e autorizar a preparação de projetos ou de programas do setor público com apoio de natureza financeira de fontes externas (art. 3º do Decreto nº 9.075/2017). Posteriormente, a Secretaria de Assuntos Econômicos Internacionais da Secretaria Especial de Comércio Exterior Assuntos Internacionais deverá elaborar as minutas contratuais.

[108] OLIVEIRA *et al*. Regime jurídico das operações de crédito externo de interesse da União, Estados, Distrito Federal e Municípios.

[109] Para a perfeita consecução desses empréstimos, o Ministério da Economia, por intermédio da Secretaria Especial de Comércio Exterior e Assuntos Internacionais e da Secretaria de Assuntos Econômicos Internacionais, elaborou o "Manual de Financiamentos Externos", que configura "instrumento de orientação geral para a solicitação de autorização de preparação de programas/projetos do setor público e para as diferentes etapas do processo de contratação de empréstimo com organismos internacionais de financiamento" (BRASIL. Ministério da Economia. *Manual de Financiamentos Externos*. 23 jul. 2019. Disponível em: https://www.gov.br/produtividade-e-comercio-exterior/pt-br/assuntos/assuntos-economicos-internacionais/arquivos/cofiex/manual-de-financiamento-externos.pdf. Acesso em 14 set. 2022).

Registre-se que, para a aprovação de contrato de empréstimo, hão de ser observadas as disposições e limites impostos pela Lei de Responsabilidade Fiscal (LRF) (Lei Complementar nº 101, de 4.05. 2000). Nesse contexto, este §4º prevê que a documentação encaminhada ao Senado Federal visando à autorização do empréstimo deverá fazer referência às condições contratuais que incidam na hipótese do §3º, quais sejam:

a) as decorrentes de acordo internacional aprovado pelo Congresso Nacional e ratificado pelo Presidente da República; e

b) as peculiares à seleção e à contratação constantes de normas e procedimentos das agências ou dos organismos que estejam oferecendo o empréstimo, desde que:
   - sejam exigidas para a sua obtenção;
   - não conflitem com os princípios constitucionais em vigor;
   - sejam indicadas no respectivo contrato; e
   - tenham sido objeto de parecer favorável do órgão jurídico do contratante do financiamento previamente à celebração do referido contrato.

O propósito do dispositivo é, por conseguinte, elencar os documentos necessários para a tomada de decisão do Senado.

PARÁGRAFO 5º DO ARTIGO 1º

4 As contratações relativas à gestão das reservas internacionais do país

> *§5º As contratações relativas à gestão, direta e indireta, das reservas internacionais do País, inclusive as de serviços conexos ou acessórios a essa atividade, serão disciplinadas em ato normativo próprio do Banco Central do Brasil, assegurada a observância dos princípios estabelecidos no caput do art. 37 da Constituição Federal.*

O montante de ativos estrangeiros que o País dispõe é denominado "reserva internacional", que tem origem em superávits nos balanços de pagamentos. Sua função é cobrir eventuais déficits das contas internacionais.

Esses ativos funcionam como uma espécie de seguro para o País fazer frente às suas obrigações no exterior e a choques de natureza externa, tais como crises cambiais e interrupções nos fluxos de capital.

Tais reservas são administradas pelo Banco Central do Brasil,[110] sendo compostas principalmente por títulos, depósitos em moedas (dólar, euro, libra esterlina, iene, dólar canadense e dólar australiano), direitos especiais de saque junto ao Fundo Monetário Internacional (FMI), depósitos no Banco de Compensações Internacionais (BIS), ouro, entre outros ativos.

A alocação das reservas internacionais é realizada de acordo com o tripé segurança, liquidez e rentabilidade, nessa ordem, sendo a política de investimentos definida pela Diretoria Colegiada do Banco Central.

Anualmente, buscando a transparência do processo de administração das reservas internacionais, o Banco Central, por intermédio do Departamento de Riscos Corporativos e Referências Operacionais, divulga um documento intitulado Relatório de Gestão das Reservas Internacionais, no qual detalha a evolução e destaca as variáveis fundamentais em seu gerenciamento.

Segundo o Banco Central,

> a gestão das reservas internacionais ancora-se em um sistema de governança que contempla hierarquia definida entre diversas instâncias decisórias, bem como um sistema de controle e de aferição diários de resultados e de acompanhamento dos investimentos. Para essa gestão, foi concebido um arcabouço baseado em três pilares: i) carteira de referência; ii) limites operacionais; e iii) mensuração de resultados. Adicionalmente, são monitorados, diariamente, os riscos de mercado, de crédito, de liquidez e operacional.[111]

O art. 108 do Regimento Interno do Banco Central enumera as atribuições concernentes à administração das reservas internacionais.

A administração dessas reservas está sujeita ao controle:

a) interno do Departamento das Reservas Internacionais;

---

[110] Vide a Lei nº 4.595, de 31.12.1964, que dispõe sobre a Política e as Instituições Monetárias, Bancárias e Creditícias, cria o Conselho Monetário Nacional.

[111] BRASIL. Banco Central. *Relatório de Gestão das Reservas Internacionais*. v. 14. Mar. 2022.

b) interno do Departamento de Riscos Corporativos e Referências Operacionais;
c) interno da Auditoria do Banco Central do Brasil;
d) do Poder Executivo, por meio da Controladoria-Geral da União – CGU;
e) externo do Tribunal de Contas da União e;
f) por intermédio de auditoria independente.

O Banco Central do Brasil, uma autarquia federal, é a autoridade monetária do país, tendo como principal atribuição a manutenção da estabilidade da moeda nacional e do sistema financeiro brasileiro. Devido a isso, uma das questões mais propaladas nos últimos tempos é a sua autonomia, o que, em rápida síntese, significaria dar liberdade ao órgão para executar as políticas monetárias sem interferência do governo, entre outras atividades inerentes às suas atribuições.

Nesse espírito, este §5º especifica que as contratações concernentes à gestão das reservas internacionais nacionais, inclusive as de serviços conexos ou acessórios a essa atividade, deverão ser disciplinadas em ato normativo próprio do Banco Central, assegurada a observância dos princípios estabelecidos no art. 37 da Constituição Federal.

> Art. 37. A administração pública direta e indireta de qualquer dos Poderes da União, dos Estados, do Distrito Federal e dos Municípios obedecerá aos princípios de legalidade, impessoalidade, moralidade, publicidade e eficiência e, também, ao seguinte: [...] (Redação dada pela Emenda Constitucional nº 19/1998).

Por derradeiro, observa-se que o dispositivo está mal situado no corpo da norma, pois, por tratar de inaplicação, deveria ter sido mencionado no art. 3º, que lista os casos de não subordinação.[112]

---

[112] Art. 3º Não se subordinam ao regime desta Lei:
I – contratos que tenham por objeto operação de crédito, interno ou externo, e gestão de dívida pública, incluídas as contratações de agente financeiro e a concessão de garantia relacionadas a esses contratos;
II – contratações sujeitas a normas previstas em legislação própria.

> **CAPÍTULO III**
> **DAS DEFINIÇÕES**
> Art. 6º Para os fins desta Lei, consideram-se:
> [...]
> **XXXV** – licitação internacional: licitação processada em território nacional na qual é admitida a participação de licitantes estrangeiros, com a possibilidade de cotação de preços em moeda estrangeira, ou licitação na qual o objeto contratual pode ou deve ser executado no todo ou em parte em território estrangeiro;

INCISO XXXV DO ARTIGO 6º

1   Definição legal de licitação internacional

No art. 6º, o legislador da Nova Lei de Licitações elencou várias definições, buscando dar significação precisa aos termos relevantes encontrados ao longo do diploma legal.

Apesar de alguns entendimentos no sentido de que essa tarefa competiria à doutrina, não resta dúvida de que a definição no âmbito da própria norma facilita bastante a interpretação de dispositivos.

Assim, quando os vocábulos informados no dispositivo surgirem no corpo da lei, deverão ser entendidos em consonância com os conceitos descritos.

Como expôs João Galil, ao conferir significados específicos, o legislador afastou eventuais distorções interpretativas que poderiam ser geradas a partir dos sentidos correntes na linguagem comum ou natural.

> Nada condenável, uma vez que, como se sabe, o Direito cria suas próprias realidades, de forma que a situação comunicativa que se estabelece entre o editor normativo e o receptor da norma há de realizar-se através de signos próprios do âmbito comunicativo.[113]

Dentre as diversas definições, destacamos para os objetivos deste trabalho a contida no inc. XXXV, que conceitua, para os fins da norma, a *licitação internacional*. Segundo a definição, trata-se de licitação processada em território nacional na qual é admitida a participação

---

[113] GALIL. Capítulo III – Das definições. *In*: DAL POZZO et al. *Lei de licitações e contratos administrativos comentada*: Lei nº 14.133/21.

de licitantes estrangeiros, com a possibilidade de cotação de preços em moeda estrangeira, ou licitação na qual o objeto contratual pode ou deve ser executado no todo ou em parte em território estrangeiro. Repisamos então o que escrevemos no Capítulo 1. A expressão *licitação internacional* no direito pátrio vem, ao longo do tempo, gerando dúvidas no tocante à sua abrangência. A menção ao termo *internacional* tem suscitado que muitos imaginem que se trata de certame a ocorrer em outro país. Entrementes, avaliando-se com acurada cautela os estatutos licitatórios anteriores (Lei nº 8.666/93 e Decreto-Lei nº 2.300/1986), ambos diplomas tipicamente de direito interno, verificar-se-á que a matéria cuidava exclusivamente de procedimentos licitatórios a transcorrer em solo brasileiro, permitindo a participação de empresas estrangeiras domiciliadas em outro país, desde que se sujeitassem às diretrizes impostas por órgãos responsáveis pelos aspectos de política monetária e de comércio exterior e de diversos outros mecanismos disciplinadores da implantação desta política no Brasil.[114]

---

[114] A expressão, no direito pátrio, constava no antigo estatuto licitatório, a Lei nº 8.666/1993. De regra, dispunha pela obrigatoriedade do uso da modalidade *concorrência* quando dos certames internacionais, com o propósito de se executar uma apreciação mais aprofundada da documentação a ser apresentada. Contudo, procurando dar mais flexibilidade ao licitador, a norma fazia alusão à *tomada de preços internacional*, na existência efetiva de um cadastro de fornecedores estrangeiros, e ao *convite internacional*, na hipótese de inexistir fornecedor no país dos bens e serviços pretendidos. Registre-se ainda a alusão, no §3º do art. 53, ao *leilão internacional*. Não havia menção a concurso internacional. No entanto, importantes manifestações doutrinárias sustentavam a possibilidade. Hely Lopes Meirelles, por exemplo, asseverava ser "admissível o concurso entre nacionais e estrangeiros, a que se denomina concurso internacional".
Na mesma trilha, Rigolin e Bottino: "Nada impede, mas, pelo contrário, (como regra geral), tudo aconselha que o concurso seja aberto à participação de pessoas jurídicas e profissionais estrangeiros, os quais evidentemente se sujeitem a ser premiados conforme o edital e o regulamento, em moeda nacional e pelos valores previstos. Supõe-se que a qualidade dos projetos num concurso internacional seja superior à de um restrito a participantes nacionais. O que se deve exigir, entretanto, é que os projetos de autores estrangeiros sejam executáveis com técnica e materiais encontráveis em nosso país, facilitando-se e racionalizando assim a sua operacionalidade, e podendo ser esse um importante fator de julgamento".
Novidade, à época, foi a menção do termo nas regras que criaram a forma licitatória *pregão* – instituída pela Medida Provisória nº 2.026/2000, regulamentada inicialmente pelo Decreto Federal nº 3.555/2000 (pregão presencial), posteriormente convertida na Lei nº 10.520/2002. O art. 16 do regulamento do pregão presencial (aprovado pelo Decreto nº 3.555/2000) dava vezo ao *pregão internacional*, estabelecendo condições em texto que reproduzia o §4º do art. 32 da Lei nº 8.666/1993. Posteriormente, o Decreto nº 5.450/2005, que regulamentou o pregão eletrônico no âmbito federal, deu azo, no art. 15, ao pregão eletrônico internacional (RIGOLIN; BOTTINO. *Manual prático de licitações.* 7. ed.).
Nenhum dos diplomas legais, contudo, definiam a *licitação internacional*. Foi a regulamentação da Lei nº 11.732, de 30.06.2008 (que dispõe sobre o regime tributário, cambial e administrativo das Zonas de Processamento de Exportação) que ofereceu, no ordenamento normativo nacional, uma definição para a expressão, mas com alcance limitado, pois en-

A Nova Lei de Licitações manteve essa abrangência, mas, diversamente do diploma anterior, que não conceituava o que seria uma licitação internacional, fixou neste inc. XXXV uma definição.

Como já anotamos, a questão a ser encarada inicialmente é, com base na definição legal, saber o momento certo em que o agente público poderia se valer dela.

A nosso sentir, o certame internacional poderá ser instaurado quando o agente responsável vislumbrar que o objeto pretendido possivelmente será economicamente mais viável se fornecido por uma empresa estrangeira ou quando o objeto almejado não possa ser prestado ou produzido no Brasil.[115]

Nesse viés, o TCU, no âmbito da lei anterior, apontou que nas aquisições de objetos cujo mercado seja restrito no país, a Administração deverá avaliar previamente a conveniência e a oportunidade de realizar licitação internacional.[116]

Certo é, como definimos anteriormente,[117] que a licitação internacional é o procedimento competitivo formal que a Administração Pública se vê obrigada a estabelecer quando busca adquirir um bem ou contratar um serviço que pode ser fornecido ou prestado tanto por uma empresa brasileira quanto por uma empresa estrangeira.

---

volvia apenas a área tributária, no contexto específico da importação de matérias primas, produtos intermediários e componentes destinados à fabricação no país de máquinas e equipamentos, sob o regime de *drawback* (instituído pelo Decreto-Lei nº 37/1966, o *drawback* é um regime aduaneiro especial, que suspende ou elimina a incidência de tributos sobre a importação de insumos utilizados na industrialização de produtos exportados). O Decreto nº 6.702, de 18.12.2008, regulamentando o art. 3º da Lei nº 11.732/2008, a despeito de tratar especificamente de licitações internacionais para importação de matérias-primas, produtos intermediários e componentes destinados à fabricação, no Brasil, de máquinas e equipamentos a serem fornecidos no mercado interno, sob amparo do regime aduaneiro especial de que trata o art. 5º da Lei nº 8.032/1990, definiu, no art. 2º, que "considera-se licitação internacional o procedimento promovido por pessoas jurídicas de direito público e por pessoas jurídicas de direito privado do setor público e do setor privado, destinado à seleção da proposta mais vantajosa à contratante, observados os princípios da isonomia, da impessoalidade, da publicidade, da probidade, da vinculação ao instrumento convocatório, da ampla competição e do julgamento objetivo".

[115] Ivan Rigolin entende que também seria possível no caso de o produto estrangeiro ser incomparavelmente melhor (e por isso insubstituível), ou porque provavelmente será melhor o objeto se contratado de um *pool* de empresas de que participem estrangeiras (RIGOLIN; BOTTINO. *Manual prático de licitações*. 7. ed.).

[116] TCU Processo nº TC-017.979/2002-1 – Acórdão nº 1.443/2004 – Plenário.

[117] BITTENCOURT. *Licitações internacionais*. 3. ed.

Na mesma toada, Mário Lúcio Soares e Rafael Tanure, ao considerarem que

> licitação pública internacional brasileira é um procedimento formal obrigatório da Administração Pública direta e indireta, nos termos da lei, o qual faculta a participação de empresas nacionais e internacionais, sendo normatizada por disposições internas e externas, as quais são, conjunta e sistematicamente, parte do ordenamento jurídico pátrio.[118]

Fervoroso defensor da não restrição à participação de licitantes estrangeiros em "licitações nacionais", Jonas Lima, sob a justificativa de que o inc. XXI do art. 37 da CF "estabelece de forma genérica que o processo de licitação deve assegurar igualdade de condições a todos que concorrerem", conceituou a licitação pública internacional como sendo

> o procedimento de contratação obrigatório quando, em razão de limitações ou condições do mercado nacional, o Estado precisa, necessariamente, convocar de forma expressa e em meios nacionais e internacionais de divulgação, licitantes estrangeiros a participarem da disputa e cujo edital convocatório é especialmente preparado para isso.

Quanto à possível polêmica sobre o termo 'obrigatório', arremata que

> tem-se a lembrar que em muitas situações concretas a disputa internacional é a única que viabiliza o atendimento de determinadas finalidades do Estado e, além disso, não se pode desprezar a vantagem de se evitar considerável quantidade de contratações diretas, por dispensa e inexigibilidade de licitação, além do que, o agente público deve atentar para a indisponibilidade do interesse público, pelo qual ele não pode abrir mão de conseguir economicidade e eficiência.[119]

Além de definir a licitação internacional neste inc. XXXV, a Nova Lei de Licitações reuniu os dispositivos a elas inerentes na Subseção V – Licitações Internacionais, última subseção da Seção IV – Disposições Setoriais, fechando o Capítulo II – Da fase preparatória.

É cediço que a inserção de uma definição configura boa solução, pois, apesar de utilizarem a denominação, nem a Lei nº 8.666/1993 nem o estatuto anterior (o Decreto-Lei nº 2.300/1986) definiam o que seria

---

[118] SOARES; TANURE. A licitação internacional como instrumento de integração.
[119] LIMA. *Licitação Pública Internacional no Brasil*.

uma licitação internacional, o que demandava interpretações doutrinárias e certa insegurança jurídica.

A nosso ver, a definição trazida à lume é razoável, mas, por certo, poderia ser mais completa.[120]

Minudenciando-a, verifica-se que:

a) a competição deverá ocorrer no Brasil;
b) admite-se a participação de estrangeiros;
c) há a possibilidade de cotação de preços em moeda estrangeira; e
d) o objeto poderá ser executado, no todo ou em parte, fora do País.

Ivan Rigolin censura a inserção na definição da possibilidade de cotação de preços em moeda estrangeira, dispondo que "não parece de todo correta ou inteiramente obrigatória essa previsão, pois pode perfeitamente o edital de um certame internacional oferecer o pagamento em moeda brasileira e quem não se interessar simplesmente não participa. Nenhuma irregularidade acontecerá nesse caso".[121]

Argui-se, ainda, como já registramos, a não indicação na definição de elemento caracterizador fundamental: a publicidade no exterior.

Em livro específico, observamos que,

> dentre as providências que fazem com que a licitação seja realmente internacional vislumbra-se a obrigatória publicidade (mais ampla possível) no exterior (adotando os idiomas dos países em que o aviso está sendo publicado).[122]

Para Maria Lúcia Ortega, considerando que ao optar por uma licitação internacional a Administração objetiva buscar interessados além de seus limites territoriais, a publicidade deveria ser realizada de forma a viabilizar essa sua intenção, com o que a publicidade não poderia ser limitada àquela legalmente prevista às licitações nacionais.[123]

---

[120] Henrique Savonitti Miranda demonstrou bastante incômodo com o tratamento dado pela Nova Lei às licitações internacionais: "Lamentavelmente, a Nova Lei de Licitações não trouxe avanços significativos em relação à disciplina das licitações internacionais, bem como à abertura do mercado brasileiro para participação dos Estados que integram o Mercosul" (MIRANDA. *Licitações e contratos administrativos*).

[121] RIGOLIN. *Lei nº 14.133/2021 comentada*: uma visão crítica.

[122] BITTENCOURT. *Licitações internacionais*. 3. ed.

[123] ORTEGA. *Licitações à luz da Lei nº 8.666/93*.

Da mesma forma, Jonas Lima, que, apesar de aplaudir o preenchimento da lacuna legislativa, questiona que o principal elemento caracterizador da licitação internacional, que é a publicidade no exterior, tão cobrada há décadas pelos tribunais de contas e outros entes de controle, tenha sido esquecida.[124]

Por outro lado, de certa forma, o conceito legal conflita com as intenções recentes do governo federal, que, durante o Fórum Econômico Mundial, em Davos, na Suíça, em janeiro de 2020, manifestou interesse em aderir ao *Acordo de Compras Governamentais da Organização Mundial do Comércio* (GPA, na sigla em inglês), acordo plurilateral que estabelece para os países signatários uma série de compromissos em matéria de transparência e acesso aos mercados de compras públicas, tendo como meta promover a abertura mútua das compras governamentais, sem distinção de origem, imposição de barreiras para itens importados ou margem de preferência para produtos domésticos.

Vide, inclusive, que, dando azo a essa intenção, num primeiro passo, foi editada a Instrução Normativa nº 10/2020, que simplificou a participação de empresas estrangeiras em licitações públicas nacionais.

Tal instrução, que tem como escopo alterar a IN nº 3/2018 (estabelecedora de regras de funcionamento do Sistema de Cadastramento Unificado de Fornecedores – SICAF no âmbito do Poder Executivo federal), insere um artigo que versa sobre a participação em licitações nacionais de empresas estrangeiras que não funcionem no Brasil.[125] Assim, pela IN nº 10/2020, para participar de uma licitação nacional, a

---

[124] LIMA. Licitações internacionais na Lei nº 14.133/2021: 10 tópicos.

[125] Art. 20-A. As empresas estrangeiras que não funcionam no País, para participarem dos procedimentos de licitação, dispensa, inexigibilidade e nos contratos administrativos, poderão se cadastrar no Sicaf, mediante código identificador específico fornecido pelo sistema, observadas as seguintes condições:
I – os documentos exigidos para os níveis cadastrais de que trata o art. 6º poderão ser atendidos mediante documentos equivalentes, inicialmente apresentados com tradução livre; e
II – para fins de assinatura do contrato ou da ata de registro de preços:
a) os documentos de que trata o inciso I deverão ser traduzidos por tradutor juramentado no País e apostilados nos termos do disposto no Decreto nº 8.660, de 29 de janeiro de 2016, ou de outro que venha a substituí-lo, ou consularizados pelos respectivos consulados ou embaixadas; e
b) deverão ter representante legal no Brasil com poderes expressos para receber citação e responder administrativa ou judicialmente.
§1º No caso de inexistência de documentos equivalentes para os níveis cadastrais de que trata o inciso I, o responsável deverá declarar a situação em campo próprio no Sicaf.
§2º A solicitação do código de acesso de que trata o caput deverá se dar nos termos do disposto no Manual do Sicaf, disponível no Portal de Compras do Governo Federal.

única exigência para a empresa estrangeira seria a inclusão no Sistema de Cadastramento Unificado de Fornecedores (SICAF).[126]

Contudo, com a menção na definição da Lei nº 14.133/2021 de que a ocorrência da licitação internacional dar-se-á quando estrangeiros participarem dos certames, viabilizar-se-ia o entendimento de que se estaria excluindo a possibilidade de participação de empresas estrangeiras em licitações nacionais.

---

[126] Sobre a IN, verifique-se o nosso "Participação de empresas estrangeiras em licitações públicas nacionais: a ilegalidade da instrução normativa nº 10/2020". (BITTENCOURT. Participação de empresas estrangeiras em licitações públicas nacionais: a ilegalidade da instrução normativa nº 10/2020).

Art. 9º É vedado ao agente público designado para atuar na área de licitações e contratos, ressalvados os casos previstos em lei:
I – admitir, prever, incluir ou tolerar, nos atos que praticar, situações que:
a) comprometam, restrinjam ou frustrem o caráter competitivo do processo licitatório, inclusive nos casos de participação de sociedades cooperativas;
b) estabeleçam preferências ou distinções em razão da naturalidade, da sede ou do domicílio dos licitantes;
c) sejam impertinentes ou irrelevantes para o objeto específico do contrato;
II – estabelecer tratamento diferenciado de natureza comercial, legal, trabalhista, previdenciária ou qualquer outra entre empresas brasileiras e estrangeiras, inclusive no que se refere a moeda, modalidade e local de pagamento, mesmo quando envolvido financiamento de agência internacional;

INCISO II DO ARTIGO 9º

1 Vedação a tratamento diferenciado entre empresas brasileiras e estrangeiras

> *II – estabelecer tratamento diferenciado de natureza comercial, legal, trabalhista, previdenciária ou qualquer outra entre empresas brasileiras e estrangeiras, inclusive no que se refere a moeda, modalidade e local de pagamento, mesmo quando envolvido financiamento de agência internacional;*

No art. 9º, a Nova Lei de Licitações veda expressamente algumas usuais atitudes defeituosas dos agentes públicos nas praxes administrativas. Numa claríssima tentativa de evitar a concretização de vícios, estabelece proibição dirigida aos responsáveis diretos pelas licitações.

O dispositivo trata da atuação de todos os agentes públicos que, de uma forma ou de outra, detenham competência para decidir e influenciar nas licitações. As vedações são de tamanha monta que se estendem a terceiro que auxilie na condução do certame e da contratação, seja integrante de uma equipe de apoio ao agente responsável pela licitação, seja profissional especializado ou mesmo funcionário ou representante de empresa que preste assessoria técnica.[127]

Segundo a definição exposta no inc. V do art. 6º, *agente público* é indivíduo que, em virtude de eleição, nomeação, designação, contratação ou qualquer outra forma de investidura ou vínculo, exerce mandato, cargo, emprego ou função em pessoa jurídica integrante da Administração Pública.

Em sentido amplo, são agentes públicos as pessoas físicas que trabalham na Administração Pública (direta ou indireta), com vínculo empregatício e com remuneração paga pelos cofres públicos, sendo eles: a) servidores estatutários, sujeitos ao regime estatutário e ocupantes de cargos públicos; b) empregados públicos, contratados sob o regime da legislação trabalhista e ocupantes de emprego público; e c) servidores temporários, contratados por tempo determinado para atender à necessidade temporária de interesse público.

O preceptivo faz menção ao "agente público designado para atuar na área de licitações e contratos". Isso não determina que se entenda que agentes públicos indiretamente envolvidos com o tema, notadamente em cargos de chefia, ordenança de despesas, supervisão, gestão, coordenação etc., inclusive as autoridades máximas dos órgãos, estejam livres de serem alcançados. A interpretação literal do texto legal seria descabida, como bem assenta Marçal Justen, uma vez que as vedações contempladas no artigo dão concretude a princípios constitucionais fundamentais:

> A sua observância se impõe relativamente a todo e qualquer agente público – inclusive aqueles investidos em mandato eletivo. Seria inconstitucional dispensar a autoridade máxima de observar as determinações constantes dos incisos do art. 9º. Deve-se reputar que a mera investidura em mandato, cargo, função emprego ou qualquer outra posição jurídica que abranja competências para organizar, conduzir e julgar licitações configura a designação do sujeito para tanto. Logo, as regras do artigo aplicam-se inclusive aos agentes políticos, na medida em que lhes caiba alguma ingerência ou controle sobre a elaboração do

---

[127] §2º As vedações de que trata este artigo estendem-se a terceiro que auxilie a condução da contratação na qualidade de integrante de equipe de apoio, profissional especializado ou funcionário ou representante de empresa que preste assessoria técnica.

ato convocatório, o desenvolvimento da licitação e o aperfeiçoamento da contratação decorrente.[128]

Nesse contexto, o dispositivo veda aos agentes a inclusão de cláusulas discriminatórias ou de privilégio a favor ou contra algum participante, ou mesmo de algum potencial interessado. Sim, porque a discriminação ou o privilégio podem se iniciar no edital que se publica, quando ainda não existem sequer licitantes formalmente constituídos.[129]

O inc. I elenca os casos em que as condições impostas distorcem o caráter competitivo essencial num certame licitatório. É inconteste que o princípio da competitividade é tão essencial à matéria que, se em um procedimento licitatório, por obra de conluios, faltar a competição entre os concorrentes, falecerá a própria licitação, inexistindo o instituto.[130]

O regramento reprime ainda a discriminação em razão de naturalidade, sede ou domicílio dos licitantes, ou de qualquer outra circunstância impeditiva ou irrelevante para o objeto pretendido e situações que sejam impertinentes ou irrelevantes para o objeto específico do contrato.

O inc. II alude a tratamento igualitário entre empresas brasileiras e empresas estrangeiras, com o intuito de afastar exigências diferenciadas entre quaisquer licitantes.[131]

Proíbe, dessa forma, tratamento diferenciado de natureza *comercial*, *legal*, *trabalhista*, *previdenciária* ou qualquer outra entre essas empresas brasileiras e estrangeiras, inclusive no que se refere à *moeda*, *modalidade* e *local de pagamento*, mesmo quando haja financiamento de agência internacional.

Conforme prescrito no art. 1.126 do Código Civil (Lei nº 10.406, de 10.01.2002), sociedade nacional (empresa brasileira) é aquela organizada em conformidade com a lei brasileira e que tenha no Brasil a sede de sua administração.

Já a sociedade estrangeira (empresa estrangeira), consoante o art. 1.134 CC, é aquela que, independentemente de seu objeto, não pode, sem autorização do Poder Executivo, funcionar no País, ainda que

---

[128] JUSTEN FILHO. *Comentários à Lei de Licitações e Contratações Administrativos*.
[129] RIGOLIN. *Lei nº 14.133/2021 comentada: uma visão crítica*.
[130] MUKAI. *O Estatutos jurídicos de licitações e contratos administrativos*.
[131] Ressalte-se que a Lei nº 12.598/2012, que estabelece normas especiais para as compras, as contratações e o desenvolvimento de produtos e de sistemas de defesa e dispõe sobre regras de incentivo à área estratégica de defesa, previu a possibilidade de tratamento diferenciado entre nacionais e estrangeiros.

por estabelecimentos subordinados, podendo, todavia, ressalvados os casos expressos em lei, ser acionista de sociedade anônima brasileira.

Segundo o art. 1.138 CC, a sociedade estrangeira autorizada a funcionar no Brasil é obrigada a ter, permanentemente, representante no Brasil, com poderes para resolver quaisquer questões e receber citação judicial pela sociedade.

Consoante o definido no inc. XXXV do art. 6º, *licitação internacional* é: a) o certame processado em território nacional no qual é admitida a participação de licitantes estrangeiros, com a possibilidade de cotação de preços em moeda estrangeira; ou b) certame na qual o objeto contratual pode ou deve ser executado no todo ou em parte em território estrangeiro.

Trata-se, portanto, de procedimento competitivo formal que a Administração Pública está obrigada a instaurar quando intenciona adquirir um bem ou contratar um serviço que pode ser fornecido ou prestado tanto por uma empresa brasileira quanto por uma empresa estrangeira.

Como anota Érica Requi,

> a principal característica das licitações internacionais é a de expandir a possibilidade de participação de interessados na contratação. Ou seja, ao invés de restringir o acesso ao certame somente aos licitantes nacionais ou estrangeiros com atuação regular dentro das fronteiras nacionais, a licitação internacional abre espaço para que interessados estrangeiros, sem qualquer relação com o Brasil (domicílio, atuação, entre outros), participem do certame.[132]

Conclui-se, por conseguinte, em razão inversa, que *licitação nacional* é a competição que ocorre em âmbito interno, estando aptas a dela participar pessoas estabelecidas no Brasil, ou seja, as nacionais e as estrangeiras legalmente autorizadas a funcionar no país.

Em síntese, na hipótese de o certame ocorrer no âmbito interno (licitação nacional), somente estarão aptas a participar as pessoas estabelecidas no Brasil, sejam nacionais ou estrangeiras. Caso a competição ultrapasse as fronteiras do país (licitação internacional), franquear-se-á a participação a qualquer pessoa que atue no ramo pretendido, independentemente do local que esteja estabelecida, guardadas as devidas

---

[132] REQUI. Licitação nacional x Licitação Internacional.

reservas em face da existência de possíveis impedimentos concernentes a algum tipo de litígio.

Como o dispositivo em comento veda trato diferenciado entre empresas brasileiras e estrangeiras, é certo que, instaurada a competição pública, o tratamento deverá ser isonômico. É curial se entender, contudo, que a proibição de diferenciação quanto a exigências documentais não significa que uma empresa estrangeira apresente documento inexistente no seu país. Apenas o que for cabível deverá ser exigido dos licitantes estrangeiros, uma vez que a regra da igualdade não pode conduzir ao absurdo.[133]

1.1 Vedação ao tratamento diferenciado quanto à moeda

O regramento também veda tratamento diferenciado quanto à moeda.

O Decreto-Lei nº 857/1969, que consolida regras sobre a moeda de pagamento de obrigações exequíveis no Brasil, proíbe, nas obrigações contraídas no País, a utilização de outra moeda que não seja a nacional. Seu art. 2º elenca os contratos que, em regime de exceção, poderão ser celebrados com cláusulas de pagamento em moeda estrangeira.

> Art. 1º São nulos de pleno direito os contratos, títulos e quaisquer documentos, bem como as obrigações que exequíveis no Brasil, estipulem pagamento em ouro, em moeda estrangeira, ou, por alguma forma, restrinjam ou recusem, nos seus efeitos, o curso legal do cruzeiro.
> Art. 2º Não se aplicam as disposições do artigo anterior:
> I – aos contratos e títulos referentes a importação ou exportação de mercadorias;
> II – aos contratos de financiamento ou de prestação de garantias relativos às operações de exportação de bens e serviços vendidos a crédito para o exterior; *(Redação dada pela Lei nº 13.292/2016)*
> III – aos contratos de compra e venda de câmbio em geral;
> IV – aos empréstimos e quaisquer outras obrigações cujo credor ou devedor seja pessoa residente e domiciliada no exterior, excetuados os contratos de locação de imóveis situados no território nacional;
> V – aos contratos que tenham por objeto a cessão, transferência, delegação, assunção ou modificação das obrigações referidas no item anterior,

---

[133] RIGOLIN. *Lei nº 14.133/2021 comentada*: uma visão crítica.

ainda que ambas as partes contratantes sejam pessoas residentes ou domiciliadas no país.
Parágrafo único. Os contratos de locação de bens móveis que estipulem pagamento em moeda estrangeira ficam sujeitos, para sua validade, a registro prévio no Banco Central do Brasil.

Da mesma forma, o art. 318 do Código Civil (Lei nº 10.406/2002):

Art. 318. São nulas as convenções de pagamento em ouro ou em moeda estrangeira, bem como para compensar a diferença entre o valor desta e o da moeda nacional, *excetuados os casos previstos na legislação especial*.

Nesse contexto, o inc. II do art. 12 da Nova Lei de Licitações estipula que todos os valores, os preços e os custos utilizados nas competições licitatórias terão como expressão monetária a moeda corrente nacional.

Entretanto, o dispositivo ressalva o previsto no art. 52 do diploma legal, o qual além de autorizar, nas licitações internacionais, que os licitantes estrangeiros ofereçam preços em moeda estrangeiras, informa que os pagamentos realizados ao licitante brasileiro, eventualmente contratado em virtude de licitação nas condições estipuladas no §1º (que diz que, quando for permitido ao licitante estrangeiro cotar preço em moeda estrangeira, o licitante brasileiro igualmente poderá fazê-lo), serão efetuados em moeda corrente nacional.

Art. 12. No processo licitatório, observar-se-á o seguinte:
[...]
II – os valores, os preços e os custos utilizados terão como expressão monetária a moeda corrente nacional, ressalvado o disposto no art. 52 desta Lei;
Art. 52. Nas licitações de âmbito internacional, o edital deverá ajustar-se às diretrizes da política monetária e do comércio exterior e atender às exigências dos órgãos competentes.
§1º Quando for permitido ao licitante estrangeiro cotar preço em moeda estrangeira, o licitante brasileiro igualmente poderá fazê-lo.
§2º O pagamento feito ao licitante brasileiro eventualmente contratado em virtude de licitação nas condições de que trata o §1º deste artigo será efetuado em moeda corrente nacional.

Assim, ainda que, de regra, o contrato deva ser pactuado com a previsão do pagamento em moeda nacional, aduz-se que a lei abre uma exceção para o pagamento das empresas estrangeiras, pois, como esposado, o §2º do art. 52 apenas cogita da conversão para moeda brasileira quando o contratado (licitante vencedor) for brasileiro e tenha ofertado sua proposta em moeda estrangeira.

Infere-se que é o que, por caminhos transversos, também consideraram Paulo Roberto Motta e Raquel Silveira, pois, ao questionarem a vedação de tratamento diferenciado entre empresas nacionais e estrangeiras, e avaliarem se esse diferimento ofenderia o caráter competitivo da licitação, concluíram que privilegiar empresas brasileiras, em detrimento das estrangeiras, na forma comercial, legal, trabalhista ou previdenciária, inclusive no que se refere à moeda, nas circunstâncias econômicas atuais, seria necessário e coerente, uma vez que o excesso de neoliberalismo desprotegeria a empresa nacional, pois isso obrigaria "o País a investir, em época de crise fiscal intensa, em moeda estrangeira, para realizar pagamentos a empresas estrangeiras sem sede ou domicílio no Brasil".[134]

Armando Garcia Júnior explica a possibilidade de pagamento em meda estrangeira:

> A moeda nacional goza de poder liberatório. Contudo, patente é que, inobstante esse poder, não pode a moeda, sob pena de afrontar-se soberania alheia, ser imposta para circular em outro país, de sorte que no âmbito interno, principalmente após a decretação do curso forçado da moeda pelos países, inexiste padrão monetário estrangeiro alienígena sobre padrão monetário indígena. Assim, em um mesmo país, o devedor se libera de sua obrigação efetuando o pagamento em moeda nacional e o credor a aceita, visto gozar de poder liberatório. [...]. Outra é a situação, porém, quando credor e devedor encontram-se em países distintos. Em princípio, cada um deles sujeitar-se-á ao regime monetário próprio do país onde se encontre. Todavia, ressalvas e exceções são abertas pelas legislações quando envolvidas relações jurídicas internacionais. O contrário seria impedir qualquer possibilidade de comércio internacional, conduzindo o país a um insustentável isolacionismo. O Brasil, que, como se sabe, tem como unidade monetária o padrão Real, não proibiu a estipulação de pagamento em moeda estrangeira, ao menos quando presente algum elemento de estraneidade. As hipóteses em que se permite tal estipulação foram taxativamente previstas nos incisos I a V do artigo 2º do Decreto-Lei nº 857, de 11 de setembro de 1969. Assim, as obrigações

---

[134] MOTTA; SILVEIRA. Artigos 7º a 10. *In*: DAL POZZO *et al*. *Lei de licitações e contratos administrativos comentada*: Lei nº 14.133/21.

assumidas são liquidadas na moeda do país credor e inversamente os créditos adquiridos o são em moeda nacional.[135]

Em sentido contrário, a dicção de Jonas Lima, que, ao listar os pressupostos para as licitações internacionais, destaca a necessidade de

> respeito às diretrizes da política monetária, como se exemplifica da normatização relativa ao controle do meio circulante no país, inclusive a vedação de pagamentos diretos em moeda estrangeira como se estivesse em curso no território nacional, pois para situações relacionadas ao cumprimento de obrigações existem regras sobre o câmbio.[136]

Registre-se a relativamente recente edição da Lei nº 14.286, de 29.12.2021 (que entrou em vigor em dezembro de 2022), que revoga o Decreto-Lei nº 857/1969, entre outros normativos, e oferece tratamento mais incisivo à questão do pagamento em moeda estrangeira de obrigações exequíveis em território nacional.

> Art. 13. A estipulação de pagamento em moeda estrangeira de obrigações exequíveis no território nacional é admitida nas seguintes situações:
> I – nos contratos e nos títulos referentes ao comércio exterior de bens e serviços, ao seu financiamento e às suas garantias;
> II – nas obrigações cujo credor ou devedor seja não residente, incluídas as decorrentes de operações de crédito ou de arrendamento mercantil, exceto nos contratos de locação de imóveis situados no território nacional;
> III – nos contratos de arrendamento mercantil celebrados entre residentes, com base em captação de recursos provenientes do exterior;
> IV – na cessão, na transferência, na delegação, na assunção ou na modificação das obrigações referidas nos incisos I, II e III do caput deste artigo, inclusive se as partes envolvidas forem residentes;
> V – na compra e venda de moeda estrangeira;
> VI – na exportação indireta de que trata a Lei nº 9.529, de 10 de dezembro de 1997;
> VII – nos contratos celebrados por exportadores em que a contraparte seja concessionária, permissionária, autorizatária ou arrendatária nos setores de infraestrutura;
> VIII – nas situações previstas na regulamentação editada pelo Conselho Monetário Nacional, quando a estipulação em moeda estrangeira puder mitigar o risco cambial ou ampliar a eficiência do negócio;

---

[135] GARCIA JÚNIOR. *Contratos dolarizados no direito brasileiro*.
[136] LIMA. *Lei nº 14.133/21: documentos equivalentes em licitações internacionais*.

IX – em outras situações previstas na legislação.

Parágrafo único. A estipulação de pagamento em moeda estrangeira feita em desacordo com o disposto neste artigo é nula de pleno direito.

> Art. 14. Não poderão disputar licitação ou participar da execução de contrato, direta ou indiretamente:
> [...]
> **§5º Em licitações e contratações realizadas no âmbito de projetos e programas parcialmente financiados por agência oficial de cooperação estrangeira ou por organismo financeiro internacional com recursos do financiamento ou da contrapartida nacional, não poderá participar pessoa física ou jurídica que integre o rol de pessoas sancionadas por essas entidades ou que seja declarada inidônea nos termos desta Lei.**

PARÁGRAFO 5º DO ARTIGO 14

1 Impossibilidade de participação em licitações dos penalizados por organismos internacionais

O art. 14 versa sobre os impedimentos no âmbito das licitações e contratações públicas, aludindo a pré-requisitos a serem avaliados para a participação em licitação ou na execução de contrato, direta ou indiretamente.

Impõe ressaltar, portanto, que os impedimentos desse dispositivo nada têm a ver com as hipóteses de inabilitação ou desclassificação durante uma licitação, pois relacionam situações que vedam a participação no nascedouro, tratando de questões que deverão ser examinadas no início do procedimento.

Segundo o dispositivo, estarão impedidos de fazer parte dos certames ou executar contratos aqueles que incidirem nas vedações nele elencadas, sendo terminantemente proibida a participação daqueles que, teoricamente, teriam condições diferenciadas com flagrantes benefícios.

A intenção é clara: afastar qualquer tipo de risco ao princípio da competitividade.

Assim, estão proibidos de disputar na licitação ou de serem contratados, direta ou indiretamente:

a) autor do anteprojeto, do projeto básico ou do projeto executivo, pessoa física ou jurídica, quando a licitação versar sobre obra, serviços ou fornecimento de bens a ele relacionados;

b) empresa, isoladamente ou em consórcio, responsável pela elaboração do projeto básico ou do projeto executivo, ou empresa da qual o autor do projeto seja dirigente, gerente, controlador, acionista ou detentor de mais de 5% (cinco por cento) do capital com direito a voto, responsável técnico ou subcontratado, quando a licitação versar sobre obra, serviços ou fornecimento de bens a ela necessários;

c) pessoa física ou jurídica que se encontre, ao tempo da licitação, impossibilitada de participar da licitação em decorrência de sanção que lhe foi imposta;

d) aquele que mantenha vínculo de natureza técnica, comercial, econômica, financeira, trabalhista ou civil com dirigente do órgão ou entidade contratante ou com agente público que desempenhe função na licitação ou atue na fiscalização ou na gestão do contrato, ou que deles seja cônjuge, companheiro ou parente em linha reta, colateral ou por afinidade, até o terceiro grau, devendo essa proibição constar expressamente do edital de licitação;

e) empresas controladoras, controladas ou coligadas, nos termos da Lei nº 6.404/1976 (Lei das Sociedades por Ações), concorrendo entre si; e

f) pessoa física ou jurídica que, nos 5 (cinco) anos anteriores à divulgação do edital, tenha sido condenada judicialmente, com trânsito em julgado, por exploração de trabalho infantil, por submissão de trabalhadores a condições análogas às de escravo ou por contratação de adolescentes nos casos vedados pela legislação trabalhista.

Nesse viés, o §5º do preceptivo discorre sobre a vedação de participação em licitações e contratações realizadas no âmbito de projetos e programas parcialmente financiados por agência oficial de cooperação estrangeira ou por organismo financeiro internacional com recursos do financiamento ou da contrapartida nacional.

Conforme já visto, as licitações realizadas com recursos obtidos mediante empréstimos ou doações de agência de cooperação estrangeira ou organismo financeiro multilateral de que o Brasil faça parte poderão ser realizadas mediante procedimento diverso do previsto na lei brasileira.

O crescente financiamento internacional de obras e serviços públicos tem obrigado a Administração Pública a novos procedimentos, notadamente quanto ao atendimento das diretrizes do organismo financiador. Logicamente, uma dessas linhas de ação tem a ver com o sancionamento por parte dessas organizações.

Da análise da Constituição Federal, da legislação brasileira e das diretrizes dos organismos internacionais, concluiu o legislador da Nova Lei que os efeitos das sanções aplicadas por tais organismos são expansíveis e atingem as licitações nacionais que contenham recursos disponibilizados pelo ente sancionador.

Destarte, o parágrafo proíbe a participação nas licitações ou contratações de pessoas físicas ou jurídicas que integrem o rol de sancionadas por entidades estrangeiras, legitimando, dessa forma, a aplicação das sanções aplicadas no âmbito dessas instituições. Logo, havendo financiamento total ou parcial de um organismo internacional, aqueles que estiverem no elenco de sancionados por tal organismo não poderão participar de licitação ou ser contratados, no caso de contratação direta.

Ressalta-se que, mesmo seguindo as regras de direitos alienígenas, a previsão não atenta contra a soberania nacional, pois, ao aderir à aplicação das regras editadas pelo organismo financiador, a Administração Pública brasileira obviamente estará acatando o regramento. Ademais, não faria sentido a ideia de a entidade financiadora aceitar a contratação de uma pessoa que tenha sido por ela sancionada.

A previsão em lei deve ser saudada, não só porque a sua indicação apenas em regulamento ou em edital poderia ser questionada, mas também porque, mesmo que não exista previsão no regulamento do órgão ou no edital, a impossibilidade perdurará.

A novidade foi considerada positiva por muitos analistas, como, por exemplo, Ronny Charles[137] e Rafael Carvalho de Oliveira, tendo este observado que a questão, por não conter previsão na lei anterior, causava muita controvérsia.[138]

O dispositivo, na parte final, também indica o impedimento daqueles que tenham sofrido sanção de declaração de inidoneidade. Essa prescrição, contudo, é desnecessária, pois a matéria se encontra disciplinada de modo específico no art. 156 da própria Lei nº 14.133.

---

[137] TORRES. *Leis de licitações públicas comentadas*. 13. ed.
[138] OLIVEIRA. *Nova Lei de Licitações e Contratos Administrativos*. 2. ed.

Art. 26. No processo de licitação, poderá ser estabelecida margem de preferência para:
I – bens manufaturados e serviços nacionais que atendam a normas técnicas brasileiras;
II – bens reciclados, recicláveis ou biodegradáveis, conforme regulamento.
§1º A margem de preferência prevista no caput deste artigo:
I – será definida em decisão fundamentada do Poder Executivo federal, na hipótese do inciso I do caput deste artigo;
II – poderá ser de até 10% (dez por cento) sobre o preço dos bens e serviços que não se enquadrem no disposto nos incisos I ou II do caput deste artigo;
III – poderá ser estendida a bens manufaturados e serviços originários de Estados Partes do Mercado Comum do Sul (Mercosul), desde que haja reciprocidade com o País prevista em acordo internacional aprovado pelo Congresso Nacional e ratificado pelo Presidente da República.
§2º Para os bens manufaturados nacionais e serviços nacionais resultantes de desenvolvimento e inovação tecnológica no País, definidos conforme regulamento do Poder Executivo federal, a margem de preferência a que se refere o caput deste artigo poderá ser de até 20% (vinte por cento).
§3º (VETADO)
§4º (VETADO)
§5º A margem de preferência não se aplica aos bens manufaturados nacionais e aos serviços nacionais se a capacidade de produção desses bens ou de prestação desses serviços no País for inferior:
I – à quantidade a ser adquirida ou contratada; ou
II – aos quantitativos fixados em razão do parcelamento do objeto, quando for o caso.
§6º Os editais de licitação para a contratação de bens, serviços e obras poderão, mediante prévia justificativa da autoridade competente, exigir que o contratado promova, em favor de órgão ou entidade integrante da Administração Pública ou daqueles por ela indicados a partir de processo isonômico, medidas de compensação comercial, industrial ou tecnológica ou acesso a condições

> vantajosas de financiamento, cumulativamente ou não, na forma estabelecida pelo Poder Executivo federal.
>
> §7º Nas contratações destinadas à implantação, à manutenção e ao aperfeiçoamento dos sistemas de tecnologia de informação e comunicação considerados estratégicos em ato do Poder Executivo federal, a licitação poderá ser restrita a bens e serviços com tecnologia desenvolvida no País produzidos de acordo com o processo produtivo básico de que trata a Lei nº 10.176, de 11 de janeiro de 2001.

INCISO III DO PARÁGRAFO 1º DO ARTIGO 26

1 Extensão das margens de preferência a bens e serviços originários de estados partes do Mercosul

> *III – poderá ser estendida a bens manufaturados e serviços originários de Estados Partes do Mercado Comum do Sul (Mercosul), desde que haja reciprocidade com o País prevista em acordo internacional aprovado pelo Congresso Nacional e ratificado pelo Presidente da República.*

O art. 26, visando fortificar a competitividade da empresa nacional, estimulando a produção mediante a utilização do poder de compra do governo, trata da possibilidade de utilização de margens de preferência nas contratações públicas.

A margem de preferência nada mais é que, numa licitação pública, admitir um diferencial de preços entre os produtos manufaturados nacionais e importados. Diversamente do "empate ficto" oferecido às microempresas, que ofertam a possibilidade dessas empresas apresentarem preço inferior ao que tenha alcançado a primeira colocação na licitação, na margem de preferência a Administração está obrigada a "preferir" a proposta com o produto ou o serviço nacional, com aceite do preço ofertado pelo autor, e, por conseguinte, pagando um valor superior ao menor oferecido na licitação.

Assim, como averbam Vianna e Berloffa, tal margem funda-se na busca do desenvolvimento da indústria nacional, beneficiando objetos nacionais mesmo que com custo mais elevado quando comparado aos produtos/serviços estrangeiros.[139] [140]

A nosso ver, apesar de parecer uma regra que desequilibra a ideia de competição, configura-se disposição legal consistente e interessante, pois põe fim ao entendimento linear de que nas licitações a Administração deva impor tratamento idêntico para todos os licitantes. O próprio Supremo Tribunal Federal (STF) já proclamou que a lei pode distinguir situações, sem violação do princípio da igualdade, a fim de conferir a um tratamento diverso do que atribui a outro.

Para que possa conferi-lo, contudo, sem que tal violação se manifeste, é necessário que a discriminação guarde compatibilidade com o conteúdo do princípio. Nesse passo ter-se-á o real sentido de justiça, consoante lições de Rui Barbosa: "A regra da igualdade não consiste senão em aquinhoar desigualmente aos desiguais, na medida em que se desigualam".

Nesse viés, o delineamento legal permite a previsão de cláusula que diferencie os licitantes em função da nacionalidade dos produtos e serviços, admitindo privilegiar, por intermédio de margens de preferências, aos que ofereçam produtos ou serviços nacionais e que atendam a normas técnicas brasileiras.

Na verdade, o ordenamento jurídico brasileiro não permitia o estabelecimento de preferências nas contratações públicas. Na verdade, proibia expressamente tratamentos diferenciados. Era o que prescrevia o inc. I do §1º do art. 3º da Lei nº 8.666/1993, que, originariamente, vedava o estabelecimento de preferências ou distinções em razão de naturalidade, de sede ou domicílio dos licitantes ou de qualquer outra circunstância impertinente ou irrelevante ao específico objeto do contrato.

Não obstante, lei anterior (Lei nº 8.248/1991) admitia o direito de preferência para aquisição de bens e serviços de informática e automação para empresas brasileiras de capital nacional, cujo modelo sofreu revisão por intermédio da Lei nº 10.176/2001, com concessão de

---

[139] VIANNA; BERLOFFA. Os diversos direitos de preferência em licitações e sua aplicação à luz do Decreto nº 8.538, de 06 de outubro de 2015.

[140] Compras governamentais com margem de preferência são utilizadas como políticas públicas por vários países, tais como: Estados Unidos ("Buy American Act", 1933 e "American Recovery and Reinvestment Act", 2009); México (Ley de Adquisiciones, Arrendamientos y Servicios del Sector Público, de 04 de janeiro de 2000); China (Lei nº 68, de 29 de junho de 2002); Argentina (Lei nº 27.437, de 09 de maio de 2018); Colômbia (Lei nº 816, 2003), entre outros. (Fonte: Margem de preferência nas compras governamentais -10.05.2021 – FIESP).

preferência aos bens e serviços com tecnologia desenvolvida no País ou desenvolvidos de acordo com o Processo Produtivo Básico (PPB).[141]

Posteriormente, em 2006, tal modelo experimentou importante alteração, com a publicação da Lei Complementar nº 123, que estabeleceu o oferecimento de tratamento diferenciado para microempresas e empresas de pequeno porte.

Em 2010, inicialmente, através da MP nº 495, e, depois, por intermédio da Lei nº 12.349 (conversão da MP), com as ressalvas dispostas nos §§5º e seguintes do art. 3º da Lei nº 8.666/1993, veio à tona nova reviravolta nesse paradigma, emergindo outras formas de preferências, intencionando implementar políticas públicas que fomentassem o desenvolvimento econômico, inspiradas em normas estrangeiras, notadamente nas norte-americanas *Buy American Act* (1993) e *American Recovery and Reinvestment Act* (2009), que estabelecem regras para estímulo às contratações locais.[142]

---

[141] Conforme definido no §8º, alínea "b", do art. 7º do Decreto-Lei nº 288/1967, com redação dada pela Lei nº 8.387/1991, Processo Produtivo Básico (PPB) é "o conjunto mínimo de operações, no estabelecimento fabril, que caracteriza a efetiva industrialização de determinado produto", ou seja, configura etapas fabris mínimas que as empresas deverão cumprir para a fabricação de determinado produto. Os PPBs são estabelecidos por portarias interministeriais. Normalmente, a iniciativa de fixação ou alteração de PPB para um produto específico é realizada pela empresa fabricante interessada nos incentivos fiscais, cabendo ao governo, através do GT-PPB, avaliar e propor alterações ao processo, de forma que seja atingido o máximo de valor agregado nacional, por meio do adensamento da cadeia produtiva, observando a realidade da indústria brasileira. Dessa forma, a elaboração do PPB é um processo negocial, envolvendo a empresa interessada, possíveis fornecedores nacionais para determinados produtos e outras empresas concorrentes pertencentes ao mesmo segmento. Na fixação de PPB, o governo se baliza nos seguintes indicadores: (a) montante de investimentos a serem realizados pela empresa para a fabricação do produto; (b) desenvolvimento tecnológico e engenharia local empregada; (c) nível de empregos a ser gerado; (d) possibilidade de exportações do produto a ser incentivado; (e) nível de investimentos empregados em pesquisa e desenvolvimento; (f) se haverá ou não deslocamento de produção dentro do território nacional por conta dos incentivos fiscais; e (g) se afetará ou não investimentos de outras empresas do mesmo segmento industrial por conta de aumento de competitividade gerado pelos incentivos fiscais.

[142] Recentemente, o novo presidente dos Estados Unidos, Joe Biden, emitiu uma ordem executiva com diretrizes para reforçar a aplicação do *Buy American Act*, motivado pela crise econômica decorrente da pandemia da Covid-19. Com a nova norma, o governo americano estima um incremento, em quatro anos, de US$400 bilhões em compras em empresas americanas, com a consequente geração de empregos locais. Jonas Lima, especialista no assunto, resume os principais pontos dessa nova norma americana: (a) sempre que possível, utilizar as regras de preferências nacionais e revisar listas de isenções atuais; (b) em 180 dias realizar um estudo sobre a revisão de regras do *Buy American Act*, para identificar melhorias em termos de questões de preferências por preços e avaliação de conteúdo nacional em percentuais; (c) buscar mais transparência nas isenções de preferências e o que realmente seria *Made in América* (feito na América), para evitar fraudes de produtos em grande parte ou no todo importados e apenas rotulados e vendidos nos Estados Unidos (melhor qualificar produtos

Nesse contexto, em face de alterações impostas pelas Leis nºs 12.349/2010 e 13.146/2015, passou a ser admissível a adoção de preferências para: a) produtos manufaturados e serviços nacionais que venham a atender normas técnicas brasileiras; e b) bens e serviços produzidos ou prestados por empresas que comprovem cumprimento de reserva de cargos prevista em lei para pessoa com deficiência ou para reabilitado da Previdência Social e que atendam às regras de acessibilidade previstas na legislação.

Apesar de a adoção das margens de preferência consignar atividade facultativa, cabendo à Administração, considerando as circunstâncias de momento, avaliar a conveniência de aplicação, foi editado na esfera federal o Decreto nº 7.546/2011, que assentou a aplicação obrigatória, a ser assegurada na forma de regulamentos específicos, limitada a 25% acima do preço dos produtos manufaturados e serviços estrangeiros.[143]

Em síntese, com essas alterações, a antiga Lei nº 8.666/1993 passou a autorizar a preterição de produtos manufaturados e serviços estrangeiros oferecidos por preços menores, em benefício de nacionais de custos mais elevados, fundando-se na necessidade de desenvolvimento da indústria nacional.[144]

Segundo o art. 2º, I e II, do Decreto nº 7.546/2011, a margem de preferência consigna um "diferencial de preços" entre os produtos não nacionais e os nacionais que preencham certos requisitos.

Na verdade, na prática, dá-se preferência para contratação da melhor proposta de bem manufaturado ou serviço nacional que se encontre dentro da margem de preferência computada sobre o valor da melhor proposta de produto que não preencha os requisitos para tratamento preferencial.

---

por percentuais e países de origem e origem de seus componentes); (d) facilitar acesso das pequenas e médias empresas a contratos públicos; (e) buscar pequenas e médias empresas que possam ser fornecedoras do governo; e (f) avaliar os gastos resultantes dos acordos comerciais vigentes (LIMA. *EUA reforçam preferências nacionais*).

[143] Art. 3º Nas licitações no âmbito da administração pública federal será assegurada, na forma prevista em regulamentos específicos, margem de preferência, nos termos previstos neste Decreto, para produtos manufaturados nacionais e serviços nacionais que atendam, além dos regulamentos técnicos pertinentes, a normas técnicas brasileiras, limitada a vinte e cinco por cento acima do preço dos produtos manufaturados estrangeiros e serviços estrangeiros.

[144] O TCU não compartilhava desse entendimento, dado que considerou "ilegal o estabelecimento de vedação a produtos e serviços estrangeiros em edital de licitação, uma vez que a Lei nº 12.349/2010 não previu tal situação" (Acórdão nº 1.317/2013 – Plenário).

Assim, de posse do percentual da margem de preferência, verificar-se-á qual a proposição de menor valor. Se ela corresponder a um objeto que atenda aos requisitos de tratamento preferencial, será a vencedora do certame. Caso não corresponda, far-se-á o cômputo da margem de preferência sobre a proposta que atenda aos requisitos.

Nesse viés, os incisos I e II do art. 26 dispõem que, nos processos licitatórios, a Administração poderá estabelecer margens de preferências para: a) bens manufaturados[145] e serviços nacionais que atendam a normas técnicas brasileiras; e b) bens reciclados, recicláveis ou biodegradáveis, conforme regulamento. Dessa forma, tal como constava no diploma anterior, a Nova Lei de Licitações autoriza que sejam preteridos produtos manufaturados e serviços estrangeiros oferecidos por preços menores, em benefício de nacionais de custos mais elevados, fundamentando-se na necessidade de desenvolvimento da indústria brasileira.

Ao concluírem que a orientação do poder de compra do Estado para estimular a produção doméstica de bens e serviços constitui importante diretriz de política pública e que é medida inquestionável que utiliza os processos de contratação pública para fomentar o desenvolvimento de um determinado setor econômico, sob o enfoque da juridicidade, Gabriela Pércio e Flávio Ramos ressaltam que a eficiência e a efetividade da política pública implementada por esta via dependerá da adequação à realidade nacional e da integração a um planejamento estratégico que considere o planejamento da ação global do Estado em relação às diversas políticas públicas elencadas na Constituição, assim como ao alcance de seus objetivos:

> A concessão de margem de preferência a produtos manufaturados e serviços nacionais em licitações provoca indagações, algumas das quais serão respondidas ao longo do processo de implementação. Mais do que nunca, caberá ao Estado planejar suas ações, sejam aquelas

---

[145] Observem-se os comentários de Benedicto de Tolosa: "A instituição de margem de preferência para os produtos manufaturados domésticos vem pôr um ponto final nas discussões que proliferam, principalmente em nossas Cortes de Contas, com relação à vedação constante dos instrumentos convocatórios de licitações quanto à possibilidade de oferta de produtos estrangeiros, como, por exemplo, a relativa à aquisição de pneus, que mereceu decisões dos Tribunais de Contas dos Estados de São Paulo e de Minas Gerais, considerando essa vedação ilegal, à vista do disposto principalmente no art. 3º da Lei nº 8.666/93, que proíbe a distinção em razão da sede do licitante e o tratamento diferenciado de natureza comercial, legal, trabalhista, previdenciária ou de qualquer outra, entre empresas brasileiras e estrangeiras" (TOLOSA FILHO. Os efeitos da MP nº 495/2010 nas contratações públicas).

voltadas diretamente para a realização de seus fins, sejam aquelas que se prestam a instrumentalizar o alcance dos mesmos, desempenhadas pelo seu aparato administrativo. A legalidade e a constitucionalidade das margens de preferência estabelecidas estarão condicionadas ao equilíbrio orçamentário, de modo que o prestígio ao crescimento econômico não prejudique políticas públicas de primeira necessidade atreladas à concretização de direitos fundamentais salvaguardados pela Constituição Federal e a busca pelo desenvolvimento nacional sustentável, dever inarredável do Estado.[146]

Por outro lado, Ronny Charles visualiza problemas na outorga de poderes ao Poder Executivo por ato infralegal para a definição de critérios de preferência:

> Essas alterações demonstram uma visão estatizante da economia, que ignora ou se aproveita dos malefícios gerados por tais restrições à competitividade. Vemos com preocupação a "delegação", pelo Legislativo, para que o Poder Executivo defina critérios de preferência por ato infralegal, conspurcando a isonomia e a busca pela melhor proposta. Muitas vezes, essas benesses, sob o pálio da defesa de algum valor social (ex.: desenvolvimento econômico nacional), geram proteções de mercado e prejuízos à competitividade que tornam mais caras as contratações públicas, exigindo mais recursos públicos para o seu custeio, o que impõe o aumento da carga tributária, que, por fim, prejudica justamente o desenvolvimento econômico nacional, fundamentando (ironicamente) que alguns setores defendam a adoção de "políticas" que auxiliem setores do mercado tidos como estratégicos (para buscar o desenvolvimento econômico nacional), através de medidas que tornarão mais caras essas contratações públicas, perpetuando um maléfico e falacioso círculo vicioso.[147]

Inobstante, ao longo do tempo, o governo federal tem editado decretos estabelecendo margens de preferência nas licitações para aquisição de diversos produtos médicos, de confecções, calçados e artefatos, retroescavadeiras e motoniveladores, perfuratrizes, patrulhas mecanizadas e equipamentos de tecnologia da informação e comunicação, aeronaves executivas, licenciamento de uso de programas de computador e serviços correlatos etc.

---

[146] PÉRCIO; RAMOS. Preferência para produtos manufaturados e serviços nacionais em licitações: uma análise crítica à luz do desenvolvimento nacional sustentável.
[147] CHARLES. Leis de Licitações Públicas comentadas. 10. ed.

Sobre a matéria, pronunciou-se o TCU:

> Acórdão nº 1.317/2013 – Plenário: É ilegal o estabelecimento, por parte de gestor público, de margem de preferência nos editais licitatórios para contratação de bens e serviços sem a devida regulamentação via decreto do Poder Executivo federal, estabelecendo os percentuais para as margens de preferência normais e adicionais, conforme o caso e discriminando a abrangência de sua aplicação.
>
> Acórdão nº 1.347/2016 – Plenário: Nos certames licitatórios realizados para aquisição de equipamentos de tecnologia da informação e comunicação com adjudicação por grupos ou lotes, a vedação à aplicação da margem de preferência, nos casos em que o preço mais baixo ofertado é de produto manufaturado nacional (...), deve ser observada, isoladamente, para cada item que compõe o grupo ou lote.

Outra margem de preferência estabelecida envolve bens reciclados, recicláveis ou biodegradáveis, assunto que é remetido a regulamento. Nesse caso, com cunho eminentemente social, a intenção é fomentar a atividade laboral de população de baixa renda.

Os parágrafos 1º e 2º tratam dos percentuais das margens de preferências, dispondo que, no que concerne aos bens manufaturados e serviços nacionais que atendam a normas técnicas brasileiras, tal margem dependerá de decisão fundamentada do Poder Executivo federal. No que tange a outros bens e serviços (que não sejam bens manufaturados e serviços nacionais e bens reciclados, recicláveis ou biodegradáveis) o inc. II informa que a margem de preferência poderá ser de até 10% (dez por cento).

Quanto aos bens manufaturados nacionais e serviços nacionais resultantes de desenvolvimento e inovação tecnológica no País, definidos conforme regulamento do Poder Executivo federal, o §2º estabelece que a margem de preferência a que se refere o caput deste artigo poderá ser de até 20% (vinte por cento).

Intentando oferecer solução para as hipóteses de incapacidade de produção de alguns objetos em solo brasileiro, o §5º prevê que as margens de preferência para produtos manufaturados e serviços nacionais não se aplicarão aos bens e serviços cuja capacidade de produção ou prestação no País seja inferior: a) à quantidade a ser adquirida ou contratada; ou b) aos quantitativos fixados em razão do parcelamento do objeto, quando for o caso.

O inc. III acresce que o benefício da margem de preferência *poderá* ser estendido a bens manufaturados e serviços originários de Estados Partes do Mercado Comum do Sul (Mercosul),[148] desde que haja reciprocidade com o País prevista em acordo internacional aprovado pelo Congresso Nacional e ratificado pelo Presidente da República. Dessa forma, ao condicionar a extensão da margem de preferência à reciprocidade mencionada, a Nova Lei de Licitações busca retomar as negociações de acordos comerciais no âmbito do Mercosul, evoluindo em relação à previsão legal constante do art. 3º, §10º, da revogada Lei nº 8.666/1993.

Nesse âmbito, inclusive, há de se registrar que, em 2017, foi celebrado o "Protocolo de Contratações Públicas do Mercosul", objetivando a redução dos custos do setor público e a geração de oportunidades para o setor privado, dada a importância que tem tanto o Estado quanto as entidades que dele dependem como demandantes de diversos insumos necessários para o cumprimento de suas funções. Conforme o Protocolo, cada Estado Parte se compromete a: a) outorgar imediata e incondicionalmente aos bens e serviços e aos fornecedores e prestadores de qualquer outro Estado Parte um tratamento não menos favorável daquele que conceda aos bens, serviços e aos fornecedores e prestadores de qualquer outro Estado Parte ou de terceiros países, com exceção, neste último caso, de tratados vigentes ou assinados anteriormente à entrada em vigor do Protocolo (Tratamento de Nação mais Favorecida); e b) outorgar imediata e incondicionalmente aos bens e serviços dos outros Estados Partes e aos fornecedores dos outros Estados Partes que forneçam bens ou serviços de qualquer Estado Parte, um tratamento não menos favorável que o tratamento mais favorável que o referido Estado Parte outorgue a seus próprios bens, serviços e fornecedores (Tratamento Nacional e Não Discriminação).[149]

---

[148] O Mercado Comum do Sul (Mercosul) é uma organização intergovernamental regional, fundada a partir do Tratado de Assunção em 26.03.1991, que estabelece uma integração regional, inicialmente econômica, configurada atualmente em uma união aduaneira, na qual há livre comércio intrazona e política comercial comum entre os países-membros. Situados todos na América do Sul, sendo atualmente quatro membros plenos. Em sua formação original, o bloco era composto por Argentina, Brasil, Paraguai e Uruguai; mais tarde, a ele aderiu a Venezuela, que no momento se encontra suspensa (Vide: https://pt.wikipedia.org/wiki/Mercado_Comum_do_Sul).

[149] No fim de 2022, a Comissão de Relações Exteriores e de Defesa Nacional da Câmara dos Deputados aprovou o "Protocolo de Contratações Públicas do Mercosul", tendo avaliado o deputado relator Alexandre Leite que "a adoção do protocolo vai gerar maior dinamismo ao mercado comum, proporcionando importante fomento à competitividade nas licitações públicas, gerando oportunidades de crescimento e desenvolvimento econômico. No momento que escrevíamos, a proposta seguia para votação da Comissão de Desenvolvimento

Evidencia-se, portanto, a necessidade de regulamentação da matéria, não só em função de peculiaridades específicas do assunto, e também em virtude da conjugação do verbo no futuro (poderá).

Uma das questões a serem enfrentadas nessa regulamentação é avaliar se as licitações fundadas em acordos internacionais que permitam a aplicação de margem de preferência seriam, ou não, de natureza internacional. Preocupados com a repercussão da matéria, Jessé Torres e Dotti, considerando o "Protocolo de Contratações Públicas do Mercosul", indagaram a qual tipo de licitação (nacional ou internacional) o acordo estaria se referindo, a ponto de vislumbrarem a possibilidade de outra espécie de licitação até então desconhecida do direito brasileiro. Essa indeterminação fez com que concluíssem, com justa razão, que o Congresso Nacional teria "muitas e complexas questões a examinar e harmonizar ao debruçar-se sobre o acordo, para fins de aprovação e ingresso no direito interno brasileiro".[150]

A questão é bastante complexa. A intenção do art. 26 é permitir, via licitações e contratações administrativas, a adoção de medidas protetivas a certos bens e serviços nacionais, com o intuito de promover desenvolvimento nacional fundado em lógica protecionista e intervencionista, que prioriza a intervenção do Estado na economia.

O uso de margens de preferência prioriza a contratação de determinados produtos ou serviços nacionais, sob o fundamento de que isso auxilia a economia do país. Contudo, como assenta Ronny Charles,[151] trata-se de um raciocínio questionável, uma verdade relativa, pois, se por um lado, beneficia produtos e serviços nacionais (por exemplo, pode haver estímulo ao crescimento de nossas empresas e geração de empregos no país), por outro, quase sempre maximiza o custo das contratações e do próprio Estado, o que é um fator asfixiante para o crescimento da economia e, por conseguinte, das empresas.

Não obstante, trata-se de solução compatível com a Constituição Federal, uma vez que a Carta Magna prevê que o Estado brasileiro deverá incentivar o desenvolvimento nacional.

Nesse diapasão, não parece ter sentido que, por intermédio de licitações e contratações administrativas feitas no Brasil, se busque

---

Econômico, Indústria, Comércio e Serviços e pelo Plenário da Câmara, já tendo sido aprovada pelas comissões de Finanças e Tributação e de Constituição e Justiça e de Cidadania.

[150] PEREIRA JÚNIOR; DOTTI. Haverá margens de preferência nas licitações e contratações entre empresas de Estados integrantes do MERCOSUL?

[151] TORRES. *Leis de licitações públicas comentadas*. 13. ed.

proteger o desenvolvimento de outro país, ainda que haja um acordo internacional com ele celebrado. Como anota Justen Filho, a questão extrapola largamente a dimensão da disciplina licitatória.[152]

Como a licitação internacional, por definição legal, é a competição processada em território nacional na qual é admitida a participação de licitantes estrangeiros, com a possibilidade de cotação de preços em moeda estrangeira, ou o certame no qual o objeto contratual possa ou deva ser executado no todo ou em parte em território estrangeiro, resta-nos crer que a competição amparada em acordo que ofereça margens de preferência a bens manufaturados e serviços originários de Estados Partes do Mercosul configurará uma licitação internacional.

A nosso ver, a inserção da possibilidade de extensão da margem de preferência aos bens manufaturados e serviços originários de Estados Partes do Mercosul não tem o condão de tornar as competições nacionais.

PARÁGRAFO 6º DO ARTIGO 26

2 As compensações comerciais, industriais ou tecnológicas

> *§6º Os editais de licitação para a contratação de bens, serviços e obras poderão, mediante prévia justificativa da autoridade competente, exigir que o contratado promova, em favor de órgão ou entidade integrante da Administração Pública ou daqueles por ela indicados a partir de processo isonômico, medidas de compensação comercial, industrial ou tecnológica ou acesso a condições vantajosas de financiamento, cumulativamente ou não, na forma estabelecida pelo Poder Executivo federal.*

Alargando a abrangência, o §6º, tal como estabelecia o §11 do art. 3º da Lei nº 8.666/1993, prescreve que os editais licitatórios para a contratação de bens, serviços e obras poderão, mediante prévia justificativa da autoridade competente, exigir que o contratado promova, em favor de órgão ou entidade integrante da Administração Pública ou daqueles por ela indicados a partir de processo isonômico, medidas de compensação comercial, industrial, tecnológica ou acesso a condições

---

[152] JUSTEN FILHO. *Comentários à lei de licitações e contratos administrativos.*

vantajosas de financiamento, cumulativamente ou não, na forma estabelecida pelo Poder Executivo federal.[153]

Tal prática vem sendo adotada no Brasil nas negociações procedidas junto a fornecedores estrangeiros para aquisição de materiais de defesa, quando se exige o compromisso do oferecimento de contrapartidas comerciais, industriais e tecnológicas, conhecidos como Acordos de Compensação (*offset*), conforme previsto na Portaria Normativa nº 764/2002 do Ministério da Defesa (MD).[154]

Essa portaria define *offset* como toda e qualquer prática compensatória acordada entre as partes, como condição para a importação de bens, serviços e tecnologia, com a intenção de gerar benefícios de natureza industrial, tecnológica e comercial.[155]

Como obtempera Christian Hadjiminas,

> os *offsets* são uma necessidade para cada país em desenvolvimento ativo não por causa dos empregos diretamente criados, mas principalmente porque eles 'forçam' grandes multinacionais tecnológica e administrativamente avançadas a gastar algum de seu valioso capital de inteligência para enfocar questões com as quais os políticos lutam. Os governos precisam desse intercâmbio de ideias mesmo que eles aconteçam por causa de

---

[153] O art. 6º do Decreto nº 7.546/2011 apenas repetiu o texto legal, acrescentando que, para tal, há de se atender à forma prevista no seu art. 5º (que informa que o decreto que estabelecer as margens de preferência discriminará a abrangência de sua aplicação e poderá fixar o universo de normas técnicas brasileiras aplicáveis por produto, serviço, grupo de produtos e grupo de serviços) e dispondo, em parágrafo único, quanto à necessidade de observância do §3º do art. 7º do Estatuto (que veda incluir no objeto da licitação a obtenção de recursos financeiros para sua execução, qualquer que seja a sua origem, exceto nos casos de empreendimentos executados e explorados sob o regime de concessão, nos termos da legislação específica): "Art. 6º Os editais de licitação para a contratação de bens, serviços e obras poderão, mediante prévia justificativa da autoridade competente, exigir que o contratado promova, em favor de órgão ou entidade integrante da administração pública ou daqueles por ele indicados, a partir de processo isonômico, medidas de compensação comercial, industrial, tecnológica ou de acesso a condições vantajosas de financiamento, cumulativamente ou não, na forma estabelecida em decreto, nos termos do art. 5º. Parágrafo único. A aplicação das condições vantajosas de financiamento para serviços e obras de que trata o §11 do art. 3º da Lei nº 8.666, de 1993, observará o disposto no §3º do art. 7º da referida Lei".

[154] A portaria adota como pano de fundo para sua existência o art. 218 da CF e seu §2º: "Art. 218. O Estado promoverá e incentivará o desenvolvimento científico, a pesquisa e a capacitação tecnológicas. [...] §2º A pesquisa tecnológica voltar-se-á preponderantemente para a solução dos problemas brasileiros e para o desenvolvimento do sistema produtivo nacional e regional".

[155] Por sua vez, a Comissão das Nações Unidas sobre o Direito Comercial Internacional (UNCITRAL) adota o seguinte conceito: "Consiste no fornecimento de bens de alto valor ou de tecnologia avançada, que podem incluir a transferência de tecnologia e conhecimentos técnicos, promoção de investimentos e medidas que facilitem o acesso a determinado mercado".

um gentil empurrão, compromisso contratual 'forçado'. Talvez seja seu único modo de 'forçar' uma grande e mais avançada multinacional a acessar seus recursos e conhecimentos e tentar lidar com as necessidades do país. Além disso, eles precisam daquelas empresas 'superiores' em muitos casos posicionadas no mercado para chamar e convidar o resto da atenção do mundo para aquele país específico.[156]

Aprovada pelo Decreto nº 6.703/2008, a Estratégia Nacional de Defesa (END) foi concebida e associada, também, à ideia de estratégia nacional de desenvolvimento, criando condições ao Estado brasileiro de construir seu próprio modelo, utilizando-se das tecnologias e dos conhecimentos de defesa como uma ferramenta de fomento ao desenvolvimento nacional. Dentre as diretrizes estabelecidas pela Estratégia Nacional de Defesa, destaca-se a capacitação da Base Industrial de Defesa (BID) em prol da autonomia em tecnologias indispensáveis à defesa. Especificamente, no capítulo em que a END trata da estruturação das Forças Armadas, em relação aos seus equipamentos de defesa, o planejamento deve priorizar a compensação comercial, industrial e tecnológica.[157]

Foi editada, então, a Lei nº 12.598/2012, dispondo sobre normas especiais para as compras, as contratações e o desenvolvimento de produtos e de sistemas de defesa e regras de incentivo à área estratégica de defesa,[158] a qual, dentre outros institutos, tratou da definição de "Compensação" e "Acordo de Compensação" em seu art. 2º, incs. VII e VIII:

> VII – Compensação – toda e qualquer prática acordada entre as partes, como condição para a compra ou contratação de bens, serviços ou

---

[156] HADJIMINAS. Por que off-set? *In*: WARWAR. *Panorama da prática do off-set no Brasil.*
[157] SILVA. Acordo de compensação (*offset*) em itens de defesa: uma perspectiva do setor aeronáutico.
[158] Sobre o tema, observe-se a Portaria nº 4.182/2020, do Ministério da Defesa, que estabelece normas para a elaboração e tramitação do Termo de Licitação Especial – TLE, que, conforme o art. 3º da Lei nº 12.598/2012, é o documento precedente dos procedimentos licitatórios que tenham por objeto as aquisições destinadas: a) exclusivamente à participação de Empresa Estratégica de Defesa quando envolver fornecimento ou desenvolvimento de Produto Estratégico de Defesa (PED); b) exclusivamente à compra ou à contratação de Produto de Defesa (PRODE) ou Sistema de Defesa (SD) produzido ou desenvolvido no País ou que utilize insumos nacionais ou com inovação desenvolvida no País, e, ainda, caso o SD envolva PED, conforme o disposto no item anterior; e c) a assegurar à empresa nacional produtora de PRODE ou à Instituição Científica, Tecnológica e de Inovação, no percentual e nos termos fixados no edital e no contrato, a transferência do conhecimento tecnológico empregado ou a participação na cadeia produtiva.

tecnologia, com a intenção de gerar benefícios de natureza tecnológica, industrial ou comercial, conforme definido pelo Ministério da Defesa; VIII – Acordo de Compensação – instrumento legal que formaliza o compromisso e as obrigações do fornecedor para compensar as compras ou contratações realizadas.

A adoção do *offset* tem ocorrido em diversos países por configurar ferramenta eficaz não só na criação de alternativas que possibilitam maior inserção internacional, como também para o fortalecimento tecnológico e o desenvolvimento industrial.

Observe que a transferência de tecnologia ou licenciamento de direito de uso ou de exploração de criação protegida, nas contratações realizadas por instituição científica, tecnológica e de inovação (ICT) pública ou por agência de fomento, foi elencada na Nova Lei como motivo para dispensa de licitação, conforme disposto na alínea d, inc. IV, do art. 75, a cujos comentários remetemos o leitor.

> **Das Licitações Internacionais**
> **Art. 52.** Nas licitações de âmbito internacional, o edital deverá ajustar-se às diretrizes da política monetária e do comércio exterior e atender às exigências dos órgãos competentes.
> §1º Quando for permitido ao licitante estrangeiro cotar preço em moeda estrangeira, o licitante brasileiro igualmente poderá fazê-lo.
> §2º O pagamento feito ao licitante brasileiro eventualmente contratado em virtude de licitação nas condições de que trata o §1º deste artigo será efetuado em moeda corrente nacional.
> §3º As garantias de pagamento ao licitante brasileiro serão equivalentes àquelas oferecidas ao licitante estrangeiro.
> §4º Os gravames incidentes sobre os preços constarão do edital e serão definidos a partir de estimativas ou médias dos tributos.
> §5º As propostas de todos os licitantes estarão sujeitas às mesmas regras e condições, na forma estabelecida no edital.
> §6º Observados os termos desta Lei, o edital não poderá prever condições de habilitação, classificação e julgamento que constituam barreiras de acesso ao licitante estrangeiro, admitida a previsão de margem de preferência para bens produzidos no País e serviços nacionais que atendam às normas técnicas brasileiras, na forma definida no art. 26 desta Lei.

ARTIGO 52

1 As licitações internacionais e o ajustamento às diretrizes da política monetária e do comércio exterior

> Art. 52. Nas licitações de âmbito internacional, o edital deverá ajustar-se às diretrizes da política monetária e do comércio exterior e atender às exigências dos órgãos competentes.

Desde o vetusto Decreto-Lei nº 200/1967 – primeiro diploma legal a estabelecer regras mais específicas sobre licitações no Direito Administrativo brasileiro –, que se discute o que seria uma licitação internacional. Ao dispor que as *licitações de âmbito internacional* deveriam se ajustar às diretrizes estabelecidas pelos órgãos responsáveis pela política monetária e pela política de comércio exterior, o normativo deu partida ao tema, mas não era nada esclarecedor.

Depois, o pioneiro estatuto de licitações e contratações públicas nacional, o Decreto-Lei nº 2.300/1986, apesar de trazer mais menções ao termo, também não esclarecia a questão, pois repetia, em seu art. 34, a regra do normativo anterior. Contudo, oferecia ao menos uma pista, quando informava, no §10 do art. 25, que as empresas estrangeiras que não funcionassem no País atenderiam, nas licitações internacionais, às exigências habilitatórias mediante documentos equivalentes, autenticados pelos respectivos Consulados e traduzidos por tradutor juramentado, sob a condição de estarem consorciadas com empresas nacionais.

A norma posterior, a famosa Lei nº 8.666/1993, na mesma trilha, dispunha sobre o tema nos §§4º e 6º do art. 32,[159] bem como no art. 42 – o qual prelecionava que, nas concorrências de âmbito internacional, o edital licitatório deveria ajustar-se às diretrizes da política monetária e do comércio exterior e atender às exigências dos órgãos competentes.[160] Desses dispositivos, inferia-se que o diploma se referia a certames licitatórios nos quais se permitia a participação de licitantes brasileiros e

---

[159] Art. 32. [...] §4º As empresas estrangeiras que não funcionem no País, tanto quanto possível, atenderão, nas licitações internacionais, às exigências dos parágrafos anteriores mediante documentos equivalentes, autenticados pelos respectivos consulados e traduzidos por tradutor juramentado, devendo ter representação legal no Brasil com poderes expressos para receber citação e responder administrativa ou judicialmente.
[...]
§6º O disposto no §4º deste artigo, no §1º do art. 33 e no §2º do art. 55, não se aplica às licitações internacionais para a aquisição de bens e serviços cujo pagamento seja feito com o produto de financiamento concedido por organismo financeiro internacional de que o Brasil faça parte, ou por agência estrangeira de cooperação, nem nos casos de contratação com empresa estrangeira, para a compra de equipamentos fabricados e entregues no exterior, desde que para este caso tenha havido prévia autorização do Chefe do Poder Executivo, nem nos casos de aquisição de bens e serviços realizada por unidades administrativas com sede no exterior.

[160] Art. 42. Nas concorrências de âmbito internacional, o edital deverá ajustar-se às diretrizes da política monetária e do comércio exterior e atender às exigências dos órgãos competentes.
§1º Quando for permitido ao licitante estrangeiro cotar preço em moeda estrangeira, igualmente o poderá fazer o licitante brasileiro.
§2º O pagamento feito ao licitante brasileiro eventualmente contratado em virtude da licitação de que trata o parágrafo anterior será efetuado em moeda brasileira, à taxa de câmbio vigente no dia útil imediatamente anterior à data do efetivo pagamento.
§3º As garantias de pagamento ao licitante brasileiro serão equivalentes àquelas oferecidas ao licitante estrangeiro.
§4º Para fins de julgamento da licitação, as propostas apresentadas por licitantes estrangeiros serão acrescidas dos gravames consequentes dos mesmos tributos que oneram exclusivamente os licitantes brasileiros quanto à operação final de venda.

estrangeiros não estabelecidos no Brasil, respeitando-se as diretrizes mencionadas.

Analisando todo esse conteúdo, definimos em livro específico[161] que licitação internacional seria o procedimento competitivo formal que a Administração Pública estaria obrigada a estabelecer quando estivesse buscando adquirir um bem ou contratar um serviço que pudesse ser fornecido ou prestado tanto por uma empresa brasileira quanto por uma empresa estrangeira.

Na mesma toada, Mário Lúcio Soares e Rafael Tanure, ao considerarem que

> licitação pública internacional brasileira é um procedimento formal obrigatório da Administração Pública direta e indireta, nos termos da lei, o qual faculta a participação de empresas nacionais e internacionais, sendo normatizada por disposições internas e externas, as quais são, conjunta e sistematicamente, parte do ordenamento jurídico pátrio.[162]

Jonas Lima, ferrenho defensor da não restrição à participação de licitantes estrangeiros em "licitações nacionais", sob a justificativa de que o inc. XXI do art. 37 da CF "estabelece, de forma genérica, que o processo de licitação deve assegurar igualdade de condições a todos que concorrerem",[163] conceituou a licitação pública internacional como sendo

> o procedimento de contratação obrigatório quando, em razão de limitações ou condições do mercado nacional, o Estado precisa, necessariamente, convocar de forma expressa e em meios nacionais e internacionais de divulgação, licitantes estrangeiros a participarem da disputa e cujo edital convocatório é especialmente preparado para isso.[164]

---

[161] BITTENCOURT. *Licitações internacionais*. 3. ed.

[162] SOARES; TANURE. A licitação internacional como instrumento de integração.

[163] O inc. XXI do art. 37 da CF determina isonomia de condições na participação em licitações. Contudo, como ver-se-á mais à frente, o ordenamento jurídico pátrio, na esfera das contratações públicas, define que dar-se-á similaridade de tratamento a empresas estrangeiras em funcionamento no país. É nessa condição que ter-se-ão as chamadas *licitações nacionais*. Assim, na hipótese de o certame ocorrer no âmbito interno (licitação nacional), somente estarão aptas a participar as pessoas estabelecidas no Brasil, sejam nacionais ou estrangeiras. Caso o certame ultrapasse as fronteiras do país, franquear-se-á a participação a qualquer pessoa que atue no ramo pretendido, independentemente do local que esteja estabelecida, guardadas as devidas reservas em face da existência de possíveis impedimentos concernentes a algum tipo de litígio.

[164] LIMA. Os erros mais comuns nas licitações internacionais.

Quanto à possível polêmica sobre o termo 'obrigatório', arremata que

> tem-se a lembrar que em muitas situações concretas a disputa internacional é a única que viabiliza o atendimento de determinadas finalidades do Estado e, além disso, não se pode desprezar a vantagem de se evitar considerável quantidade de contratações diretas, por dispensa e inexigibilidade de licitação, além do que, o agente público deve atentar para a indisponibilidade do interesse público, pelo qual ele não pode abrir mão de conseguir economicidade e eficiência.[165]

Tentando dar um norte ao tema, o legislador da Nova Lei de Licitações procurou definir as licitações internacionais no inc. XXXV do art. 6º, reunindo os dispositivos a elas inerentes na Subseção V – Licitações Internacionais, última subseção da Seção IV – Disposições Setoriais, fechando o Capítulo II – Da fase preparatória.

Indubitavelmente, a inserção de uma definição configura boa solução, pois, como os diplomas legais anteriores não eram definidores, as diversas interpretações doutrinárias provocavam insegurança jurídica.

Segundo o inc. XXXV supracitado, *licitação internacional* é a competição licitatória processada em território nacional na qual é admitida a participação de licitantes estrangeiros, com a possibilidade de cotação de preços em moeda estrangeira, ou licitação na qual o objeto contratual pode ou deve ser executado no todo ou em parte em território estrangeiro.

É uma definição razoável, mas, por certo, poderia ser mais completa.

Minudenciando a definição, verifica-se que, para que se configure uma licitação internacional:

a) a competição deverá ocorrer no Brasil;
b) admitir-se-á a participação de estrangeiros;
c) possibilitar-se-á a cotação de preços em moeda estrangeira; e
d) o objeto poderá ser executado, no todo ou em parte, fora do País.

O *caput* deste art. 52 disciplina, como primeira regra nas licitações de âmbito internacional, que o edital deverá ajustar-se às diretrizes da

---

[165] LIMA. *Licitação Pública Internacional no Brasil*.

política monetária e do comércio exterior e atender às exigências dos órgãos competentes, exatamente como prescrevia o art. 42, *caput*, da Lei nº 8.666/1993. Assim, com o intuito de ampliar o universo da competição licitatória para a obtenção de tecnologias mais avançadas ou a redução de preços de monopólios nacionais, repete o dispositivo, abrindo o leque às empresas internacionais, com domicílio em outros países, desde que sujeitas às diretrizes impostas por órgãos responsáveis pelos aspectos de políticas monetárias (Conselho Monetário Nacional – CMN[166] e Banco Central do Brasil – BACEN)[167] e de comércio exterior (Ministério das Relações Exteriores; Ministério da Economia, onde se destacam a Secretaria da Receita Federal – SRF,[168] a Secretaria de Comércio Exterior – SECEX[169] e a Câmara de Comércio Exterior – CAMEX[170] etc.), bem como de outros órgãos que disciplinam a implantação e a organização da matéria no Brasil.[171]

---

[166] Criado pela Lei nº 4.595, de 31.12.1964, é a entidade normativa superior do sistema financeiro nacional, responsável pela fixação das diretrizes da política monetária, creditícia e cambial do País.

[167] Que estabelece normas sobre as operações de câmbio no comércio exterior, além de fiscalizar e controlar sua aplicação.

[168] Responsável pela administração dos tributos internos e aduaneiros da União e pela fiscalização das entradas e saídas de produtos do País e arrecadar os direitos aduaneiros sobre as importações brasileiras. Por intermédio do Sistema Integrado de Comércio Exterior (SISCOMEX), analisa *online* as operações de exportação.

[169] Que possui as seguintes atribuições e objetivos: ampliar a participação do Brasil no comércio mundial; formular propostas de políticas e programas de comércio exterior, estabelecendo normas para sua implementação; coordenar a aplicação de defesa contra práticas desleais de comércio, bem como de medidas de salvaguardas comerciais; apoiar a participação brasileira em negociações de comércio exterior; aperfeiçoar o sistema operacional de comércio exterior brasileiro; e disseminar informações sobre comércio exterior.

[170] A Câmara de Comércio Exterior (CAMEX), consoante o prescrito no Decreto nº 11.428, de 2.03.2023, tem por objetivo a formulação, a adoção, a implementação e a coordenação de políticas e de atividades relativas ao comércio exterior de bens e serviços, aos investimentos estrangeiros diretos, aos investimentos brasileiros no exterior e ao financiamento às exportações, com vistas a promover o aumento da produtividade da economia brasileira e da competitividade internacional do País, devendo observar na implementação dessa política: a) os compromissos internacionais firmados pelo País, no âmbito das matérias de que trata o *caput*; b) o papel do comércio exterior como instrumento para a promoção do crescimento da produtividade da economia nacional; e c) as políticas de atração de investimento estrangeiro direto, de promoção de investimento brasileiro no exterior e de transferência de tecnologia, que complementam a política de comércio exterior.

[171] Jonas Lima alerta que, em primeiro lugar, tratando-se de importações diretas, não se pode deixar de observar minimamente o Decreto nº 6.759/2009, que regulamenta a administração das atividades aduaneiras, e a fiscalização, o controle e a tributação das operações de comércio exterior, conhecido como "Regulamento Aduaneiro". O citado decreto estabelece, em seu artigo 550, que "a importação de mercadoria está sujeita, na forma da legislação específica, a licenciamento, por meio do Siscomex", constando em seu parágrafo primeiro

Sobre o tema, a dicção de Jonas Lima:

> O edital deve estar preparado com cláusulas que viabilizam a elaboração de propostas com Termos de Comércio Internacional – INCOTERMS, Nomenclatura Comum do Mercosul – NCM, conformidade com Regulamento Aduaneiro, regras sobre a eventual importação pelo ente público, além de anuências como aquelas da ANVISA, da ATANEL, do Exército e de outros entes ligados ao controle de comércio exterior.[172]

Tais fatores aliados, em certas situações, à proteção à indústria nacional, são aceitos pela Constituição brasileira e pelo Direito Internacional como formas de exceção ao tratamento igualitário, tendo sido, em consequência, claramente previstos no dispositivo em comento.

É como assentou Rafael Schwind, fundando-se, inclusive, em precedentes anteriores do TCU:

> que "a manifestação de outros órgãos, a cujo controle a mercadoria importada estiver sujeita, também ocorrerá por meio do Siscomex". Já a Portaria nº 23/2011, da Secretaria de Comércio Exterior do Ministério do Desenvolvimento, Indústria e Comércio Exterior, que dispõe sobre as operações de comércio exterior, determina, em seu artigo 4º, que "os órgãos da administração direta e indireta que atuam como intervenientes no comércio exterior serão credenciados nos módulos administrativos Siscomex para se manifestarem acerca das operações relativas às suas áreas de competência, quando previsto em legislação específica". Existem vários órgãos anuentes no Siscomex, podendo haver necessidade de anuência de mais de um deles, simultaneamente, para que determinado produto possa ser importado para o Brasil, inclusive, em casos de licenciamento não automático, ou seja, antes do embarque da mercadoria no país de origem. São órgãos anuentes: Agência Nacional do Cinema (Ancine), Agência Nacional de Energia Elétrica (Aneel), Agência Nacional de Petróleo (ANP), Agência Nacional de Vigilância Sanitária (Anvisa), Comando do Exército, do Ministério da Defesa (COMEXE), Comissão de Coordenação do Transporte Aéreo Civil (Cotac), Comissão Nacional de Energia Nuclear (CNEN), Departamento de Operações de Comércio Exterior (DECEX), Departamento de Polícia Federal (DPF), Departamento Nacional de Produção Mineral (DNPM), Empresa Brasileira de Correios e Telégrafos (EBCT), Instituto Brasileiro do Meio Ambiente e dos Recursos Naturais Renováveis (Ibama), Instituto Nacional de Metrologia, Normalização e Qualidade Industrial (Inmetro), Ministério da Agricultura, Pecuária e Abastecimento (MAPA), Ministério da Ciência e Tecnologia (MCT), Ministério da Defesa, Secretaria de Produção e Agroenergia (SPAE), Superintendência da Zona Franca de Manaus (Suframa). Por outro lado, ainda devem ser consideradas as leis, os decretos e as normas editadas não apenas nas áreas dos órgãos anuentes, mas também a legislação aplicável e a editada por órgãos brasileiros de regulação e fiscalização profissional. Por exemplo, para licitações de obras e serviços de engenharia (construção, reforma etc.) – considerar que os Conselhos Regionais de Engenharia, Arquitetura, Agronomia (Creas) seguem a Lei nº 5.194/66, relativa ao exercício das profissões de engenheiro, arquiteto e engenheiro-agrônomo, além de outros diplomas normativos e, ainda, aos atos editados pelo Confea (Conselho Federal), cujas atribuições advêm da lei e com base nelas são editadas normas, por exemplo, relativas ao acervo de atestados de capacidade técnica – qualificação (LIMA. Licitações internacionais e exigências dos órgãos competentes).

---

[172] LIMA. As Licitações Internacionais e a Nova Lei de Licitações.

Em princípio, qualquer pessoa, nacional ou estrangeira, que preencha os requisitos estabelecidos pela lei e pelo edital poderá participar da licitação. Seria inconstitucional, por ofensa à isonomia, vedar a participação de estrangeiros em licitações públicas. Há, contudo, atividades cujo exercício se restringe aos brasileiros ou a empresas cujo controle é exercido por brasileiros. Nesses casos, serão admitidas restrições e vedações à participação de estrangeiros em licitações, desde que sejam previstas em lei e compatíveis com a Constituição. Em outras palavras, admite-se em tese a constitucionalidade de vedações legais à participação de estrangeiros em licitações públicas no Brasil, desde que haja uma relação direta entre a vedação e a proteção do interesse pátrio – que poderá resultar eventualmente em um dispêndio maior de recursos públicos do que ocorreria com a contratação de um licitante estrangeiro.[173]

Nesse sentido, Marcos Juruena já observara com acuidade:

> Ora, no sistema presidencialista de Governo adotado no Brasil e ratificado por consulta plebiscitária, quem formula tais políticas é o Presidente da República, através da iniciativa de leis e tratados internacionais (CF, art. 84, III, VII, VIII e IX, art. 165 e §4º, art. 49, I) com aprovação do Congresso Nacional. Portanto, se, apesar da existência da possibilidade de economizar reservas ou de proteger a indústria nacional, é aberta uma licitação internacional, o interesse é ampliar ao máximo o universo da competição, sem discriminações outras que não aquelas já mencionadas na Lei Maior (...). O interesse público a ser atendido com o procedimento licitatório é adquirir o bem ou serviço, não importa de quem. O fim não pode ser ignorado pelo meio. Aplicam-se, pois, como regra, os princípios constitucionais, bem como os específicos das licitações.[174]

A política de comércio exterior baseia-se na expansão do sistema industrial, com forte atuação na produção e no mercado interno, dela decorrendo o resguardo contra práticas desleais de comércio (*dumping* e outros).

Ainda quanto à questão, obtempera Marçal Justen:

> A previsão de pagamento em moeda estrangeira acarreta implicações quanto à política financeira nacional. Há a necessidade de compatibilização das condições previstas relativamente às orientações atinentes à

---

[173] SCHWIND. *Licitações internacionais*: participação de estrangeiros e licitações realizadas com financiamento externo. 3. ed.
[174] SOUTO. *Direito Administrativo Contratual*. 3. ed.

política financeira. [...] Nos casos em que o pagamento for feito em moeda estrangeira [...] haverá necessidade de compatibilizar a contratação com a política monetária e com o controle sobre a moeda exercitados pela União. Deverá cogitar-se não apenas da previsão de recursos orçamentários. É imprescindível determinar a disponibilidade de recursos em moeda estrangeira. Para tanto, consultar-se-ão os mecanismos nacionais que disciplinam o câmbio e os pagamentos em moeda estrangeira. Por igual, é preciso observar as formulações políticas acerca de comércio exterior. Isso envolve o exame das normas sobre importação de bens e serviços. As regras do edital deverão ser adequadas à legislação pertinente. Se, por exemplo, a execução da contratação acarretar importação vedada pela legislação, o edital será inválido.[175]

Registre-se, também, a existência de outros fatores a serem também considerados nas licitações internacionais: a) grupos econômicos de que o Brasil faça parte; b) grupos econômicos com os quais o Brasil tenha estabelecido acordo de cooperação; e c) tratados firmados.

Nesse viés, ao ponderar que o chamamento ou a aceitação de competidores internacionais agrega imensas variáveis complementares, Coelho Motta pondera que o ajustamento dos proponentes estrangeiros às diretrizes da política monetária nacional e do comércio exterior constitui um grande desafio, porquanto, apesar da globalização, permanecem, e devem ser levadas em conta, variáveis como a diversidade da legislação, amarras alfandegárias e protecionismos.[176]

Marcos Juruena ainda distingue a necessidade de atendimento aos padrões mínimos de proteção à propriedade intelectual, às normas da ONU sobre conduta das corporações transnacionais e sobre defesa do meio ambiente, no que concerne ao produto adquirido ou à técnica empregada, no que deve ser pesado no julgamento.[177]

É relevante destacar, não podendo discrepar da diretriz de planejamento que norteia todas as competições na Lei nº 14.133, que, nas licitações internacionais, se faz mister, mais do que nunca, o atendimento a essa orientação. Temos insistido à exaustão que um dos pontos fundamentais das contratações públicas é o planejamento minucioso. E isso se maximiza nas licitações internacionais. Planejar é o processo desenvolvido para alcance de uma situação desejada de um modo

---

[175] JUSTEN FILHO. *Comentários à lei de licitações e contratos administrativos.*
[176] MOTTA. *Eficácia nas licitações e contratos.* 10. ed.
[177] SOUTO. *Direito Administrativo Contratual.* 3. ed.

eficiente, eficaz e efetivo, com o maior aproveitamento de esforços e recursos disponíveis, correspondendo a um conjunto de providências a serem tomadas para promoção de um futuro diferente do passado, em torno de variáveis possíveis de serem atacadas pela organização planejadora.[178] Assim, nas contratações, a Administração deve planejar previamente, de modo a identificar necessidades e, a partir desse diagnóstico, definir todas as especificações que comporão o objeto a ser adquirido. Realizado o planejamento, deverá voltar-se para o mercado e examinar as opções disponíveis, escolhendo a de melhor relação custo-benefício.

Atualmente, o planejamento estratégico constitui a principal ferramenta de gerenciamento de uma organização, seja ela pública ou privada. Na medida em que é realizado, os ambientes político (externo) e administrativo (interno) da organização passam por importantes mudanças, determinando o emprego de uma variedade de técnicas gerenciais de enfrentamento.

Destarte, observa Victor Amorim:

> O adequado planejamento é a garantia mínima para satisfazer à necessidade da Administração, uma vez que licitação por si mesma não assegura que foi de fato atendida a demanda que motivou a realização de todo o procedimento. Com base numa lógica de eficiência no agir administrativo, a contratação deve ser compreendida de modo sistêmico, pois há uma intrínseca e lógica correlação entre os ciclos da contratação pública: planejamento, seleção do fornecedor e contratação.[179]

Nesse diapasão, Jonas Lima registra a permanente necessidade de planejamento e de cautelas específicas nos certames internacionais:

> Não basta considerar que as licitações internacionais tendem a dar cumprimento ao princípio da eficiência, inserido no *caput* do art. 37, ou ao princípio da economicidade, previsto no *caput* do art. 70, ambos da CF. Para que a licitação internacional cumpra, na prática, com a finalidade de chegar à seleção da proposta mais vantajosa para a Administração Pública, é necessário um cuidadoso planejamento que, aliás, é princípio fundamental previsto no art. 6º do Decreto-Lei nº 200/67. Nunca se deve realizar uma licitação internacional sem analisar e prever todo o seu contexto. Por exemplo, não é vantajoso comprar máquinas, equipamentos

---

[178] ROVER. *Noções básicas de planejamento.*
[179] AMORIM. *Licitações e contratos administrativos – teoria e prática.* 4. ed.

ou veículos importados, que precisam de manutenção periódica, preventiva e corretiva e de assistência técnica em geral, sem antes saber quem fará esse trabalho no Brasil. Pode ser melhor preparar logo o edital já contendo a previsão para que esses serviços sejam executados por um parceiro brasileiro, caso a empresa estrangeira não tenha presença no Brasil. Nesse caso, máquinas, equipamentos ou veículos importados que estejam danificados ou sem peças de reposição representam prejuízo, o que não pode ocorrer.[180]

1.1 Conflito entre a definição legal e as regras do acordo de compras governamentais da organização mundial do comércio

Como visto, a Nova Lei de Licitações informa que *licitação internacional* é a competição licitatória processada em território nacional na qual é admitida a participação de licitantes estrangeiros, com a possibilidade de cotação de preços em moeda estrangeira, ou licitação na qual o objeto contratual pode ou deve ser executado no todo ou em parte em território estrangeiro.

De certa forma, a definição legal conflita com as intenções relativamente recentes do governo brasileiro, que, conforme já esposado, durante o Fórum Econômico Mundial, em Davos (Suíça), em janeiro de 2020, manifestou interesse em aderir ao *Acordo de Compras Governamentais da Organização Mundial do Comércio* (GPA, na sigla em inglês), acordo plurilateral que estabelece para os países signatários uma série de compromissos em matéria de transparência e acesso aos mercados de compras públicas, tendo como meta promover a abertura mútua das compras governamentais, sem distinção de origem, imposição de barreiras para itens importados ou margem de preferência para produtos domésticos.[181]

Dando ensejo a essa intenção de adesão, num primeiro passo, foi editada a Instrução Normativa nº 10/2020, que simplificou a participação de empresas estrangeiras em licitações públicas nacionais.

A instrução, que tem como escopo alterar a IN nº 3/2018, a qual estabelece regras de funcionamento do Sistema de Cadastramento Unificado de Fornecedores (SICAF) no âmbito do Poder Executivo

---

[180] LIMA. *Licitação Pública Internacional no Brasil*.
[181] Com a mudança de comando federal, em recente pleito eleitoral, não se sabe se essa diretriz será mantida.

federal, insere um artigo que versa sobre a participação em licitações nacionais de empresas estrangeiras que não funcionem no Brasil.[182] Assim, pela IN nº 10/2020, para participar de uma licitação nacional, a única exigência para a empresa estrangeira seria a inclusão no Sistema de Cadastramento Unificado de Fornecedores (SICAF).[183]

Pois bem, o conceito de licitações internacionais da Nova Lei, com a menção de que sua ocorrência dar-se-á quando estrangeiros participam de licitações, viabiliza o entendimento de que se estaria excluindo a possibilidade de participação de empresas estrangeiras em licitações nacionais.

E mais: o §6º, que se avaliará mais amiúde à frente, e que, ao estabelecer que o edital não poderá prever condições de habilitação, classificação e julgamento que constituam barreiras de acesso ao licitante estrangeiro, chega a acenar ao GPA, também conflita com a ideia ao possibilitar a previsão de margem de preferência para bens produzidos no País e serviços nacionais que atendam às normas técnicas brasileiras.

Nesse contexto, Nicolau Maldonado observa:

> Enfim, parece seguro dizer que a nova Lei de Licitações [...] apresenta alguns entraves à plena adesão brasileira ao GPA. Isso porque existem institutos que claramente discriminam concorrentes estrangeiros. É bem verdade que adotar ou não margem de preferência numa licitação é discricionariedade da Administração, porém, a mera possibilidade

---

[182] Art. 20-A. As empresas estrangeiras que não funcionem no País, para participarem dos procedimentos de licitação, dispensa, inexigibilidade e nos contratos administrativos, poderão se cadastrar no Sicaf, mediante código identificador específico fornecido pelo sistema, observadas as seguintes condições:
I – os documentos exigidos para os níveis cadastrais de que trata o art. 6º poderão ser atendidos mediante documentos equivalentes, inicialmente apresentados com tradução livre; e
II – para fins de assinatura do contrato ou da ata de registro de preços:
a) os documentos de que trata o inciso I deverão ser traduzidos por tradutor juramentado no País e apostilados nos termos do disposto no Decreto nº 8.660, de 29 de janeiro de 2016, ou de outro que venha a substituí-lo, ou consularizados pelos respectivos consulados ou embaixadas; e
b) deverão ter representante legal no Brasil com poderes expressos para receber citação e responder administrativa ou judicialmente.
§1º No caso de inexistência de documentos equivalentes para os níveis cadastrais de que trata o inciso I, o responsável deverá declarar a situação em campo próprio no Sicaf.
§2º A solicitação do código de acesso de que trata o caput deverá se dar nos termos do disposto no Manual do Sicaf, disponível no Portal de Compras do Governo Federal.

[183] Sobre a IN, verifique-se o capítulo a seguir, com transcrição de artigo que escrevemos sobre o tema.

jurídica, per se, revela incompatibilidade da legislação brasileira com o acordo.[184]

No mesmo diapasão, as reflexões de Luis Felipe Silveira:

> O paradoxo, aqui, se dá justamente pelo fato de o referido acordo ter como efeito principal a destruição das barreiras que limitam ou impedem, de alguma forma, a competição igualitária entre fornecedores locais e estrangeiros. O texto do acordo é claro: ele reconhece as compras públicas como instrumento para o fortalecimento do comércio global e que as disposições legais nacionais sobre contratações públicas de cada um dos aderentes ao acordo não deveriam contemplar privilégios a fornecedores locais ou mesmo promover a discriminação entre licitantes nacionais e estrangeiros.[185]

Também Pereira e Schwind, ao observarem que esse desejo pode parecer contraintuitivo,

> uma vez que o Brasil possui o maior mercado interno da América Latina e apresenta historicamente traços que, à primeira vista, são contrários aos princípios e mecanismos do GPA, como preferências nacionais com extensão limitada aos Estados do Mercosul, forte uso de recursos governamentais em compras para avançar em políticas públicas, como a proteção de PMES, a promoção de práticas trabalhistas ou ambientais preferenciais e acordos de compensação em muitas compras internacionais.[186]

Avaliando a matéria sob a ótica de ser ou não interessante a adesão do Brasil ao acordo sobre compras governamentais da OMC, Monassa e Leonelli a reprovam:

> A questão de se pensar os efeitos da adoção de legislação internacional no âmbito nacional ultrapassa questões jurídicas. Cada modificação no ordenamento jurídico traz implicações econômicas, políticas e sociais. Dessa feita, no caso em tela, sendo os sistemas parecidos, a priori não haveria a necessidade de adesão ao Acordo, vez que a norma nacional já prevê o suficiente para garantir um procedimento célere e isonômico.

---

[184] MALDONADO. *A nova Lei de Licitações e o acordo de compras governamentais*.
[185] SILVEIRA. Acordo global de compras: fim dos privilégios aos fornecedores locais?
[186] PEREIRA; SCHWIND. *O GPA/OMC e a América Latina*: lições do processo de adesão do Brasil.

Por outro lado, a não adesão ao Acordo garantiria preferência aos produtores nacionais, o que atenderia ao disposto na Constituição sobre a promoção do desenvolvimento nacional, bem como a promoção do desenvolvimento nacional sustentável como finalidade do instituto da licitação. Além disso, as regras previstas no ordenamento nacional já preveem maneiras eficazes para igualar os participantes, sejam eles nacionais ou estrangeiros. Dessa maneira, não haveria óbices à participação de estrangeiros nos processos de compras nacionais, o que excluiria a necessidade, e ainda, não seria interessante, sob o ponto de vista jurídico, a adesão pelo Brasil do GPA.[187]

Para Ignácio Araújo Júnior,

na sequência da entrada de alguns países no GPA, houve um aumento na participação de produtos importados nas compras públicas, indicando uma correlação entre a entrada no GPA e o aumento, ainda que pequeno, de produtos importados por parte do governo. Os resultados no modelo de equilíbrio geral indicam que tal substituição, na ausência de qualquer política de compensação comercial, pode gerar perdas de empregos na economia.[188]

1.1.1 Participação de empresas estrangeiras em licitações públicas nacionais: a ilegalidade da Instrução Normativa nº 10/2020

Sobre a IN nº 10/2020, escrevemos, *ainda na vigência da Lei nº 8.666/1993*, o artigo "A participação de empresas estrangeiras em licitações públicas nacionais: a ilegalidade da Instrução Normativa nº 10/2020", que transcrevemos a seguir, bem como entendimento divergente do Prof. Jonas Lima, disposto no artigo "Sicaf para estrangeiros é constitucional e legal".[189]

Mesmo tendo sido elaborado à época da lei anterior, cremos ser relevantes para o bom entendimento da questão.

Durante o Fórum Econômico Mundial, em Davos, na Suíça, em janeiro de 2020, o então ministro da Economia, Paulo Guedes, anunciou a intenção de o Brasil aderir ao Acordo de Compras Públicas, acordo

---

[187] MONASSA; LEONELLI. É interessante para o Brasil aderir ao acordo sobre compras governamentais da OMC?

[188] ARAÚJO JÚNIOR. *Uma análise dos custos e benefícios da entrada do Brasil no Acordo de Compras Governamentais da Organização Mundial do Comércio.*

[189] LIMA. Sicaf para estrangeiros é constitucional e legal.

plurilateral da Organização Mundial do Comércio (OMC) que estabelece para os países signatários uma série de compromissos em matéria de transparência e acesso aos mercados de compras públicas que tem como meta promover a abertura mútua das compras governamentais, sem distinção de origem, imposição de barreiras para itens importados ou margem de preferência para produtos domésticos.[190]

Nesse cenário, num primeiro passo para a concretização dessa meta, o governo federal, via o mesmo ministério, editou a Instrução Normativa nº 10/2020, simplificando a participação de empresas estrangeiras em licitações públicas nacionais.

A instrução, que tem como escopo alterar a IN nº 3/2018, que estabelece regras de funcionamento do Sistema de Cadastramento Unificado de Fornecedores – Sicaf no âmbito do Poder Executivo federal, insere um artigo que versa sobre a participação em licitações nacionais de empresas estrangeiras que não funcionem no Brasil.

> Art. 20-A. As empresas estrangeiras que não funcionem no País, para participarem dos procedimentos de licitação, dispensa, inexigibilidade e nos contratos administrativos, poderão se cadastrar no Sicaf, mediante código identificador específico fornecido pelo sistema, observadas as seguintes condições:
> I – os documentos exigidos para os níveis cadastrais de que trata o art. 6º poderão ser atendidos mediante documentos equivalentes, inicialmente apresentados com tradução livre; e
> II – para fins de assinatura do contrato ou da ata de registro de preços:
> a) os documentos de que trata o inciso I deverão ser traduzidos por tradutor juramentado no País e apostilados nos termos do disposto no Decreto nº 8.660, de 29 de janeiro de 2016, ou de outro que venha a substituí-lo, ou consularizados pelos respectivos consulados ou embaixadas; e
> b) deverão ter representante legal no Brasil com poderes expressos para receber citação e responder administrativa ou judicialmente.
> §1º No caso de inexistência de documentos equivalentes para os níveis cadastrais de que trata o inciso I, o responsável deverá declarar a situação em campo próprio no Sicaf.
> §2º A solicitação do código de acesso de que trata o caput deverá se dar nos termos do disposto no Manual do Sicaf, disponível no Portal de Compras do Governo Federal.

---

[190] Embora não seja signatário do acordo, o Brasil aderiu ao GPA, no 2º semestre de 2017, como membro observador.

Assim, pela IN nº 10/2020, para participar de uma licitação nacional, a única exigência será a inclusão da empresa estrangeira no Sistema de Cadastramento Unificado de Fornecedores (Sicaf). Posteriormente, para a assinatura do contrato, caso uma empresa estrangeira se sagre vencedora do certame, ou venha a ser selecionada para a assinatura da Ata de Registro de Preços (na hipótese de estar participando de uma licitação de registro de preços), é que: (a) os documentos exigidos para níveis cadastrais deverão ser traduzidos por tradutor juramentado no País e apostilados nos termos do disposto no Decreto nº 8.660, de 29.01.2016,[191] ou, alternativamente, serão consularizados pelos respectivos consulados ou embaixadas; e (b) será indicado o representante legal no Brasil, com poderes expressos para receber citação e responder administrativa ou judicialmente.

Em que pese o aparente avanço, com maximização da competitividade, essa normatização, a nosso ver, caracteriza subversão ao ordenamento jurídico vigente, já que as empresas estrangeiras sem autorização para funcionamento no Brasil só podem participar de licitações se tais certames tiverem por objeto prestações que não impliquem a incidência da vedação do art. 1.134 do Código Civil, tendo, em tais condições, amparo no art. 32, §4º, da Lei nº 8.666/1993, caracterizando uma licitação internacional.

É o que também explicitou Rafael Schwind, ao balizar as licitações nacionais e internacionais realizadas de acordo com a legislação brasileira:

> Mesmo uma licitação nacional realizada de acordo com a legislação brasileira admite a participação de concorrentes estrangeiros. A diferença é que, nas licitações nacionais realizadas de acordo com a legislação brasileira, o licitante estrangeiro, caso seja contratado, receberá seus pagamentos em moeda nacional e, para que haja a sua qualificação, e dependendo da natureza da prestação a ser executada, deverá comprovar que possui autorização para funcionamento no Brasil, na forma dos artigos 1.134 a 1.141 do Código Civil. Empresas com sede no exterior, portanto, podem participar de licitações nacionais, mas devem cumprir esses requisitos de ordem burocrática. Já nas licitações internacionais realizadas de acordo com a legislação nacional, os recursos podem ser de

---

[191] Decreto que promulgou a Convenção sobre a Eliminação da Exigência de Legalização de Documentos Públicos Estrangeiros, firmada pelo Brasil em Haia, em 5.10.1961, conhecida como "Convenção da Apostila", que estabelece que seus Estados Contratantes dispensarão, nas relações entre eles, o instituto da legalização de documentos estrangeiros.

origem doméstica ou estrangeira, mas a licitação é expressamente aberta a licitantes estrangeiros, inclusive que não estejam em funcionamento no Brasil. Portanto, nesses casos, como regra geral, o licitante estrangeiro não precisa ser previamente autorizado a operar no Brasil, e pode receber pagamentos em moeda estrangeira.[192]

No mesmo diapasão, Erica Requi:

A principal característica das licitações internacionais é a de expandir a possibilidade da participação de interessados na contratação. Ou seja, em vez de restringir o acesso ao certame somente aos licitantes nacionais ou estrangeiros com atuação regular dentro das fronteiras nacionais, a licitação internacional abre espaço para que interessados estrangeiros, sem qualquer relação com o Brasil (domicílio, atuação, entre outros), participem do certame. [...] é possível entender que empresa estrangeira é a sociedade constituída e organizada de acordo com a legislação de seu país de origem e onde mantém sua sede. Logo, se uma empresa é constituída na forma da legislação brasileira e neste país está sua sede, esta é uma empresa nacional. [...] Diante disso, se a licitação *é nacional*, para as empresas estrangeiras participarem desse certame, devem, como regra, estar instaladas no país e, por isso, é necessária a apresentação do decreto de autorização, na forma do inciso V do art. 28 da Lei nº 8.666/93. [...] Agora, se a licitação é *internacional*, as empresas estrangeiras que não possuem funcionamento no país poderão participar. Para tanto, basta a apresentação de documentos de habilitação equivalentes e a representação legal no Brasil, na forma do §4º do art. 32 da Lei nº 8.666/96. [...] Observe-se que a possibilidade de empresas estrangeiras que não funcionem no país participarem de licitações, em princípio, restringe-se às licitações internacionais. A licitação internacional, portanto, possibilita que particulares sediados no estrangeiro e constituídos com fundamento na legislação do seu país de origem participem do certame. Já as licitações nacionais são aquelas realizadas dentro das fronteiras do país, vale dizer, sem que se lance mão de medidas de divulgação e publicidade quanto à licitação no âmbito internacional. (Grifo da autora).[193]

E a inteligência de Marçal Justen:

A disciplina jurídica do funcionamento de empresas estrangeiras no Brasil consta dos arts. 1.134 a 1.141 do CC/2002. O princípio fundamental

---

[192] SCHWIND. *Licitações internacionais:* participação de estrangeiros e licitações realizadas com financiamento externo. 2. ed.
[193] REQUI. Licitação nacional x Licitação Internacional.

consiste em que as companhias estrangeiras não podem funcionar no Brasil sem uma autorização governamental. [...] A regulação prevista na Lei nº 8.666/1993 é muito menos rigorosa do que a do Código Civil. [...]. O Código Civil disciplina a concessão de autorização para companhias estrangeiras funcionarem no Brasil. A Lei regula a situação em que a empresa estrangeira não funcione no Brasil. Logo, os campos materiais de regulamentação dos dois diplomas são distintos. A empresa estrangeira, se desejar receber autorização para funcionar no Brasil, deverá cumprir as regras do Código Civil. Cumpridas tais regras, a sociedade sujeita-se a regime equivalente ao previsto para sociedades nacionais [...]. Logo, não se aplica às sociedades estrangeiras autorizadas a funcionar no Brasil o disposto no art. 32, §4º da Lei. Esse dispositivo regula, exclusivamente, a situação da sociedade estrangeira que, não tendo autorização, desejar participar de uma licitação. Se tal for permitido no ato convocatório, existirá uma licitação "internacional".[194]

Como é cediço, instruções normativas, assim como circulares, portarias, avisos etc., são atos que servem para que a Administração Pública organize as suas atividades, sendo denominados, no âmbito administrativista, de ordinatórios.

Funcionam, nesse contexto, como instrumentos de auxílio para a definição da organização interna.

Hely Lopes Meirelles os tinha em patamar bastante inferior, sustentando que deveriam consignar tão somente ordens escritas e gerais a respeito do modo e forma de execução de determinado serviço público, expedidas pelo superior hierárquico com o escopo de orientar no desempenho das atribuições que lhe estariam afetas e assegurar a unidade de ação no organismo administrativo.[195]

Contudo, na prática, não raro, muitos desses atos são adotados consignando amplo caráter normativo, impondo regras de toda ordem, diversas vezes substituindo o natural documento regulamentar, que é o decreto.

Pior, entretanto, quando são utilizados para engodar as regras legais estabelecidas.

Nesse campo, logo nos vem à mente alentada monografia de Toshio Mukai – que incansavelmente repetimos sempre que instados a tratar do tema, de título "E ainda se legisla por portarias e/ou instruções

---

[194] JUSTEN FILHO. *Comentários à lei de licitações e contratos administrativos*. 16. ed.
[195] MEIRELLES. *Direito Administrativo brasileiro*. 14. ed.

normativas" – na qual o ilustre doutrinador dá vazão a toda a sua preocupação quanto ao uso inapropriado dessa ferramenta.[196]

No mesmo contexto, comentando as inúmeras instruções concernentes às licitações e aos contratos administrativos que assolam o direito administrativo pátrio, Carlos Pinto Coelho Motta anotou que, em casos concretos, esses normativos tendem a extrapolar seus papeis:

> Especificamente na área de licitações e contratos, verifica-se uma proliferação de toda sorte de regulamentos. É um campo a ser trilhado com cautela, por implicar na movediça questão das prerrogativas da Administração em contraponto aos direitos dos licitantes e contratados. (...). Tais atos não podem, contudo, limitar o universo potencial de licitantes engendrando requisitos ou obrigações não autorizados em lei.[197]

Sobre as Instruções Normativas, asseverou com desapontamento:

> Nos anos de vigência do Decreto-Lei de Licitações nº 2.300/1986, era constante a expedição de normas procedimentais específicas, tais como os múltiplos regulamentos de licitação das empresas estatais. Após a sanção da Lei nº 8.666/1993, essa práxis caiu em relativo desuso. Nos últimos anos, notadamente na esfera federal, foi retomada e consubstanciou-se, notadamente, em uma série de instruções normativas geradas pelo Ministério do Planejamento, Orçamento e Gestão, por meio de sua Secretaria de Logística e Tecnologia da Informação. (...) A simples leitura das ementas indica que tais diretivas, a exemplo de alguns decretos, promoveram ampliações e complementações significativas aos textos legislados nº 8.666/1993 e nº 10.520/2002. De certa forma, introduziram inovações, fixando requisitos para habilitação, critérios de aceitabilidade de propostas e condições para apresentação de documentação e proposta.[198]

Destarte, fica claro que, no afã de solucionar a questão da participação de empresas estrangeiras em licitações nacionais, o elaborador da Instrução Normativa nº 10/2020 não atentou para as peculiaridades das regras legais que versam sobre a questão, incorrendo, por conseguinte, em flagrante ilegalidade.

---

[196] MUKAI. E ainda se legisla por portarias e/ou instruções normativas.
[197] MOTTA. *Eficácia nas licitações e contratos*. 10 ed.
[198] MOTTA. Os efeitos das regulamentações complementares na condução dos pregões.

Vide que, mesmo amenizando o uso dos atos administrativos ordinatórios – dispondo que as tentativas de distingui-los têm sido infrutíferas, em face da variação que sofrem quanto ao conteúdo e à competência dos agentes, anotando que, na prática administrativa, é importante apenas entende-los como instrumentos de organização da Administração, cabendo verificar se, em cada caso, foi competente o agente que os praticou, se estão presentes seus requisitos de validade e, por fim, qual o propósito do administrador –, José dos Santos Carvalho ressalva que tais atos obviamente não poderão, em hipótese alguma, contrariar a lei ou o decreto regulamentar, caso exista, uma vez que consignam atos inferiores, de mero ordenamento administrativo.[199]

Sobre a matéria, questionando Projeto de Decreto Legislativo de Sustação de Atos Normativos do Poder Executivo – PDL nº 60/2020, que visava a sustação da citada IN nº 10/2020, registre-se entendimento divergente do Prof. Jonas Lima, um entusiasta da nova medida infralegal:

> A proposta legislativa visa fechar um mercado que, legalmente, dentro das normas vigentes, a começar pela Lei nº 8.666/93, sempre esteve aberto. [...] Segundo a proposta, a norma administrativa teria passado a permitir o cadastro no Sicaf por empresas estrangeiras que não funcionam no país, dando às mesmas o direito de participar de procedimentos licitatórios, além de contratações por dispensa e inexigibilidade de licitação. A tese encartada no projeto, máxima vênia, é de que a instrução normativa viola a lei, causando um tratamento desigual entre empresas brasileiras e estrangeiras, pois a brasileira precisaria preencher requisitos de habilitação ainda no Sicaf, mas a estrangeira sem funcionamento no Brasil teria a faculdade de atender aos requisitos de habilitação, como a representação no país, a autenticação de documentos, consularização ou apostilamento e com tradução juramentada apenas para fins de assinatura de ata de registro de preços ou contrato. A estrangeira teria o privilégio de entrar nas licitações eletrônicas apenas com traduções simples, ficando as outras formalidades apenas para a vencedora e para os atos de registro de preços ou contratação. O projeto, vale concluir, pretende a completa sustação da norma administrativa, na prática, dando fim completo ao Sicaf de estrangeiros, o que é gravíssimo, pois, conforme se verá adiante, Sicaf é direito tanto de empresa brasileira como de empresa estrangeira e os prejuízos ao erário com o fechamento de mercados tão relevantes, em diversas áreas, seriam milionários e de efeitos operacionais severos, no sentido de quebrar a continuidade de atendimento, muito especialmente, de demandas que somente são

---

[199] CARVALHO FILHO. *Manual de Direito Administrativo*. 14. ed.

viabilizadas com fornecedores estrangeiros. Com toda e devida vênia, há muito a se esclarecer sobre essas matérias. Em primeiro lugar, não foi uma norma administrativa que veio abrir mercado, porque ele sempre esteve aberto, como já alertado. Ora, o artigo 37, inciso XXI, da Constituição Federal estabelece que a licitação pública deve assegurar igualdade de condições a todos os concorrentes, portanto, sem distinção entre brasileiros e estrangeiros. A regra de vedação à discriminação entre empresas e brasileiras sempre esteve no artigo 3º, §1º, inciso II, da Lei nº 8.666/93. A regra do artigo 1.134 do Código Civil, que trata de autorização para empresa estrangeira funcionar no Brasil, nunca foi obstáculo para empresas que apenas vêm participar de vendas ou mesmo de contratações pontuais no Brasil. Aquela regra geral é clara ao ter seu foco na empresa que pretenda ficar, em caráter de permanência, funcionando no Brasil. Assim, não ter autorização de funcionamento no Brasil jamais foi obstáculo, na quase totalidade dos casos, para participação em licitações, como se exemplifica das licitações dos enormes e complexos projetos de infraestrutura para Copa do Mundo de 2014 e as Olimpíadas de 2016 que ocorreram com várias licitantes que jamais haviam realizado negócios no Brasil e não tinham aquela autorização do Código Civil. [...] Além disso, muitos e muitos bilhões de reais durante a pandemia do Covid-19 foram pagos, via licitações ou contratações diretas, para empresas estrangeiras que nunca tiveram autorização de funcionamento no Brasil, mas apenas se ajustaram ao *compliance* regulatório da Anvisa, para seus produtos. Mais que isso, há vários anos, bilhões das áreas de segurança pública e defesa nacional são gastos com licitações e contratações diretas com mais e mais empresas estrangeiras que também nunca tiveram autorização de funcionamento no Brasil, porque apenas estão fazendo vendas de armas, veículos blindados e outros produtos que, ainda que regulados e controlados pelo Exército, ao final, conseguem o acesso para as vendas e as importações. Então, não se sabe a razão para tanta confusão em alegar que as estrangeiras precisariam de autorização de funcionamento no Brasil para que pudessem participar de licitações públicas. [...] E aqui cabe outro esclarecimento: Sicaf direto de estrangeiro, que passou a ser acessível desde outubro de 2020, nem utiliza numeração vinculada a CNPJ, ao passo que aquelas estrangeiras que decidem, por opção, permanecer operando no país, com seus nomes e termos de origem, inclusive, as conhecidas terminações INC., L.L.C., LTD., S.R.L, CO., S.A.S. e muitas outras, quando aqui permanecem, efetivamente, essas possuem Sicaf vinculado ao CNPJ de estrangeira autorizada a funcionar no Brasil. A instrução normativa que, operacionalmente, tornou o Sicaf acessível às empresas estrangeiras, apenas criou o cadastro sem CNPJ, tendo por base o "Data Universal Numbering System", conhecido como "DUNS Number" (de acreditação internacional, pela Dun & Bradstreet) ou "Trader Identification Number", conhecido como "TIN" (de operador econômico autorizado, pela "World Customs Association"). Ora, considerando que, constitucionalmente e legalmente, nunca houve qualquer impedimento às estrangeiras de possuírem registros cadastrais, o Sicaf *sempre foi direito das empresas estrangeiras*. [...] No fim, são importantes duas reflexões: 1ª) a norma administrativa que alterou o acesso ao Sicaf de estrangeiros apenas repetiu o afastamento "temporal" da legalização dos documentos de estrangeiros que já constava do artigo 41 do Decreto nº 10.024/2019, que regula o pregão eletrônico (assim, discutível seria o decreto, até hoje vigente); e 2ª) a Lei nº 14.133/2021, nova Lei de Licitações e Contratos, que já está vigente, visando a acessão do Brasil ao Acordo de Compras Públicas – GPA, da Organização Mundial do Comércio, não mais trouxe a formalização prévia de documentos estrangeiros para registro cadastral ou para se ter participação em licitações, salvo única menção a tradução de atestados e documentos hábeis à sua substituição, mas nem sequer mencionando o termo "juramentada".[200][201]

---

[200] LIMA. Sicaf para estrangeiros é constitucional e legal.

[201] Eduardo Jordão e Luiz Filippe Cunha minudenciaram todos os prós e os contras dessa possível adesão, concluindo que, à luz de algumas das principais preocupações, ressalvas e críticas externada, evidenciou-se que a crítica de que a adesão não seria economicamente vantajosa ao país não pode ser feita em termos excessivamente simplistas, porque um país em desenvolvimento tem muito a se beneficiar do GPA, especialmente de suas normas que realçam transparência, governança e controle, que devem ser consideradas no lugar de uma ótica exclusivamente focada nos efeitos imediatos no comércio exterior, bem como que há grande flexibilidade na incidência das normas do acordo, tanto em relação à possível extensão de sua abrangência quanto em relação ao afastamento de regras específicas para países em desenvolvimento ou para a manutenção de políticas públicas internas (como as que são voltadas à proteção de pequenos negócios ou do meio ambiente). Além disso, concluíram que algumas regras, princípios e estruturas criadas pelo GPA também revelaram uma série de temas a serem estudados com maior profundidade. Nesse passo, delinearam uma agenda de pesquisa, que pode envolver: (i) como efetivar a adequada quantificação dos custos e benefícios da adesão brasileira ao GPA, capaz de levar em consideração não apenas impactos imediatos no comércio exterior, mas também o aumento na eficiência dos gastos públicos, a diminuição nos custos da corrupção e os incentivos aos investimentos estrangeiros diretos que podem advir da melhoria da governança nas contratações públicas; (ii) qual deveria ser a adequada abrangência do GPA no país, questão que precisa ir além das intuições práticas e passar por estudos empíricos sobre a estrutura e qualificação dos agentes públicos responsáveis por licitações nos órgãos e entidades brasileiros; e (iii) o desenho institucional a ser criado pelas reformas ligadas à adequação do ordenamento jurídico interno ao GPA, em especial a eventual necessidade de criação de entidades especializadas para revisão e controle dos processos licitatórios (JORDÃO; CUNHA. A Adesão do Brasil ao Acordo sobre Contratações Públicas da OMC: entre tabus e dificuldades reais).

PARÁGRAFO 1º DO ARTIGO 52

2 A cotação do preço em moeda estrangeira

> *§1º Quando for permitido ao licitante estrangeiro cotar preço em moeda estrangeira, o licitante brasileiro igualmente poderá fazê-lo.*

Numa licitação internacional, o instrumento convocatório poderá admitir a apresentação de propostas em moeda estrangeira, independentemente da nacionalidade dos licitantes.

Nesse passo, preocupado em oferecer ao licitante brasileiro tratamento idêntico ao dado ao licitante estrangeiro, para que possa competir em pé de igualdade, o legislador da Nova Lei indicou que, quando for permitido ao estrangeiro cotar preço em moeda estrangeira, o licitante brasileiro também poderá fazê-lo.

Com um texto de péssima técnica redacional, uma vez que sua redação induz a se aventar a possibilidade de uma licitação internacional sem a admissão da possibilidade de cotação de preço em moeda estrangeira, verifica-se que a Nova Lei licitatória autoriza o pagamento nessa moeda, tema que merece detida reflexão.

O art. 1º da Lei nº 10.192/2001 define que as estipulações de pagamento de obrigações pecuniárias exequíveis no território nacional deverão ser feitas em Real, pelo seu valor nominal, sendo vedadas, como dispõe seu parágrafo único, sob pena de nulidade, quaisquer estipulações expressas ou vinculadas a ouro ou moeda estrangeira, ressalvado o disposto nos arts. 2º e 3º do Decreto-Lei nº 857/1969, e na parte final do art. 6º da Lei nº 8.880/1994.

O art. 2º do Decreto-Lei nº 857/1969 elenca os contratos que, em regime de exceção, poderão ser celebrados com cláusulas de pagamento em moeda estrangeira. Como, dentre as exceções, constam os contratos referentes à importação de mercadorias, vislumbra-se que os contratos internacionais advindos de licitações cujos objetos sejam aquisições de bens poderão ser celebrados em moeda estrangeira.

Vide que o inc. II do art. 12 da Nova Lei dispôs que todos os valores, preços e custos utilizados nas licitações terão como expressão monetária a moeda corrente nacional, ressalvando-se o disposto no art. 52 em comento.

Verifica-se, também, que o Código Civil (Lei nº 10.406/2002) professa o mesmo sentido no art. 318, dispondo pela nulidade das convenções de pagamento em ouro ou em moeda estrangeira, bem como para compensar a diferença entre o valor desta e o da moeda nacional, excetuados os casos previstos na legislação especial.

É certo que a dívida em moeda estrangeira é aquela em que a importância a ser paga se acha expressa em dinheiro de outro país, todavia, como leciona Armando Garcia Júnior, estabelecida a dívida em moeda estrangeira, sua liquidação deverá ocorrer, em regra, em moeda nacional pelo câmbio do dia do vencimento.[202] Como anota o analista, "o débito expresso em moeda estrangeira não significa necessariamente débito em determinada espécie de moeda. Em outras palavras, não há que se confundir simples dívida em moeda estrangeira com dívida em moeda especificada.[203]

No mesmo compasso, Luiz Lopes da Silva:

> O pagamento em moeda estrangeira é ato jurídico do devedor de obrigação consubstanciada em contrato internacional, que se realiza através do sistema bancário, expresso no padrão monetário do país em que ocorre e cujo montante é suficiente para extinguir a obrigação quando convertido para a moeda fixada no contrato na taxa de câmbio vigente no dia de sua prática.[204]

Ainda sobre a matéria, há outra questão interessante: a necessidade de compatibilização da contratação com a política monetária nacional e com o controle sobre a moeda realizado pela União, conforme também obtemperou Marçal Justen:

> Deverá cogitar-se não apenas de previsão de recursos orçamentários. Será necessário determinar a disponibilidade de recursos em moeda estrangeira. Deverão consultar-se os mecanismos nacionais que disciplinam o câmbio e os pagamentos em moeda estrangeira.[205]

Outra questão que deve ser abordada em função desse aparente singelo parágrafo envolve a possibilidade, induzida pelo texto,

---

[202] GARCIA JÚNIOR. *Contratos indexados no direito brasileiro e a variação cambial.*
[203] GARCIA JÚNIOR. *Contratos dolarizados no direito brasileiro.*
[204] SILVA. Pagamento em moeda estrangeira.
[205] JUSTEN FILHO. *Comentários à Lei de Licitações e Contratos Administrativos.* 12. ed.

de apresentação de propostas em moedas distintas num certame. A nosso ver, seria insano permitir que aos licitantes estrangeiros fosse autorizado formularem propostas em moeda estrangeira e, aos nacionais, permitido escolher entre proposições em moeda nacional ou estrangeira. A confusão seria grande e de difícil solução. Sem dúvida, como já se analisara ao tempo da lei anterior, a melhor interpretação é a de que o edital licitatório poderá (deverá) especificar a moeda para a apresentação das propostas.[206]

Contudo, se a interpretação for a de que a lei autoriza a escolha da moeda pelo licitante, conduta acertada será a sugerida por Justen Filho, ou seja, a determinação de uma data-base, propiciando a conversão de acordo com o câmbio praticado num dia determinado.[207]

PARÁGRAFO 2º DO ARTIGO 52

3 Conversão da moeda para pagamento

> *§2º O pagamento feito ao licitante brasileiro eventualmente contratado em virtude de licitação nas condições de que trata o §1º deste artigo será efetuado em moeda corrente nacional.*

Apesar de ser permitido ao licitante brasileiro apresentar sua proposta em moeda estrangeira, caso logre-se vencedor do certame e seja contratado, receberá os pagamentos em moeda nacional.

Ainda que a Nova Lei não preveja, a regra disposta na lei anterior deve ser adotada: conversão pela taxa de câmbio vigente no dia útil imediatamente anterior à data do efetivo pagamento.[208] Como não há

---

[206] Nesse mesmo sentido, Anderson Pedra: "Entendemos que a permissão de cotação em moeda estrangeira não permite que cada licitante elabore sua proposta de acordo com a moeda que julgar mais conveniente, ou sua moeda de origem, em caso de licitante estrangeiro. A fim de evitar dificuldades na comparação das propostas, deve o edital fixar a única moeda em que devem ser formuladas as propostas, independente da origem do licitante e/ou produto. Uma vez fixada a moeda pelo edital, todos os licitantes deverão apresentar suas propostas naquela mesma moeda" (PEDRA. Licitação Internacional. *In*: TORRES. *Licitações Públicas*: homenagem ao jurista Jorge Ulisses Jacoby Fernandes).

[207] JUSTEN FILHO. *Comentários à Lei de Licitações e Contratos Administrativos*. 12. ed.

[208] Tal solução constava no §2º do art. 42 da Lei nº 8.666/1993: "§2º O pagamento feito ao licitante brasileiro eventualmente contratado em virtude da licitação de que trata o parágrafo anterior será efetuado em moeda brasileira, à taxa de câmbio vigente no dia útil imediatamente anterior à data do efetivo pagamento".

previsão legal, tal regramento deverá ser disciplinado no edital licitatório e, evidentemente, no contrato.

Entendendo que a omissão da Nova Lei foi proposital, objetivando maleabilidade, José Enei considera que o dispositivo oferece "uma margem maior de flexibilidade para o edital, regulamento ou, conforme o caso, para a autoridade administrativa".

Contudo, pondera:

> De qualquer modo, essa maior margem de flexibilidade não pode resultar num critério de conversão fora das práticas de mercado e que frustre a justa expectativa do licitante nacional, tendo cotado seu preço em moeda estrangeira, de receber pagamento que capture a correspondente variação cambial. Daí por que a regra do art. 42 continue a representar, no mais das vezes, a solução mais adequada.[209]

Por outro lado, a *contrario sensu*, infere-se dos termos do dispositivo que, se o licitante que houver cotado preço em moeda estrangeira for estrangeiro, será admissível a realização dos pagamentos em moeda estrangeira, consoante já esposado, entendendo-se que essa iniciativa legislativa configura uma forma de estímulo à participação de estrangeiros em licitações brasileiras.[210]

PARÁGRAFO 3º DO ARTIGO 52

4 Garantias de pagamento equivalentes

> *§3º As garantias de pagamento ao licitante brasileiro serão equivalentes àquelas oferecidas ao licitante estrangeiro.*

Nas licitações internacionais a tônica também é o tratamento isonômico. Logo, o mesmo regramento deve ser adotado nas hipóteses de garantias contratuais de pagamentos, que deverão ser equivalentes entre nacionais e estrangeiros.

A regra é tão básica que foi classificada como desnecessária por Ronny Charles, já que a existência de garantias diferenciadas

---

[209] ENEI. Das Licitações Internacionais – Art. 52. In: DAL POZZO et al. *Lei de licitações e contratos administrativos comentada*: Lei nº 14.133/21.

[210] Com o mesmo entendimento, Rafael Schwind (SCHWIND. *Licitações internacionais*: participação de estrangeiros e licitações realizadas com financiamento externo. 3. ed.).

determinaria flagrante incompatibilidade com a isonomia, comprometendo as necessárias condições igualitárias de pagamento entre empresas nacionais e internacionais.

Do mesmo modo, reagiu Justen Filho, ao observar que, em princípio, nem caberia cogitar sobre o tema, presumindo-se que a Administração Pública cumpriria as suas obrigações de modo pertinente e satisfatório.

No entanto, ressalta que nem sempre assim se passa:

> Os riscos pertinentes ao descumprimento das obrigações pela Administração Pública poderiam atenuar o interesse de participação de empresas estrangeiras no certame. Para reduzir a incerteza, a Administração pode estipular regras destinadas a ampliar a garantia do contratado. Se essa for a solução adotada, será vedado prever vantagens diferenciadas em favor do contratado não nacional.[211]

Contudo, há de se registrar uma prática usual que desequilibra essa regra isonômica: como é cediço, a *carta de crédito* é ferramenta largamente adotada para pagamentos de empresas estrangeiras, notadamente nas áreas de equipamentos para pesquisas, aeronaves, produtos para segurança pública e defesa nacional e artigos médicos; contudo, é pouco oferecida às nacionais.

Observe-se, por exemplo, a crítica de Eleazar de Carvalho:

> Outro aspecto que também fere o princípio da igualdade entre os licitantes são as concessões de garantias de pagamento diferente entres os licitantes nacionais e estrangeiros, a exemplo disso tem-se a emissão de carta de crédito para garantia do pagamento, sendo comuns as operações de importação, que por sua vez, não é observada a concessão equivalente ao fornecedor nacional.[212]

Não obstante, como sublinha Jonas Lima,[213] ainda que essa posição de meio de pagamento se deva à segurança para ambas as partes, uma vez que o ente público (importador) não estará antecipando um pagamento, mas sim fazendo uma operação com banco (passando um compromisso de valor do orçamento público em reais para um montante fixo na moeda estrangeira, prevista no contrato), evitando riscos

---

[211] JUSTEN FILHO. *Comentários à lei de licitações e contratos administrativos.*
[212] CARVALHO. *Licitações internacionais no direito brasileiro.*
[213] LIMA. *As licitações internacionais e os contratos com carta de crédito.*

de oscilações cambiais ao longo do tempo, resguardando a operação de comércio exterior e conferindo segurança ao fornecedor estrangeiro (exportador) de que ele não irá embarcar mercadoria sem ter a garantia em banco para cobertura da operação (a depender de como um edital de licitação tem suas cláusulas relativas a esse meio de pagamento), o resultado poderá ser negativo, afastando competidores estrangeiros.[214]

---

[214] Com proficiência, o professor Jonas Lima elenca orientações importantes sobre a matéria:
1) não se pode presumir recebimento do objeto importado, no Brasil, porque nenhum banco irá liberar o pagamento se não houver documento que comprove que o objeto teve o respectivo aceite (edital não pode estabelecer que a superação de determinado prazo para o órgão público conferir o objeto gera presunção de que ele foi recebido, pois isso não viabiliza o pagamento pelo banco);
2) as contratações governamentais brasileiras também consideram como regramento a norma UCP 600 ("Uniform Customs and Practice for Documentary Credits"), da Câmara de Comércio Internacional (ICC), mas é importante esclarecer ao licitante estrangeiro que aquele regramento da UCP 600 será respeitado, mesmo que não haja no edital da licitação um modelo de carta de crédito (a informação clara disso tudo tranquiliza o estrangeiro para tomar parte na licitação, ou seja, aumenta a competitividade);
3) inobstante o regramento padrão de carta de crédito, com a segurança que os estrangeiros já conhecem, também é importante informar no edital que o pagamento acontecerá considerando a legislação de compras públicas brasileiras, que tem como base a verificação para o aceite do objeto (pagamento, portanto, posterior);
4) editais até podem mencionar que os custos da carta de crédito devem ser suportados pelo fornecedor estrangeiro, mas as questões precisam estar claras e as taxas variam muito entre os bancos, de modo que participar de licitações em alguns órgãos, a depender de quais bancos eles utilizam, fica mais dispendioso, o que afasta competidores;
5) deve-se avaliar o prejuízo dos vínculos entre bancos e órgãos públicos, pois as taxas podem variar muito, sendo que alguns cobram, além de valor fixo em reais, também percentual de algo como 1,5%, outros 2% ou 3%, conforme se verifica de tabelas dos próprios bancos e, ainda, falta uma negociação mais específica de alguns órgãos públicos com seus respectivos bancos, para reduzir a taxa inicial e a de renovação, o que amplia a competição na licitação;
6) outra questão relevante é a sincronia e o senso de realidade que se deve ter, especialmente, para as entregas de objetos que são fabricados por demanda e envolvem um, dois ou três anos para as entregas, pois, dependendo do banco, se tem multiplicação das taxas para cada ano ou período inferior, e isso sobre o valor total do objeto inviabiliza o contrato, por exemplo, com 2% + 2% + 2%, causando exponencial sequência de perdas econômico-financeiras no contrato; e
7) embora uma mesma carta de crédito possa ser contratada para cobrir operações de comércio exterior de objetos entregues de forma parcelada, o edital deve ser elaborado considerando prazos realistas com as operações de autorizações de importações e exportações, com as autoridades de controle e aduana de cada país, até para evitar que se tenha o danoso efeito de multiplicação de reiteradas renovações de carta de crédito, como tratado no tópico anterior.

PARÁGRAFO 4º DO ARTIGO 52

5 Indicação dos gravames incidentes no edital licitatório

> *§4º Os gravames incidentes sobre os preços constarão do edital e serão definidos a partir de estimativas ou médias dos tributos.*

Este §4º preceitua que os gravames incidentes sobre os preços deverão constar do edital, com definição a partir de estimativas ou médias dos tributos.

O dispositivo tenta evoluir em relação ao previsto na lei anterior, mas padece de pouca clareza.

Sobre o assunto, a Lei nº 8.666/1993 estabelecia que, para fins de julgamento da licitação, as propostas apresentadas por licitantes estrangeiros seriam acrescidas dos gravames consequentes dos mesmos tributos que oneravam exclusivamente os licitantes brasileiros quanto à operação final de venda.

Em função dessa "isonomia" tributária, não raro os editais de licitação passaram a estabelecer uma prática denominada *equalização de preços*, produzindo um valor ficto para as propostas oferecidas por licitantes brasileiros, com o intuito de compensar a tributação que os oneravam exclusivamente.

Tal, sem dúvida, caracterizava proteção à empresa nacional, o que, indubitavelmente, constituía um privilégio que afrontava de modo explícito o princípio constitucional da igualdade.

Ao comentar a matéria, Ivan Barbosa Rigolin observou que tal medida, pretensamente isonômica, na verdade protegia francamente o licitante brasileiro de vez que "a lei jamais obrigaria o nacional a pagar os mesmos tributos que o estrangeiro paga na sua origem (...)".[215]

Como já expressamos em trabalho anterior,[216] o termo *equalização* denota, gramaticalmente, compensar distorções.

Sobre a equalização, anotamos:

> Há de se ter enorme cautela [...], no cumprimento desse mandamento legal, em face do afrontamento ao princípio da isonomia.

---

[215] RIGOLIN; BOTTINO. *Manual prático das licitações*.
[216] BITTENCOURT. *A participação de cooperativas em licitações públicas*.

A nosso ver, o simplório acréscimo de valores às propostas dos estrangeiros é de um descabimento sem par. Ora, não é inconteste que compete ao licitante estrangeiro, caso vencedor do certame, a assunção do pagamento dos tributos incidentes sobre as operações e receitas auferidas. Contudo, há de ser respeitada a sua proposta, não sendo razoável se efetuarem cálculos como se sobre eles incidissem os tributos internos brasileiros. Ao licitante estrangeiro cabe, por conseguinte, calcular seu preço, já levando em consideração os tributos inerentes. Não o fazendo, deverá assumir o ônus dessa atitude, custeando esses valores através de sua margem de lucro.

Ivan Barbosa Rigolin censura, com veemência, a pretensa equalização: "É questionável, no mérito, essa proteção, pois é sabido que o produto estrangeiro em geral é melhor e mais barato que o nacional. Onde, então, a 'proposta mais vantajosa' à entidade pública brasileira, se a lei em igualdade de condições protege deslavadamente o licitante nacional? Será sadia semelhante xenofobia, a persistir até hoje num país em que se não fosse a influência estrangeira estaria provavelmente um século atrasado em relação à situação de desenvolvimento que hoje desfruta? Não nos parece bem que a lei a consigne. Recomenda-se por isso aos entes públicos brasileiros, antes em seu interesse que no interesse dos licitantes brasileiros, aplicar o mais moderadamente que lhe seja possível a diferenciação nacional-estrangeiro que a lei permite. A lei não pode colocar o interesse dos fornecedores brasileiros acima dos interesses da Administração".

Como sublinhou Marçal Justen, cada Estado contempla sistema tributário próprio, que contribui para a formação dos custos do licitante: "Assim, não teria o menor cabimento aplicar à proposta oriunda do estrangeiro o custo arcado pelo licitante nacional atinente à seguridade social. No exemplo, cogitar-se-ia de verificar as alíquotas das contribuições de seguridade social. Sempre que se apurasse que, no estrangeiro, a tributação fosse menor, promover-se-ia a oneração correspondente. Essa interpretação conduz à inviabilidade do julgamento das propostas e retrata expediente indireto e inválido para beneficiar as empresas nacionais. A regra [...] seria cabível na medida em que houvesse tratamento tributário distinto entre brasileiros e estrangeiros, em face da lei brasileira. Mas, em tal situação, a solução seria outra. Haveria inconstitucionalidade da lei brasileira. Ou, quando tal não ocorresse, ter-se-ia de assegurar a identidade de disciplina fiscal, estendendo-se ao brasileiro a vantagem prevista para o estrangeiro. De todo o modo, essas questões não se resolveriam no âmbito da licitação, mas teriam de ser discutidas no foro próprio".

O cerne da questão é o fato de os licitantes brasileiros possuírem, dentre seus custos, os valores referentes ao PIS e a COFINS, que não oneram os licitantes estrangeiros. É curial ressaltar, contudo, que o fato gerador de tais tributos tem a ver com a receita das empresas, isto é, não são tributos que incidem diretamente sobre a operação de venda da mercadoria.[217] Marcos Juruena é enfático nesse sentido: "Ora, a ampliar a interpretação, necessário seria admitir o Imposto de Renda, os encargos previdenciários, o IPTU etc. Todos são tributos que oneram exclusivamente os brasileiros e que são, por óbvio, considerados na composição dos preços (...). Se, por um lado, o empresário brasileiro não é o culpado da pesada carga tributária que lhe é imposta (...), por outro, não pode esquecer que o licitante estrangeiro também sofre tributação em seu país".

Assim, em que pese a possibilidade de utilização da licitação para alavancar o desenvolvimento nacional,[218] pugnamos, em face dos argumentos esposados, pelo rejeito da equalização.

Em reforço à nossa tese, é de se relembrar que o agente público deve ter sempre em mente que a Administração almeja o preço mais vantajoso, ou

---

[217] Não foi, entretanto, o que entendeu o TCU, ao apreciar a questão, mencionando observações de José Eduardo Soares de Melo: "(...) A investigação dos custos de formação dos produtos somente é relevante para a determinação da base de cálculo de tributos incidentes sobre o lucro das empresas, como explica o mencionado autor (...): 'É patente a distinção dos conceitos. Faturamento – como já delineado – representa o resultado da venda de cada mercadoria, produto, de prestação de serviços, enquanto que o Lucro é a diferença positiva entre os negócios de vendas e serviços e os seus respectivos custos, constituindo evento incerto. A empresa pode não obter lucro, mas sempre apresenta faturamento, por menor que seja'. Pelo exposto, somos obrigados a concluir que o PIS e o COFINS [...] oneram os licitantes brasileiros quanto à operação final de venda dos seus produtos, devendo, por conseguinte, induzir o justo acréscimo das propostas dos licitantes estrangeiros" (Decisão nº 638/94 – Plenário – Rel. Min. Homero Santos).
Sem tecer considerações acerca da natureza tributária, Fabrício Motta critica a decisão: "(...) parece-nos que a solução encontrada pelo TCU afronta o princípio da igualdade a pretexto de privilegiá-lo. Com efeito, [...] a licitação visa a selecionar a proposta mais vantajosa para a Administração, não importando, prima facie, a origem da proposta, não devendo servir o procedimento para simplesmente privilegiar ofertante nacional, em detrimento do interesse da Administração Pública". (MOTA. *Direito da integração*).

[218] É o que sustenta Alessandro Martins Gomes: "Mas até que ponto pode a lei excepcionar (...) o princípio da isonomia? (...) No texto constitucional, consta como um dos objetivos fundamentais (...) 'garantir o desenvolvimento nacional'. Trata-se de uma norma programática, revestida com a forma de um princípio. E, assim, temos uma colisão de princípios: de um lado, o princípio da igualdade na licitação, e, de outro, o princípio que visa a garantir o desenvolvimento nacional. (...) Deve ser levado em conta o fato de que, caso não fosse feita a equalização, os licitantes estrangeiros com um regime tributário mais brando certamente teriam grande vantagem no certame, e, com a derrota dos licitantes nacionais, postos de trabalho deixariam de ser criados, e o incentivo ao desenvolvimento da indústria e do comércio nacionais restaria fragilizado. Seria justo sacrificar o desenvolvimento nacional em nome da isonomia dos países que, no mais das vezes, não eliminam os subsídios aos seus produtos, protegendo o seu mercado interno e prejudicando as exportações brasileiras? Tais fatos devem ser levados em conta no processo de ponderação, e, sendo assim, outra saída não vemos senão a de atribuir maior peso à norma que garante o desenvolvimento nacional, fazendo-a imbricar sobre o princípio da igualdade na licitação. Nestes casos, talvez a proposta não seja a mais vantajosa aos olhos do órgão licitante. Mas aos olhos do país será". (GOMES. *A equalização das propostas nas licitações sob a ótica da nova interpretação constitucional*).

seja, não somente o preço ofertado, mas sim, o valor a ser desembolsado, considerando o somatório de custos. Com pensamento idêntico, Marcos Juruena acrescenta: "Daí ser inútil a elevação do preço estrangeiro (...) de forma fictícia, se não representará a real quantia que sairá do Erário".

Nesse curso, Roberto Bazilli e Sandra Miranda dão ênfase à dificuldade do tratamento igualitário entre nacionais e estrangeiros: "De toda a forma, o que vale frisar é que, tratando-se de licitação internacional, todo o cuidado ainda será pouco para garantir tratamento absolutamente isonômico entre nacionais e estrangeiros, o que depende de inúmeros fatores a serem oportuna e necessariamente considerados em cada fase da licitação, porém mais acentuadamente na composição do preço final, da qual resultará a proposta mais vantajosa, que, como já frisado, poderá nem sempre ser a de menor preço".[219]

Também considerando não ser possível simplesmente acrescer a "carga tributária brasileira" às propostas dos licitantes estrangeiros, além de ser impossível determinar qual seria tal carga, porque os licitantes inclusive poderiam se valer de mecanismos de elisão fiscal, Rafael Schwind traz à baila o Acórdão nº 2.238/2013, proferido em agosto de 2013 pelo Plenário do Tribunal de Contas da União – TCU, que exemplifica a aplicação do entendimento adequado sobre o assunto, ressalvando que

> em nenhum momento esse acórdão mencionou a necessidade de se incluir ficticiamente na proposta dos licitantes estrangeiros a carga tributária incidente sobre os licitantes nacionais. Apenas houve a preocupação com que as propostas estivessem nas mesmas bases tributárias, de modo que fosse possível a sua correta comparação.[220]

Ao que tudo indica, a regra agora disposta neste §4º, atendendo às reivindicações da doutrina especializada, tenta sepultar a descabida concepção de que, para a "equalização" de propostas de licitantes estrangeiros, dever-se-ia nelas acrescentar a carga tributária nacional.

Ao apontar que os gravames incidentes sobre os preços constarão do edital e serão definidos a partir de estimativas ou médias dos tributos, o novo critério busca uma estimativa média de tributos, procurando, dessa forma, equalizar efetivamente as propostas nacionais e internacionais.

---

[219] BITTENCOURT. *Licitações internacionais*. 3. ed.
[220] SCHWIND. *Licitações internacionais:* participação de estrangeiros e licitações realizadas com financiamento externo. 2. ed.

Na prática, a Nova Lei determina que o edital deverá definir encargos tributários de referência.

Sobre a questão, vide recente decisão do TCU:

> ACÓRDÃO Nº 2319/2021– Plenário: [...] 9.2. determinar à Casa da Moeda do Brasil – CMB, com fundamento no inciso I do art. 4º da Resolução TCU nº 315/2020 e no princípio da isonomia contido no inciso XXI do art. 37 da Constituição Federal e no *caput* do art. 31 da Lei nº 13.303/2016, que adote, no prazo de 120 dias, as providências necessárias para prever, em seu regulamento de licitações e contratos, regra de equalização de propostas, a exemplo da contida no art. 52, §4º, da Lei nº 14.133/2021, com vistas a assegurar a comparação justa das propostas de licitantes estrangeiras com aquelas de licitantes nacionais;

PARÁGRAFO 5º DO ARTIGO 52

6 Sujeição de todos os licitantes às mesmas regras

> *§5º As propostas de todos os licitantes estarão sujeitas às mesmas regras e condições, na forma estabelecida no edital.*

Em atendimento ao princípio da isonomia, o parágrafo preconiza que todos os licitantes, nacionais ou estrangeiros, terão suas propostas de preços sujeitas às mesmas regras e condições, na forma estabelecida no edital. Vide que a Nova Lei de Licitações estabelece regras sobre *propostas* em nada menos que cem dispositivos.

Nesse ponto, é relevante considerar a forma de materialização desses editais, sendo de grande importância considerar a preferência pela utilização da forma eletrônica nas competições internacionais, pois, como é cediço, a Nova Lei de Licitações privilegia essa ferramenta, impondo que as licitações sejam efetuadas preferencialmente na forma eletrônica (art. 17, §2º),[221] e que os atos sejam preferencialmente praticados digitalmente (art. 12, inc.VI).[222]

---

[221] Art. 17. O processo de licitação observará as seguintes fases, em sequência: [...]
§2º As licitações serão realizadas preferencialmente sob a forma eletrônica, admitida a utilização da forma presencial, desde que motivada, devendo a sessão pública ser registrada em ata e gravada em áudio e vídeo.

[222] Art. 12. No processo licitatório, observar-se-á o seguinte: [...]
VI – os atos serão preferencialmente digitais, de forma a permitir que sejam produzidos, comunicados, armazenados e validados por meio eletrônico;

PARÁGRAFO 6º DO ARTIGO 52

7 Vedação ao estabelecimento de barreiras a licitantes estrangeiros

> *§6º Observados os termos desta Lei, o edital não poderá prever condições de habilitação, classificação e julgamento que constituam barreiras de acesso ao licitante estrangeiro, admitida a previsão de margem de preferência para bens produzidos no País e serviços nacionais que atendam às normas técnicas brasileiras, na forma definida no art. 26 desta Lei.*

Também perseguindo o princípio da isonomia, o edital, de regra, não poderá prever condições de habilitação, classificação e julgamento que constituam barreiras de acesso ao licitante estrangeiro.

Este parágrafo 6º praticamente repete, com outras palavras, o prescrito no inc. II do art. 9º, que veda o estabelecimento de tratamento diferenciado de natureza comercial, legal, trabalhista, previdenciária ou qualquer outra entre empresas brasileiras e estrangeiras, inclusive no que se refere a moeda, modalidade e local de pagamento, mesmo quando envolvido financiamento de agência internacional.

Os §§4º e 7º do art. 67 e o parágrafo único do art. 70 oferecem soluções que dão curso ao determinado neste dispositivo, a cujos comentários remetemos o leitor.

> Art. 67 [...] §4º Serão aceitos atestados ou outros documentos hábeis emitidos por entidades estrangeiras quando acompanhados de tradução para o português, salvo se comprovada a inidoneidade da entidade emissora.
> [...]
> §7º Sociedades empresárias estrangeiras atenderão à exigência prevista no inciso V do caput deste artigo por meio da apresentação, no momento da assinatura do contrato, da solicitação de registro perante a entidade profissional competente no Brasil.
> Art. 70 [...] Parágrafo único. As empresas estrangeiras que não funcionem no País deverão apresentar documentos equivalentes, na forma de regulamento emitido pelo Poder Executivo federal.

Avaliando o dispositivo e considerando a possível entrada do País no Acordo sobre Contratações Governamentais – GPA, Capagio e Couto observam que, ainda que estudos dos efeitos do Acordo em outras economias não permitam indicar, em termos de ganhos de comércio e bem-estar, que efeitos o ingresso teria para o Brasil, "a regra gravada neste parágrafo sedimenta na legislação de licitações e contratos os princípios referenciados no pacto internacional ao qual o Estado brasileiro colima aceder".[223]

Registre-se, contudo, uma exceção importante que o próprio preceptivo prevê: a fixação de margem de preferência para bens produzidos no Brasil e serviços nacionais que atendam às normas técnicas brasileiras, conforme previsto no art. 26, que deverá ser definida em decisão fundamentada do Poder Executivo federal, podendo, no caso de bens manufaturados nacionais e serviços nacionais resultantes de desenvolvimento e inovação tecnológica no País, ser de até 20%.[224]

8 A questão da representação legal no Brasil

Ao tratar da participação em licitações das empresas estrangeiras que não funcionassem no país, o §4º do art. 32 da revogada Lei nº 8.666/1993 apontava a necessidade da representação legal no Brasil com poderes expressos para receber citação e responder administrativa ou judicialmente.

Comentando a regra da lei anterior, observamos:

> Peculiar é a forma como a legislação dispõe sobre a obrigatoriedade de representação legal no Brasil. De acordo com o preconizado, o representante deterá poderes expressos para receber citações e responder administrativa ou judicialmente. Fica a dúvida quanto aos limites desses

---

[223] CAPAGIO; COUTO. *Nova lei de licitações e contratos administrativos.*
[224] Art. 26. No processo de licitação, poderá ser estabelecida margem de preferência para:
I – bens manufaturados e serviços nacionais que atendam a normas técnicas brasileiras;
II – bens reciclados, recicláveis ou biodegradáveis, conforme regulamento.
§1º A margem de preferência de que trata o *caput* deste artigo:
I – será definida em decisão fundamentada do Poder Executivo federal, no caso do inciso I do *caput* deste artigo;
II – poderá ser de até 10% (dez por cento) sobre o preço dos bens e serviços que não se enquadrem no disposto nos incisos I ou II do *caput* deste artigo;
III – poderá ser estendida a bens manufaturados e serviços originários de Estados Partes do Mercado Comum do Sul (Mercosul), desde que haja reciprocidade com o País prevista em acordo internacional aprovado pelo Congresso Nacional e ratificado pelo Presidente da República.
§2º Para os bens manufaturados nacionais e serviços nacionais resultantes de desenvolvimento e inovação tecnológica no País, definidos conforme regulamento do Poder Executivo federal, a margem de preferência a que se refere o *caput* deste artigo poderá ser de até 20% (vinte por cento).

poderes. Responderia o representante, por exemplo, no caso de a empresa internacional adjudicatária tornar-se "adjudicatária faltosa", ou seja, deixar de efetivamente atender ao chamamento da Administração para celebração do contrato? Entendemos que, teoricamente, sim, mas, na prática, não. Ora, como um mero escritório de representação poderia responder, tanto administrativa quanto juridicamente, por ato de uma empresa estabelecida no exterior? O escritório, no caso, com raras exceções, apenas cumpre o papel de "ponte" ou "contato", assumindo alguns compromissos através de contrato, desconhecendo todo o funcionamento operacional da empresa, e, por conseguinte, totalmente impossibilitado a qualquer intervenção. Sobre a matéria, anote-se a dicção de Armando Garcia Junior: "É certo que o agente, quando autorizado pelo empresário, pode 'fechar o negócio', vendendo efetivamente o produto. Isso não significa, porém, que ele deva portar a mercadoria para a venda". Infere-se do texto legal, apesar da expressa menção de responsabilidade administrativa e judicial, que essa representação se constitui por meio de um contrato de agenciamento que, como leciona Garcia Júnior, configura o acordo em que uma determinada pessoa física ou jurídica – o agente – obriga-se frente a outra, sob remuneração, a promover e concluir atos ou operações de comércio por conta e nome alheios, como intermediário independente. "A atividade do agente baseia-se em uma óbvia relação de confiança entre ele e seu representado. [...] O termo "agência", largamente adotado nos meios profissionais, é empregado, no plano internacional, como equivalente a agenciamento ou representação comercial internacional. Nesse sentido, o substantivo 'agência' indica o verbo 'agenciar', que no mundo inteiro possui o significado de promover determinada atividade. No caso, o agente é aquele que promove determinada atividade econômica. Isso não quer dizer que a atividade seja produzida pelo agente. O agenciamento corresponde, na realidade, a um ato de representação realizado pelo agente, para divulgar e eventualmente (se autorizado) concluir negócios em nome de um terceiro (empresário/empresa) que é quem, juridicamente, produz a atividade econômica".[225][226]

Na ótica de Jonas Lima, a representação nada mais é que um credenciamento, ou seja, o ato pelo qual o representante de uma empresa apresenta os documentos necessários para ser "acreditado" ou "reconhecido" oficialmente como seu legítimo porta-voz e com poderes de compromisso em nome do representado.[227]

---

[225] GARCIA JÚNIOR. *Como representar bens e serviços estrangeiros no Brasil*. 3. ed.
[226] BITTENCOURT. *Licitações Internacionais*. 3. ed.
[227] LIMA. *Licitação Pública Internacional no Brasil*.

Em trabalho recente, acrescenta:

> Deve-se lembrar que se o estrangeiro constituir simples procurador no Brasil ele terá condições não apenas de interagir localmente com o ente público licitante, para todos os fins administrativos, como também outros entes de regulação e aduana e ainda terá viabilidade de eventual representação perante tribunal de contas ou até processo judicial em defesa de seus interesses na licitação. De outro lado, o agente público não ficará sem vínculo local para intimações das mais simples, para atendimento de alguma exigência, intimação para assinatura de contrato e outras demandas rotineiras, além do que, em situações outras, eventual judicialização com citação da estrangeira por esse representante, para que não se tenha a necessidade de tormentosa via de carta rogatória para outro país.[228]

Sublinhando a importância dessa representação, Wolgran Ferreira assinalava que tal cláusula "é importante, pois evita as demoradas cartas rogatórias que são as precatórias a serem cumpridas no exterior".[229] Da mesma forma, Rainier Plawiak: "É de extrema valia e se coaduna com a exigência de rapidez do comércio internacional, pois, caso não houvesse tal representante em território nacional, a citação teria que se dar por carta rogatória através do STF, tornando tal processo extremamente burocrático e moroso".[230]

Certo é que, na prática, a figura do representante legal no Brasil nunca causou muitas dúvidas, uma vez que sempre foi permitido a qualquer pessoa, residente e domiciliada no País, assumir por procuração essa posição.

Apesar da Nova Lei de Licitações restar silente sobre o tema, evidencia-se que a prática deve ser mantida, pois configura mecanismo facilitador de grande valia.

---

[228] LIMA. *Licitações internacionais na Lei nº 14.133/2021: 10 tópicos*.
[229] FERREIRA. *Licitações e contratos na Administração Pública*.
[230] PLAWIAK. *Contratos administrativos internacionais: a Lei nº 8.666/93 frente às normas do comércio internacional*.

> Art. 67. A documentação relativa à qualificação técnico-profissional e técnico-operacional será restrita a:
> [...]
> §4º Serão aceitos atestados ou outros documentos hábeis emitidos por entidades estrangeiras quando acompanhados de tradução para o português, salvo se comprovada a inidoneidade da entidade emissora.
> [...]
> §7º Sociedades empresárias estrangeiras atenderão à exigência prevista no inciso V do *caput* deste artigo por meio da apresentação, no momento da assinatura do contrato, da solicitação de registro perante a entidade profissional competente no Brasil.

PARÁGRAFO 4º DO ARTIGO 67

1 Demonstração de qualificação por meio de atestados emitidos por estrangeiros

> *§4º Serão aceitos atestados ou outros documentos hábeis emitidos por entidades estrangeiras quando acompanhados de tradução para o português, salvo se comprovada a inidoneidade da entidade emissora.*

O art. 67 trata especificamente da documentação relativa à qualificação técnico-profissional e técnico-operacional.

Em linhas gerais, informa que a documentação exigida como qualificação técnica deve demonstrar aptidão técnica do licitante para execução do objeto pretendido. Em termos práticos, consiste na detenção de conhecimentos para a execução do objeto a ser contratado.

Em consequência, os requisitos dessa qualificação deverão ser estabelecidos em função das peculiaridades de cada objeto pretendido, sempre levando em consideração o interesse público.

Importante enfatizar que, no que se refere à documentação de qualificação técnica, o artigo adota a expressão "será restrita a", o que impossibilita a inclusão de exigências exageradas, principalmente aquelas que, para serem atendidas, obriguem os licitantes a incorrer em gastos antes da celebração de um possível contrato.

É, inclusive, o que, acertadamente, sumulou o TCU:

> Súmula nº 272 – No edital de licitação, é vedada a inclusão de exigências de habilitação e de quesitos de pontuação técnica para cujo atendimento os licitantes tenham de incorrer em custos que não sejam necessários anteriormente à celebração do contrato.

A intenção do dispositivo é a aceitação de atestados de qualificação técnica similares aos nacionais, eliminando obstáculos para os estrangeiros.

Segundo este §4º, nas licitações internacionais (ou nas contratações diretas com estrangeiros), a Administração deverá aceitar atestados ou outros documentos hábeis emitidos por entidades estrangeiras quando acompanhados de tradução para o português, se comprovada a idoneidade da entidade emissora.

A ressalva quanto à "comprovada a inidoneidade da entidade emissora" deve ser encarada com cautela. O texto lega deixa dúvida se está se referindo ao tradutor ou ao documento em si, ou mesmo aos dois.

A nosso ver, a avaliação da Administração deve ser ampla, alcançando não só o sujeito expedidor do atestado como o conteúdo do mesmo e a qualificação do tradutor.

A idoneidade ou não poderá ser verificada por qualquer meio admitido em direito, o que, como observou Rigolin, estará sujeito a contestações e contraprovas.[231] No entanto, não cabe considerar que incumba à Administração produzir provas. Como anota Justen, a Administração dispõe da competência para examinar a documentação e, em caso de dúvida ou indício de irregularidade, ser-lhe-á facultado exigir que o licitante comprove a regularidade da documentação.[232]

O §4º do art. 32 da Lei nº 8.666/1993 estabelecia que os comprovantes de habilitação deveriam ser apresentados "autenticados pelos respectivos consulados e traduzidos por tradutor juramentado, devendo ter representação legal no Brasil com poderes expressos para receber citação e responder administrativa ou judicialmente".

Essa era uma das questões mais debatidas no âmbito das contratações públicas internacionais, pois, além da dificuldade natural que as empresas internacionais possuíam para entender a complexa teia

---

[231] RIGOLIN. *Lei nº 14.133/2021 comentada*: uma visão crítica.
[232] JUSTEN FILHO. *Comentários à lei de licitações e contratos administrativos*.

de documentações solicitadas nos processos licitatórios, ainda tinham que lidar com custos e contratempos das traduções juramentadas e consularizações documentais.

Felizmente, num sopro de alento para esse imbróglio, foi editado o Decreto nº 8.660, de 29.01.2016, que promulgou a Convenção sobre a Eliminação da Exigência de Legalização de Documentos Públicos Estrangeiros, que fora firmada pela República Federativa do Brasil em Haia, em 5.10.1961, objetivando, com a chamada "Convenção da Apostila", regulamentar e simplificar o trâmite internacional de documentos públicos.

Escrevemos sobre o assunto:[233]

> Registre-se, sobre a matéria, que foi promulgada pelo Decreto nº 8.660, de 29.01.2016, a Convenção sobre a Eliminação da Exigência de Legalização de Documentos Públicos Estrangeiros, firmada pela República Federativa do Brasil, em Haia, em 5.10.1961, conhecida como "Convenção da Apostila", que estabelece que seus Estados Contratantes deverão dispensar, nas relações entre eles, o instituto da legalização de documentos estrangeiros (a "consularização").
>
> A Apostila é um certificado de autenticidade emitido por países signatários da Convenção da Haia, que é aposto a um documento público para atestar sua origem (assinatura, cargo de agente público, selo ou carimbo de instituição).
>
> Esse documento público apostilado será apresentado em outro país, também signatário da Convenção da Haia, uma vez que a Apostila só é válida entre países subscritores.
>
> A adesão do Brasil tem a intenção de agilizar os trâmites do processo de legalização de um documento estrangeiro no Brasil ou de um documento brasileiro a ser utilizado no exterior, eliminando a chamada "legalização em cadeia".
>
> No Brasil, o Conselho Nacional de Justiça (CNJ) é o responsável por coordenar e regulamentar a aplicação da Convenção da Apostila, tendo desenvolvido um sistema eletrônico específico, disponível nos cartórios.
>
> No documento fornecido pelos cartórios constará um *QR Code*, pelo qual será possível verificar a autenticidade da apostila e sua relação com o documento apostilado.
>
> O preceptivo determina também a tradução de documentos, que se efetuará, obrigatoriamente, por servidor juramentado (conforme dispõe o artigo 192 do Novo Código de Processo Civil – Lei nº 13.105,

---

[233] BITTENCOURT. *Licitação passo a passo:* comentando todos os artigos da Lei nº 8.666/93. 11. ed.

de 6.03.2015)[234] e consigna o art. 224 do Código Civil – Lei nº 10.406, de 10.01.2002).[235]

Com base nessa nova realidade, por exemplo, veio à tona o Decreto nº 10.024/2019, regulamentador da licitação na modalidade pregão na forma eletrônica, prevendo que os documentos de habilitação deveriam ser atendidos mediante documentos equivalentes, inicialmente apresentados com tradução livre. Somente na hipótese de o licitante vencedor ser estrangeiro, para fins de assinatura do contrato ou da ata de registro de preços, é que os documentos seriam então traduzidos por tradutor juramentado no País e apostilados ou, no caso de a empresa não ser signatária da Convenção da Haia, haveria a devida "consularização".[236] [237]

Nessa conjuntura, inclusive, a Instrução Normativa nº 10, de 10.02.2020, do Secretário de Gestão da Secretaria Especial de Desburocratização, Gestão e Governo Digital do então Ministério da Economia, que alterou a Instrução Normativa nº 3/2018, estabelecedora de regras de funcionamento do Sistema de Cadastramento Unificado de Fornecedores (SICAF), que informa que as empresas estrangeiras que não funcionem no País, para participarem dos procedimentos de licitação, dispensa, inexigibilidade e nos contratos administrativos, poderão se cadastrar no SICAF, mediante código identificador específico fornecido pelo sistema, observadas as seguintes condições: a) os

---

[234] Art. 192. Em todos os atos e termos do processo é obrigatório o uso da língua portuguesa. Parágrafo único. O documento redigido em língua estrangeira somente poderá ser juntado aos autos quando acompanhado de versão para a língua portuguesa tramitada por via diplomática ou pela autoridade central, ou firmada por tradutor juramentado.

[235] Art. 224. Os documentos redigidos em língua estrangeira serão traduzidos para o português para ter efeitos legais no País.

[236] Art. 41. Quando permitida a participação de empresas estrangeiras na licitação, as exigências de habilitação serão atendidas mediante documentos equivalentes, inicialmente apresentados com tradução livre.
Parágrafo único. Na hipótese de o licitante vencedor ser estrangeiro, para fins de assinatura do contrato ou da ata de registro de preços, os documentos de que trata o caput serão traduzidos por tradutor juramentado no País e apostilados nos termos do disposto no Decreto nº 8.660, de 29 de janeiro de 2016, ou de outro que venha a substituí-lo, ou consularizados pelos respectivos consulados ou embaixadas.

[237] "Consularizar" os documentos é fazer passá-los pelo crivo do consulado brasileiro (ou embaixada) dentro da jurisdição de sua emissão. Firme-se que autenticação consular não é o mesmo que reconhecimento de assinatura (o "reconhecimento de firma" brasileiro). Na verdade, tal autenticação atesta que os documentos têm valor probatório da idoneidade do licitante para fins de habilitação, entendimento que normalmente os julgadores não possuem, causando, quase sempre, falhas nas decisões (vícios de procedimento) e, com isso, enormes dissabores.

documentos exigidos para os níveis cadastrais poderão ser atendidos mediante documentos equivalentes, inicialmente apresentados com *tradução livre*; e b) os documentos de habilitação em licitações deverão ser traduzidos por tradutor juramentado no País (em obediência ao art. 192 do Código Processo Civil – Lei nº 13.105, de 16.05.2015) e apostilados nos termos do disposto no Decreto nº 8.660/2016, ou consularizados pelos respectivos consulados ou embaixadas.

Ivo Ferreira de Oliveira, em clássica obra, ainda nos idos dos anos 1990, tratando da Convenção de Viena,[238] e especificamente sobre versões documentais, já questionava o assunto, apontando como solução o uso de diligências para a verificação de autenticidade das traduções livres:

> [...] a tradução é simples complemento, que confere eficácia ao documento, sendo imprestável para substituí-lo, correspondendo, portanto, a mera formalidade legal que lhe confere o efeito por ele visado. E sendo assim, constatada a necessidade da tradução como providência indispensável para a eficácia dos documentos apresentados em inglês, a Comissão deveria, no caso em tela, ter diligenciado, por analogia à faculdade constante do próprio ato convocatório do certame, que possibilitava aos licitantes substituírem, por outra do mesmo original, cópia ilegível ou borrada, solicitando a entrega da versão no prazo que viesse a estabelecer. Não se diga que a diligência afigurar-se-ia via imprópria para tanto, na medida em que só sendo admitida para colher esclarecimento ou informação complementar nos precisos termos com que foi prevista, não poderia oportunizar a apresentação de documentos pelo licitante, pena de ilegalidade. Isso porque, embora a tradução seja instrumentada em certidão fornecida pelo tradutor oficial, ela, em si mesma, não é um documento, mas complemento de eficácia daquele

---

[238] A Convenção de Viena sobre o Direito dos Tratados (CVDT), celebrada na cidade de Viena, na Áustria, em 1969, e adotada internacionalmente em 27.01.1980, estabeleceu a possibilidade de solução de controvérsias e o estabelecimento de parâmetros relativos à assinatura, adesão, formulação e obrigações concernentes aos tratados internacionais. Entre outras definições importantes, dispõe, em seu art. 2º, que "acordo internacional" é o ajuste concluído por escrito entre Estados e regido pelo Direito Internacional, quer conste de um instrumento único, quer de dois ou mais instrumentos conexos, qualquer que seja sua denominação específica. A convenção estabelece como nortes preponderantes nos acordos internacionais, o livre consentimento, a boa fé e a adoção da norma de direito internacional pacta *sunt servanda* (os pactos devem ser respeitados), prescrevendo que um Estado não pode invocar sua lei interna para justificar o descumprimento de um tratado de que seja parte. Conforme anota Carolina Chiappini, "sua importância é incontestável, uma vez que tratou de codificar o direito consuetudinário internacional e de estabelecer novas regras baseadas, principalmente, nos princípios gerais do direito, na jurisprudência e na doutrina" (CHIAPPINI). Reflexos da Convenção de Viena sobre Direito dos Tratados no ordenamento jurídico brasileiro).

oportunamente oferecido pela interessada em idioma estrangeiro, que não altera, acrescenta ou inova seu conteúdo, mas apenas lhe confere validade.[239]

Anote-se o constante no art. 3º da Convenção de Haia de 1961:

> A única formalidade que poderá ser exigida para atestar a autenticidade da assinatura, a função ou o cargo exercido pelo signatário do documento e, quando cabível, a autenticidade do selo ou carimbo aposto no documento, consiste na aposição da apostila definida no Artigo 4º, emitida pela autoridade competente do Estado no qual o documento é originado.

Seguindo essa linha de conduta, este §4º, versando sobre a documentação relativa à qualificação técnico-profissional e técnico-operacional, sinaliza o aceite de atestados ou outros documentos hábeis emitidos por entidades estrangeiras quando acompanhados de tradução para o português, salvo se comprovada a inidoneidade da entidade emissora.

Contudo, como o art. 13 da Constituição brasileira registra que a língua portuguesa é o idioma oficial brasileiro; o art. 224 do Código Civil (Lei nº 10.406/2002) estabelece que "os documentos redigidos em língua estrangeira serão traduzidos para o português para ter efeitos legais no País"; e o §1º do art. 27 da Lei nº 14.195/2021 preceitua que "nenhuma tradução terá fé pública se não for realizada por tradutor e intérprete público",[240] a questão ainda se mantém controvertida.[241]

Averbe-se ainda que, na visão de Jonas Lima,

> por interpretação sistemática da legislação, continuarão sendo exigidas formalidades de legalização, mas há uma tendência de que se adote nos editais a prática já consolidada depois do Decreto nº 10.024/2019, de que se apresente documentos com tradições inicialmente simples na licitação

---

[239] OLIVEIRA. *Diligências nas licitações públicas.*

[240] Curiosamente, no MS 5.281/DF, 1ª S., rel. Min. Demócrito Reinaldo, rel. para o acórdão o Min. Humberto de Barros, j. em 12.11.1997, *DJ* de 09.03.1998, o Superior Tribunal de Justiça – STJ considerou válida tradução para o português efetuada por tradutor oficial no estrangeiro, acolhendo a tese de que, não havendo dúvidas sobre o conteúdo da tradução e tendo sido realizada por profissional qualificado segundo a lei estrangeira, não caberia inabilitação.

[241] André Paschoa e Percival Bariani Júnior, por exemplo, sustentam a necessidade de tradução por tradutor juramentado: "Deve ser apresentada a tradução para o português, sendo certo que a tradução somente terá fé pública se realizada por tradutor público, nos termos do artigo 27, §1º, da Lei Federal nº 14.195/2021" (PASCHOA; BARIANI JUNIOR. Artigos 62 a 70. In: DAL POZZO et al. *Lei de licitações e contratos administrativos comentada*: Lei nº 14.133/21).

e, somente do vencedor, para fins de assinatura de ata de registro de preços e contrato se exija versões com consularização ou apostilamento e tradução juramentada.[242]

PARÁGRAFO 7º DO ARTIGO 67
2 Inscrição de empresas estrangeiras em entidade profissional competente

> §7º Sociedades empresárias estrangeiras atenderão à exigência prevista no inciso V do caput deste artigo por meio da apresentação, no momento da assinatura do contrato, da solicitação de registro perante a entidade profissional competente no Brasil.

Segundo o dispositivo, as empresas estrangeiras deverão atender à exigência de registro ou inscrição na entidade profissional competente, como previsto no inc. V,[243] por intermédio da apresentação, no momento da assinatura do contrato, da solicitação de registro perante a entidade profissional no Brasil.

Como é cediço, a exigência de registro em entidade profissional é uma medida de exceção, apenas necessária quando o exercício da atividade seja legalmente limitado, tanto é que, na própria exigência do inc. V, o dispositivo ressalva "quando for o caso".

Foi o que ponderou a advogada da União Michelle Marry, atuando junto à Consultoria Jurídica do Ministério do Planejamento, Orçamento e Gestão, ao analisar a inclusão nos editais de licitação da exigência de registro no CREA, arrazoando que tal exigência apenas poderia ser aplicada quando houvesse lei restringindo o livre exercício de alguma atividade.[244]

Vide que o TCU já determinou a não inclusão, em edital de licitação, da exigência relativa ao registro de empresa da área de informática, no Conselho Regional de Administração (CRA), impondo que o órgão não exigisse que os atestados de capacidade técnica referentes à

---

[242] LIMA. Licitações internacionais na Lei nº 14.133/2021: 10 tópicos.
[243] Art. 67. A documentação relativa à qualificação técnico-profissional e técnico-operacional será restrita a: [...] V – registro ou inscrição na entidade profissional competente, quando for o caso;
[244] TORRES. Leis de Licitações Públicas Comentadas. 13. ed.

atividade fossem registrados em qualquer conselho profissional, por falta de amparo legal,²⁴⁵ posicionando-se, em suma, no sentido de que, salvo alguma exceção comprovada, a exigência de registro na entidade profissional competente, para fins de comprovação de qualificação técnica, deve limitar-se ao conselho que fiscalize a atividade básica ou o serviço preponderante da licitação. ²⁴⁶

> TCU – Acórdão nº 2769/2014 – Plenário: 1. O registro ou inscrição na entidade profissional competente [...] deve se limitar ao conselho que fiscalize a atividade básica ou o serviço preponderante da licitação.

Pois bem, nesse cipoal de dificuldades e dúvidas, este §7º dispõe que as sociedades empresárias estrangeiras deverão atender à exigência por meio da apresentação, no momento da assinatura do contrato, da solicitação de registro perante a entidade profissional competente no Brasil.

Classificando o dispositivo como "casuísmo dos casuísmos", definindo-o como mal ideado e contrário a todo o propósito da exigência feita a empresas nacionais, Rigolin indaga: "E se o registro pedido for, afinal, negado? O então contratado estrangeiro escapou de uma exigência que o empresário nacional precisou atender, sob pena de ser inabilitado? Então a lei brasileira protege o estrangeiro mais que o nacional?".²⁴⁷

Certo é que, como os licitantes estrangeiros não necessitam de inscrição em entidade profissional competente para participar de licitações, deverão comprovar o atendimento à exigência do dispositivo – que tem ares de pura formalidade – na celebração do contrato.

---

²⁴⁵ TCU – Acórdão nº 1.264/2006 – Plenário.
²⁴⁶ TORRES. *Leis de Licitações Públicas Comentadas*. 13. ed.
²⁴⁷ RIGOLIN. *Lei nº 14.133/2021 comentada*: uma visão crítica.

> Art. 70. A documentação referida neste Capítulo poderá ser:
> I – apresentada em original, por cópia ou por qualquer outro meio expressamente admitido pela Administração;
> II – substituída por registro cadastral emitido por órgão ou entidade pública, desde que previsto no edital e que o registro tenha sido feito em obediência ao disposto nesta Lei;
> III – dispensada, total ou parcialmente, nas contratações para entrega imediata, nas contratações em valores inferiores a 1/4 (um quarto) do limite para dispensa de licitação para compras em geral e nas contratações de produto para pesquisa e desenvolvimento até o valor de R$300.000,00 (trezentos mil reais).
> **Parágrafo único. As empresas estrangeiras que não funcionem no País deverão apresentar documentos equivalentes, na forma de regulamento emitido pelo Poder Executivo federal.**

PARÁGRAFO ÚNICO DO ARTIGO 70

1 A questão da comprovação dos requisitos de habilitação por meio de documentos equivalentes

> *Parágrafo único. As empresas estrangeiras que não funcionem no País deverão apresentar documentos equivalentes, na forma de regulamento emitido pelo Poder Executivo federal.*

A Lei anterior continha um parágrafo, no artigo que tratava dos documentos habilitatórios, que informava que as empresas estrangeiras que não funcionassem no País, tanto quanto possível, atenderiam, nas licitações internacionais, às exigências da lei mediante documentos equivalentes, autenticados pelos respectivos consulados e traduzidos por tradutor juramentado, devendo ter representação legal no Brasil com poderes expressos para receber citação e responder administrativa ou judicialmente.

A nova Lei de Licitações simplificou essa regra, dispondo tão somente que empresas estrangeiras que não funcionem no País deverão apresentar documentos equivalentes, na forma de regulamento emitido pelo Poder Executivo federal.

Verifica-se, assim, que o dispositivo reconhece a aplicação da lei do local de constituição da pessoa jurídica, ou seja, no que concerne à constituição e ao funcionamento das empresas licitantes estrangeiras não há que se pensar em lei brasileira. Com efeito, na medida em que, para a constituição dessas empresas, a lei estrangeira exija pressupostos similares aos da lei brasileira, deverá ser promovida a prova de preenchimento dos requisitos correspondentes.

Dessa forma, naquilo que for possível, as empresas estrangeiras demonstrarão condições de habilitação, precipuamente quanto à regularidade jurídica; à aptidão para a execução do objeto (demonstração técnica); e à qualificação econômico-financeira.

Insta ressaltar a enorme dificuldade dos julgadores na tarefa de avaliação de equivalência dos documentos, diante do infinito repertório de regras jurídicas de países com concepções totalmente diversas. Destarte, os executores desse trabalho deverão ter imensa cautela na verificação documental, valendo-se, para uma decisão acertada, de diligências e da inteligência de profissionais especializados, sendo certo que tais diligências não se prestarão para a inserção posterior de documentos não apresentados no momento adequado, mas apenas para verificação de fatores como validade, coerência com a legislação do país de origem do licitante etc. Reconhece-se, por exemplo, que, nos países de direito anglo-saxão, a manifestação por intermédio de normas consuetudinárias (costumeiras) é uma realidade, com a fé pública amparando as declarações. Destarte, tal regra deverá ser respeitada, pois, como é cediço, os países desenvolvidos culturalmente não dão à burocracia a importância que lhes dão os de menor desenvolvimento.

Observa-se que a apresentação de documentos equivalentes depende exclusivamente do ordenamento jurídico de cada país, devendo os julgadores agirem e avaliarem diante de tal preceito.

Atente-se para a assertiva de Bazilli e Miranda:

> É raro, mas pode acontecer que não seja possível ao licitante estrangeiro a apresentação sequer de um documento equivalente, o que não deverá inviabilizar a sua participação, dado que o legislador previu expressamente que a apresentação de documentação equivalente se fizesse na medida do possível.[248]

Anote-se, por fim, que o parágrafo remete a questão à regulamentação a ser editada pelo Poder Executivo federal. Evidentemente,

---

[248] BAZILLI; MIRANDA. *Licitação à luz do direito positivo*: atualizado conforme a Emenda Constitucional 19, de 4.6.1998 e a Lei nº 9.648, de 27.5.1998.

esse decreto regulamentar (ou Instrução Normativa, conforme o Poder Executivo federal vem adotando, de forma imprópria, para as diversas regulamentações) deverá pautar-se nos métodos de comprovação dessa equivalência.

Art. 75. É dispensável a licitação:
[...]
IV – para contratação que tenha por objeto:
a) bens, componentes ou peças de origem nacional ou estrangeira necessários à manutenção de equipamentos, a serem adquiridos do fornecedor original desses equipamentos durante o período de garantia técnica, quando essa condição de exclusividade for indispensável para a vigência da garantia;
b) bens, serviços, alienações ou obras, nos termos de acordo internacional específico aprovado pelo Congresso Nacional, quando as condições ofertadas forem manifestamente vantajosas para a Administração;
[...]
d) transferência de tecnologia ou licenciamento de direito de uso ou de exploração de criação protegida, nas contratações realizadas por instituição científica, tecnológica e de inovação (ICT) pública ou por agência de fomento, desde que demonstrada vantagem para a Administração;
h) bens e serviços para atendimento dos contingentes militares das forças singulares brasileiras empregadas em operações de paz no exterior, hipótese em que a contratação deverá ser justificada quanto ao preço e à escolha do fornecedor ou executante e ratificada pelo comandante da força militar;
i) abastecimento ou suprimento de efetivos militares em estada eventual de curta duração em portos, aeroportos ou localidades diferentes de suas sedes, por motivo de movimentação operacional de adestramento;
[...]
XII – para contratação em que houver transferência de tecnologia de produtos estratégicos para o Sistema Único de Saúde (SUS), conforme elencados em ato da direção nacional do SUS, inclusive por ocasião da aquisição desses produtos durante as etapas de absorção tecnológica, e em valores compatíveis com aqueles definidos no instrumento firmado para a transferência de tecnologia;
[...]

ALÍNEA A DO INCISO IV DO ARTIGO 75

1 Licitação dispensável na aquisição de bens de origem nacional ou estrangeira para manutenção

> *Art. 75. É dispensável a licitação: [...]*
> *IV – para contratação que tenha por objeto: [...]*
> *a) bens, componentes ou peças de origem nacional ou estrangeira necessários à manutenção de equipamentos, a serem adquiridos do fornecedor original desses equipamentos durante o período de garantia técnica, quando essa condição de exclusividade for indispensável para a vigência da garantia;*

Embora a regra para celebração de contratos pela Administração Pública seja a instauração da licitação, a lei ressalva hipóteses em que o administrador poderá prescindir de fazê-la.

Essa ressalva encontra supedâneo na Constituição Federal, dado que o inciso XXI do art. 37, ao estabelecer a obrigatoriedade do certame licitatório, inicia o texto ressalvando os casos especificados na legislação.

E a razão é simples: nem sempre o procedimento licitatório determina uma contratação mais vantajosa. É o que observa Ronny Charles, ao asseverar que, quando a lei prevê hipóteses de contratação direta, está admitindo que nem sempre a realização do certame levará à melhor contratação pela Administração ou que, pelo menos, a sujeição do negócio ao procedimento formal e burocrático previsto não serve ao eficaz atendimento do interesse público naquela hipótese específica.[249] Da mesma forma, Adilson Dallari, ao obtemperar que não é possível ocorrer, em virtude da realização do procedimento licitatório, o sacrifício de outros valores e princípios consagrados pela ordem jurídica, especialmente o princípio da eficiência.[250]

No que concerne às contratações diretas, a Nova Lei não foi muito inovadora, tendo conservado grande parte do diploma anterior, com alterações pontuais que objetivaram atualizar as questões. O legislador, contudo, carregou nas tintas no novo regramento de instrução do processo dessas contratações. Como é cediço, a Administração Pública tem o dever de não só respeitar o princípio da publicidade, insculpido no

---

[249] CHARLES. *Leis de licitações públicas comentadas*. 6. ed.
[250] DALLARI. *Aspectos jurídicos da licitação*. 6. ed.

art. 37 da Constituição Federal, como o de ser transparente. O preceito inicial é que todo ato administrativo deve ser público, porque pública é a Administração que o realiza. E não só a publicidade dos atos licitatórios, mas, principalmente, a referente aos atos em que a competição licitatória inexiste. Assim, visando à transparência, determina, no art. 72, que a Administração explicite, com detalhes, os motivos que a levaram a não licitar, dispensando ou inexigindo a competição. Comparando-se com a lei anterior, verifica-se que o rol de documentos exigidos aumentou bastante, retratando típica atividade de controle, dado que, após a primeira avaliação da hipótese incidente de não competição, caberá à autoridade superior o juízo final, para então ser providenciada a divulgação, que deverá ser mantida à disposição do público em sítio eletrônico oficial.

Há um capítulo próprio para as contrações diretas, tratando das inexigibilidades e dispensas de licitação. O legislador resolveu inverter a ordem de exposição, observando primeiro a instrução do processo, para depois cuidar das situações de inexigibilidade de certame licitatório e de licitações dispensáveis (arts. 74 e 75). Impende assentar que, além dos casos de dispensabilidade arrolados no art. 75, há ainda as hipóteses de licitações dispensadas, que envolvem a alienação de bens móveis e imóveis da Administração, arrazoadas no art. 76, situado em capítulo específico voltado para as alienações.

Assim, no art. 75, a Nova Lei estabelece as hipóteses em que a licitação será considerada dispensável, isto é, as situações em que, mesmo sendo possível a competição licitatória, o diploma legal autoriza a sua não realização, segundo critério de oportunidade e conveniência.

A licitação dispensável diferencia-se substancialmente da licitação dispensada – que, como informado, está balizada no art. 76 – porque necessita de ato administrativo declaratório, porquanto, ainda que inexista a obrigatoriedade de observância aos procedimentos relativos às modalidades licitatórias, a contratação direta exige a realização de procedimento formal, destinado a justificar a escolha da contratação e o delineamento de seus objetivos.

Nesse sentido, é evidente que a contratação direta não diverge da licitação, porquanto, assim como a competição licitatória, tem teor procedimental, no termos do art. 72, que determina a instrução do processo com os seguintes documentos: a) documento de formalização de demanda e, se for o caso, estudo técnico preliminar, análise de riscos, termo de referência, projeto básico ou projeto executivo; b) estimativa de despesa; c) parecer jurídico e pareceres técnicos, se for o caso, que demonstrem o atendimento aos requisitos exigidos; d) demonstração da compatibilidade da previsão de recursos orçamentários com o compromisso a ser assumido; e) comprovação de que o contratado preenche os requisitos de habilitação e qualificação mínima necessária; f) razão da escolha do contratado; g) justificativa de preço; e h) autorização da autoridade competente.

Destarte, entre outras, uma prática obrigatória na contratação direta é a realização de pesquisa de preços com empresas do mercado, de forma a identificar o valor aproximado da contratação.

Na licitação dispensável, os fatos concretos devem se adequar perfeitamente ao respectivo dispositivo legal, com atendimento a todos os requisitos neles constantes, não se permitindo, em nenhuma hipótese, qualquer exercício de criatividade do agente público. Logo, as circunstâncias de sua ocorrência estão expressamente previstas na lei, abraçando no ordenamento jurídico pátrio um elenco fechado (*numerus clausus*), não sendo facultado ao administrador público ultrapassar os conteúdos legalmente traçados.

Impende averbar que as hipóteses de licitação dispensável estão enquadradas no âmbito das normas gerais e, nessa condição, de competência privativa da União para legislar sobre a matéria (art. 22, XXVII, CF), não sendo admitido, por conseguinte, que estados, Distrito Federal e municípios criem novas situações em suas legislações próprias, sendo-lhes lícito, no entanto, reduzir o rol estabelecido.[251] É possível, todavia, que legislações federais esparsas inovem o tema, reconhecendo outros casos de dispensa de licitação.

Na verdade, na dispensabilidade, a licitação, em tese, é devida, mas o gestor público, avaliando os princípios constitucionais vetoriais do instituto (moralidade e igualdade), em contraposição a certas conjecturas em que a lei permite o seu afastamento, pode decidir, justificada e motivadamente, pela contratação direta.[252]

O inc. IV traz, distribuído em 13 alíneas, várias situações que constavam no antigo art. 24 da Lei nº 8.666/1993.

Essa reunião de alíneas demonstra, como sustentava o saudoso Marcos Juruena, a preocupação do legislador no sentido de agrupar

---

[251] Com o mesmo entendimento, Benedicto de Tolosa Filho (TOLOSA FILHO. *Contratando sem licitação*: comentários teóricos e práticos. 3. ed.).
[252] FERRAZ; FIGUEIREDO. *Dispensa e inexigibilidade de licitação*. 3. ed.

num único bloco os objetos que consagram a função regulatória das contratações diretas, porquanto, além das medidas de regulação pela via legislativa, de certo há também a regulação por intermédio de medidas administrativas "todas as vezes que a satisfação do interesse público por meio da licitação (e do contrato) estiver em jogo".[253]

A *alínea 'a'* prescreve a dispensabilidade de licitação nas contratações que tenham por objeto bens, componentes ou peças de origem nacional ou estrangeira necessários à manutenção de equipamentos, a serem adquiridos do fornecedor original desses equipamentos durante o período de garantia técnica, quando essa condição de exclusividade for indispensável para a vigência da garantia.

Para o aperfeiçoamento da dispensa, a compra deverá atender aos seguintes requisitos:

a) consignar bem, componente ou peça de origem nacional ou estrangeira (afastando-se, por conseguinte, serviços e obras);
b) objeto necessário à manutenção de equipamento da Administração;
c) período de garantia técnica em curso;
d) compra diretamente com o fornecedor original; e
e) exclusiva aquisição junto ao fornecedor original ser condição indispensável para a vigência da garantia.

É indubitável que, na hipótese, a intenção é vincular a responsabilidade do fabricante ao funcionamento do equipamento.

Considerando que a dispensa licitatória só poderá ocorrer quando o fornecedor a tenha estabelecido como condição para manutenção da garantia do equipamento adquirido pela Administração, o enquadramento somente poderá acontecer quando estiver registrada de forma expressa essa condição na proposta originariamente formulada, por ocasião de sua aquisição.

Vide que a dispensabilidade só poderá sobrevir quando a condição de exclusividade do fornecedor for indispensável para a vigência da garantia. Logo, sendo a exclusividade premissa fundamental, fica claro que não há qualquer possibilidade de licitação, caracterizando-se, assim, inviabilidade de competição, o que sinalizaria a inexigibilidade e não a dispensabilidade. Não obstante, o dispositivo trata a situação

---

[253] FERRAZ. Função regulatória da licitação.

como caso de licitação dispensável, talvez porque seja possível, em certas situações, a realização do certame, em face da existência de produto similar no mercado (ainda que tal prática tenha como consequência a perda da garantia).

Nessa contextura, Jessé Torres obtempera que a preferência da lei não seria de todo desprovida de senso na suposição de hipótese em que a Administração abrisse mão da garantia do fabricante, convencida de que o equipamento funcionaria a contento mesmo com peças ou componentes diversos dos originais e de melhor preço.

Tal possibilidade, contudo, reforça a tese de que à Administração impõe-se a aquisição direta ao fabricante se a realização da licitação, afastando a garantia, comprometer a manutenção do equipamento. O dever de zelar pela integridade de seus bens faz indisponível a decisão, aproximando-a do conceito de licitação inexigível também sob este prisma.[254]

Na hipótese de dispensa há um fator de suma importância: a atenção para possível infração às regras de defesa da concorrência, já que não se admite a vinculação entre contratos sem a existência de justificativa compatível com o princípio da livre concorrência.

Nessa linha de raciocínio, pondera Marçal Justen:

> Somente é viável a exigência do fornecedor quando as peças "originais" apresentarem alguma qualidade especial, que se relacione direta e causalmente com o funcionamento eficiente do equipamento. Ou seja, é válida a restrição imposta pelo fabricante quando a utilização de peças ou componentes de outra origem produzir desgaste ou algum tipo de prejuízo ao equipamento. Enfim, o fabricante estaria legitimado a recusar a garantia quando o defeito tivesse sido produzido pela utilização de peças inadequadas, defeituosas ou incompatíveis com o equipamento. Apenas nesses casos é que a exigência de aquisição de peças e componentes originais apresenta fundamento adequado, compatível com o ordenamento jurídico.[255]

Ao observar que a regra versa sobre operações acessórias, não só no sentido de os objetos adquiridos não terem utilidade autônoma,

---

[254] PEREIRA JÚNIOR. *Comentários à Lei das Licitações e Contratações da Administração Pública*. 7. ed.
[255] JUSTEN FILHO. *Comentários à Lei de Licitações e Contratos Administrativos*. 12. ed.

mas também por pressupor um contrato anterior, Henrique Miranda obtempera da mesma forma:

> Não devemos nos esquecer de que a vinculação entre contratos é prática ilegal, que afronta as leis de defesa da concorrência (Lei nº 12.529/2011). Assim, somente é viável tal exigência do fornecedor quando as peças "originais" apresentem alguma qualidade especial, que se relacione direta e causalmente com o funcionamento eficiente do bem. Tal exigência deve ser tecnicamente justificada pelo fornecedor, sob pena de responsabilidade por infração contra a ordem econômica praticada.[256]

Assim, como bem observa o jurista, sempre que a Administração se deparar com a exigência de utilização de peças originais, deverá promover diligência, devendo até mesmo determinar que o fornecedor justifique tecnicamente. Caso a explicação não seja convincente, deverá realizar a licitação e, simultaneamente, comunicar o ocorrido à Secretaria de Direito Econômico (SDE).

Outro cuidado a ser observado diz respeito à existência da pluralidade de ofertas da peça original. Se a peça necessária estiver sendo oferecida por representantes, concessionarias etc., a Administração deverá valer-se de uma competição licitatória restrita a esses fornecedores.

E um cuidado final: a observância da compatibilidade do preço com os similares no mercado, ou, se for o caso, a demonstração de que o preço cobrado é semelhante ao praticado pela empresa em vendas passadas recentes, pois, como assentam Capelotto e Leandro Silva, "não há como justificar o sobrepreço do bem fornecido somente porque estar-se-á a fornecer em favor do Estado".[257]

ALÍNEA B DO INCISO IV DO ARTIGO 75

2   Licitação dispensável para a aquisição nos termos de acordo internacional

> Art. 75. É dispensável a licitação: [...]
> IV – para contratação que tenha por objeto: [...]

---

[256] MIRANDA. *Licitações e contratos administrativos*.
[257] CAPELOTTO; SILVA. Artigo 75. In: DAL POZZO et al. *Lei de licitações e contratos administrativos comentada*: Lei nº 14.133/21.

> **b) bens, serviços, alienações ou obras, nos termos de acordo internacional específico aprovado pelo Congresso Nacional, quando as condições ofertadas forem manifestamente vantajosas para a Administração;**

A alínea 'b' indica a dispensabilidade de licitação nas contratações que tenham por objeto bens, serviços, alienações ou obras, nos termos de acordo internacional específico aprovado pelo Congresso Nacional, quando as condições ofertadas forem manifestamente vantajosas para a Administração.

A hipótese de licitação dispensável tem como inspiração o fenômeno mundial da globalização, hoje bastante enfraquecido, mas ainda pungente. A intenção, sem a menor sombra de dúvida, foi adequar o direito interno aos tão corriqueiros e necessários acordos internacionais.

Verifica-se, outrossim, que a situação determina que se esqueça, nesse mister, o princípio da igualdade, porquanto poderá ocorrer a contratação em detrimento de empresa brasileira que produza bem ou preste serviço semelhante. Nesse passo, é cediço que, para justificar a adoção do dispositivo, fatores preponderantes se sobreponham à necessidade do atendimento ao princípio citado (como, por exemplo, o intercâmbio ou a transferência de tecnologia).

Diversamente da lei anterior, que circunscrevia a possibilidade da dispensa na contratação de bens e/ou serviços, a nova regra alcança também as alienações e as obras.

Quando a prescrição legal restringe a dispensa licitatória à vantagem manifesta, avistam-se sérias dificuldades operacionais ao agente público, uma vez que, na prática, essa demonstração é demasiadamente vaga.[258] Não obstante, Benedicto de Tolosa sustenta que o dispositivo "apenas está reiterando o princípio fundamental das contratações realizadas pela Administração Pública quando opera com ou sem licitação".[259] Da mesma maneira, Marçal Justen defende que "a

---

[258] Não raro, a lei se vale de conceitos jurídicos indeterminados. Nesse particular, Vanice Lírio do Valle, ao avaliar a adoção nos diplomas legais de ideias sujeitas a uma definição carregada de avaliação subjetiva, relembra que o legislador, sabiamente, se vale desse artifício, por não desconhecer que, especialmente em um país como o Brasil, marcado pela dimensão territorial continental e pelas flagrantes diferenciações sociais e econômicas de suas regiões, seria tremendamente inconveniente que, em matéria desse jaez, se valesse a legislação de conceitos rígidos, insuscetíveis de adaptação às condições locais. (VALLE. Contratos de gestão e organizações sociais. Medida Provisória nº 1.591-1, de 09.10.97).

[259] TOLOSA FILHO. *Contratando sem licitação.*

exigência de condições vantajosas não necessitaria ser expressa, por ser pressuposto inerente a qualquer contratação administrativa".[260]

Diversamente, em face do termo "manifestamente", consideramos que o alcance é mais amplo. A nosso ver, a mera existência do acordo internacional sobre a matéria não seria suficiente para o enquadramento.[261]

A questão não passou despercebida por Roberto Bazilli e Sandra Miranda, preocupados com os efeitos diretos das vantagens a serem auferidas:

> Condições vantajosas para quem? Esta é a questão que se põe. A vantagem deve ser aferida no tocante ao órgão ou entidade contratante ou em relação à Administração Pública como um todo? A questão não é meramente acadêmica, pois que o deslinde neste ou naquele sentido determinará critérios de aferição diversos. Se a aferição for a pertinente ao contratante, deverá levar em consideração, para produtos de qualidade e características semelhantes, o preço de mercado nacional e internacional. Já, se a aferição destas condições vantajosas for no tocante aos interesses da Administração Pública, outros fatores deverão ser considerados, tais como abertura de mercado, balança comercial, colocação de produtos dos Estados acordantes, financiamento etc.[262]

Joel Niebuhr relembra que, a princípio, a maneira que o Poder Púbico possui para apurar as condições contratuais mais vantajosas é justamente a licitação pública:

> Nela, todos os interessados disputam em condições de igualdade, ofertando à Administração a melhor proposta [...]. Destarte, é a competição entre os interessados no contrato que induz à proposta mais vantajosa. Sob essa luz, o Estado brasileiro pode acertar a aquisição de bens ou a prestação de serviços com empresas estrangeiras, por meio de acordo aprovado pelo Congresso Nacional, mas não dispõe de condições para precisar que os termos desse contrato sejam efetivamente os mais

---

[260] JUSTEN FILHO. *Comentários à Lei de Licitações e Contratos Administrativos*. 7. ed.

[261] Observe-se que a lei fez referência tão somente a acordos. Várias expressões são encontradas no Direito Internacional que denotam acordos internacionais (tratado, convenção etc.). Verdadeiramente, na estrita acepção do termo, acordo internacional é aquele que denota cooperação entre países. No caso sob análise, trata-se, evidentemente, de acordo que implique na possibilidade de contratação de bens, serviços, alienações ou obras e não o tratado ou a convenção internacional, que possuem caráter normativo.

[262] BAZILLI; MIRANDA. *Licitação à luz do direito positivo*: atualizado conforme a Emenda Constitucional 19, de 4.6.1998 e a Lei nº 9.648, de 27.5.1998.

vantajosos, pois, se recorresse à licitação, outras empresas, de outros Estados, poderiam, em tese, lhe oferecer melhores propostas.[263]

Em função de tudo o que foi exposto, concluímos que as condições ofertadas devem ser vantajosas para a Administração Pública como um todo e, como aduzem Bazilli e Miranda, melhor ainda se forem vantajosas também para o órgão contratante, requerendo ampla motivação.[264]

Sublinhe-se que a manifesta vantagem pode ser alcançada de maneira indireta, isto é, não necessariamente decorrente do objeto do contrato a ser celebrado, mas por intermédio de outras obrigações assumidas pela empresa estrangeira (tais como transferência de tecnologia; compensações específicas – os chamados *offset* etc.).

Nesse particular, expõe com propriedade Niebuhr:

> O fato é que [...] os acordos internacionais envolvem função política, pertinente às estratégias do Estado em relação a seus pares, envolvendo interesses complexos. E, hoje em dia, essas relações ganham cada vez mais importância, pelo que, esses outros fatores servem para justificar a manifesta vantajosidade da dispensa.[265]

No mesmo diapasão, Ari Sundfeld:

> Trata-se de situações em que a aquisição tem como contrapartida vantagens de outra ordem, interesses para o País, como [...] a abertura de mercados externos, e por aí vai. A dispensa de licitação, considerando, de um lado, que os benefícios citados podem ser mais interessantes que a mecânica busca do melhor preço em uma contratação tomada isoladamente e, de outro, que o procedimento licitatório não é veículo adequado para o estabelecimento de vínculos complexos, onde estejam envolvidas contrapartidas políticas.[266]

Por outro lado, os acordos internacionais, ratificados pelo Congresso Nacional, assumem no ordenamento jurídico pátrio nível hierárquico de lei ordinária. Nesse viés, celebrado um acordo desse

---

[263] NIEBUHR. *Dispensa e inexigibilidade de licitação pública*. 2. ed.
[264] Eduardo Capella alerta que já houve contratação com essas características – oriunda de acordo internacional e aprovada pelo Congresso Nacional – devidamente glosada em auditoria pelo TCU, em face de não haver a comprovação de ser vantajosa ao erário. (CAPELLA. *Licitações*: instruções didáticas).
[265] NIEBUHR. *Dispensa e inexigibilidade de licitação pública*. 2. ed.
[266] SUNDFELD. *Licitação e contrato administrativo*. 2. ed.

porte, objetivando uma aquisição ou um serviço, dispositivo especial estaria vindo à luz, sobrepujando-se ao disposto na Lei nº 14.133/2021.[267] [268] É o que também observa Ronny Charles: "Sendo a Lei nº 14.133/2021 ordinária, os tratados internacionais futuros, que adquirirem esse status e dispuserem sobre hipótese de contratação direta, estarão, na verdade, criando nova hipótese de dispensa, como seria feito pelo legislador ordinário".[269]

Sobre a matéria, Bazilli e Miranda chamam a atenção para os arts. 49, I, e 84, VIII, da CF:[270]

> Acordo internacional, pois, é ato jurídico por meio do qual se efetiva a integração de vontades entre duas ou mais pessoas internacionais. Caracteriza-se, sobretudo, por ser específico, implicando a possibilidade de aquisição de bens e serviços pelas partes; é de natureza operativa, ao passo que a convenção internacional tem caráter normativo. O acordo a que se refere o texto em comento é de natureza gravosa, acarretando encargos para as partes, na medida em que está ínsita a ideia de comércio internacional. Como tal, este acordo somente tem eficácia jurídica quando o Congresso Nacional o aprova ou referenda.[271]

Instala-se, então, uma dúvida: poderia o agente público deixar de atender ao prescrito num acordo dessa natureza por considerar, com base em documentos concretos, que a manifesta vantagem não estaria sendo alcançada?

---

[267] Esse requisito sofreu pesada crítica de Marcos Juruena, uma vez que o próprio tratado poderia excepcionar a regra para o caso específico, sem necessidade de outra legislação, até porque o art. 4º da CF já prevê a cooperação entre os povos e a integração econômica como princípios das relações internacionais brasileiras. (SOUTO. *Licitações e contratos administrativos*).

[268] A Resolução do Senado nº 48/2007, que dispõe sobre os limites globais para as operações de crédito externo e interno da União, de suas autarquias e demais entidades controladas pelo poder público federal e estabelece limites e condições para a concessão de garantia da União em operações de crédito externo e interno, prevê que os pedidos de autorização para operações de crédito externo vinculados à aquisição de bens ou contratação de serviços, decorrentes de acordo internacional específico, devem ser acompanhados de pareceres técnico e jurídico da entidade contratante, discriminando as vantagens econômicas para o Poder Público.

[269] TORRES. *Leis de licitações públicas comentadas*. 12. ed.

[270] CF – Art. 49. É da competência exclusiva do Congresso Nacional: I – resolver definitivamente sobre tratados, acordos ou atos internacionais que acarretem encargos ou compromissos gravosos ao patrimônio nacional;
Art. 84. Compete privativamente ao Presidente da República: VIII – celebrar tratados, convenções e atos internacionais, sujeitos a referendo do Congresso Nacional;

[271] BAZILLI; MIRANDA. *Licitação à luz do direito positivo*: atualizado conforme a Emenda Constitucional 19, de 4.6.1998 e a Lei nº 9.648, de 27.5.1998.

Conjugando os regramentos constitucionais com a regra disposta neste dispositivo, asseveramos que sim, não obstante o acordo manter a validade jurídica.[272]

É o que também concluiu Jacoby Fernandes:

> Efetivamente, se a lei [...] impõe norma geral sobre o tema e se a licitação é também a regra geral, as normas específicas – aí compreendidas as contidas nos acordos que autorizem contratação direta sem licitação – terão sua validade condicionada, se harmônicas com a Constituição Federal e com as regras gerais aqui delineadas. Mesmo quando o acordo não faça alusão à obrigação de oferecer condições mais vantajosas para o Poder Público, aquela regra deverá permear o ajuste.[273]

Justificando a dispensa de licitação para a situação apresentada, Benedicto de Tolosa mune-se de argumentos que discorrem sobre a globalização dos mercados:

> O Brasil, por certo, não poderia ficar alheio ao movimento conhecido como globalização nas diversas áreas de atividades e do conhecimento. Fato idêntico ocorre por regiões unindo as nações em causas de interesse recíproco, como é o caso do Mercosul em nosso hemisfério. Assim, se unem as nações em organismos internacionais que proporcionam a troca de experiências e de favores comerciais, surgindo, desta forma, condições favoráveis para aquisição de bens ou de serviços de alta tecnologia e de aplicação específica, materializados através de acordos internacionais [...], possibilitando, assim, que sejam adquiridos mediante dispensa de licitação.[274]

---

[272] Com outra ótica, Ivan Barbosa Rigolin critica a necessidade da averiguação quanto às condições vantajosas para a Administração, dado que o acordo já recebera o aval do Congresso Nacional: "[...] soa muito estranho, como neste exemplo: o País celebrou um acordo OPEP para comprar petróleo, primeiro requisito atendido. Reuniu-se o Congresso Nacional e aprovou esse acordo, segundo requisito. Dado isso, a pergunta inevitável: alguém imagina que será ainda necessário que mais alguém, que não se sabe quem possa ser, mas que pelo jeito está acima do Congresso Nacional, precise entender que as condições aprovadas pelo Congresso são manifestamente vantajosas, para apenas então poder o contrato ser tido como legítimo? O Congresso tem então alguma instância administrativa revisora? [...] Seria o autor da lei a instância revisora do Congresso? Quem submete o Congresso Nacional à subordinação, no plano administrativo e não judicial? É muito estranha, apenas para variar, neste momento a dicção da lei". (RIGOLIN. Dispensa e inexigibilidade de licitação).

[273] JACOBY FERNANDES. *Contratação direta sem licitação*.

[274] TOLOSA FILHO. *Contratando sem licitação*: comentários teóricos e práticos. 3. ed.

Ainda sobre a matéria, insta observar que:

a) quando o acordo internacional envolver estados, municípios ou o Distrito Federal, serão os Poderes Legislativo e Executivo locais que terão competência para a apreciação quanto à conveniência e à oportunidade, cabendo ao Congresso Nacional a avaliação concernente aos contornos econômico-financeiros;[275]

b) a hipótese de dispensa ora analisada difere do regramento contido no §3º do art. 1º, que versa sobre procedimentos para as contratações com financiamentos concedidos por agências oficiais de cooperação estrangeiras ou organismos financeiros multilaterais de que o Brasil faça parte (tais como o Banco Mundial – BIRD ou o Banco Interamericano de Desenvolvimento – BID), quando não há de se falar em licitação dispensável, uma vez que se instaurará licitação na qual poderão constar as condições previstas nas normas e procedimentos dos organismos financiadores.

ALÍNEA D DO INCISO IV DO ARTIGO 75

3 Licitação dispensável para a transferência de tecnologia

> *Art. 75. É dispensável a licitação: [...]*
> *IV – para contratação que tenha por objeto: [...]*
> ***d) transferência de tecnologia ou licenciamento de direito de uso ou de exploração de criação protegida, nas contratações realizadas por instituição científica, tecnológica e de inovação (ICT) pública ou por agência de fomento, desde que demonstrada vantagem para a Administração;***

---

[275] A propósito, Marcos Juruena sustenta que a dispensa em análise "veio para admitir acordos feitos por estados e municípios, que não têm personalidade jurídica de Direito Internacional público e, portanto, não podem celebrar tratados [...]. Do contrário, seria inócuo. Afinal, o próprio tratado [...] poderia excepcionar a regra para o caso específico, sem necessidade de legislação, até porque o artigo 4º da Constituição Federal já prevê a cooperação entre os povos e a integração econômica como princípios das relações internacionais brasileiras". (SOUTO. *Direito Administrativo Contratual.* 3. ed.).

A alínea 'd' prescreve a dispensabilidade de licitação nas contratações que tenham por objeto a transferência de tecnologia ou o licenciamento de direito de uso ou de exploração de criação protegida nas contratações realizadas por instituição científica, tecnológica e de inovação (ICT) pública ou por agência de fomento, desde que demonstrada vantagem para a Administração.

Como já esposado, o incentivo ao desenvolvimento científico, à pesquisa e à capacitação tecnológica tem sede constitucional, sendo tratados nos arts. 218 a 219-B.[276]

---

[276] CF – CAPÍTULO IV – DA CIÊNCIA, TECNOLOGIA E INOVAÇÃO (Redação dada pela Emenda Constitucional nº 85, de 2015).
Art. 218. O Estado promoverá e incentivará o desenvolvimento científico, a pesquisa, a capacitação científica e tecnológica e a inovação. (Redação dada pela Emenda Constitucional nº 85, de 2015).
§1º A pesquisa científica básica e tecnológica receberá tratamento prioritário do Estado, tendo em vista o bem público e o progresso da ciência, tecnologia e inovação. (Redação dada pela Emenda Constitucional nº 85, de 2015).
§2º A pesquisa tecnológica voltar-se-á preponderantemente para a solução dos problemas brasileiros e para o desenvolvimento do sistema produtivo nacional e regional.
§3º O Estado apoiará a formação de recursos humanos nas áreas de ciência, pesquisa, tecnologia e inovação, inclusive por meio do apoio às atividades de extensão tecnológica, e concederá aos que delas se ocupem meios e condições especiais de trabalho. (Redação dada pela Emenda Constitucional nº 85, de 2015).
§4º A lei apoiará e estimulará as empresas que invistam em pesquisa, criação de tecnologia adequada ao País, formação e aperfeiçoamento de seus recursos humanos e que pratiquem sistemas de remuneração que assegurem ao empregado, desvinculada do salário, participação nos ganhos econômicos resultantes da produtividade de seu trabalho.
§5º É facultado aos Estados e ao Distrito Federal vincular parcela de sua receita orçamentária a entidades públicas de fomento ao ensino e à pesquisa científica e tecnológica.
§6º O Estado, na execução das atividades previstas no caput, estimulará a articulação entre entes, tanto públicos quanto privados, nas diversas esferas de governo. (Incluído pela Emenda Constitucional nº 85, de 2015).
§7º O Estado promoverá e incentivará a atuação no exterior das instituições públicas de ciência, tecnologia e inovação, com vistas à execução das atividades previstas no caput. (Incluído pela Emenda Constitucional nº 85, de 2015).
Art. 219. O mercado interno integra o patrimônio nacional e será incentivado de modo a viabilizar o desenvolvimento cultural e socioeconômico, o bem-estar da população e a autonomia tecnológica do País, nos termos de lei federal.
Parágrafo único. O Estado estimulará a formação e o fortalecimento da inovação nas empresas, bem como nos demais entes, públicos ou privados, a constituição e a manutenção de parques e polos tecnológicos e de demais ambientes promotores da inovação, a atuação dos inventores independentes e a criação, absorção, difusão e transferência de tecnologia. (Incluído pela Emenda Constitucional nº 85, de 2015).
Art. 219-A. A União, os Estados, o Distrito Federal e os Municípios poderão firmar instrumentos de cooperação com órgãos e entidades públicos e com entidades privadas, inclusive para o compartilhamento de recursos humanos especializados e capacidade instalada, para a execução de projetos de pesquisa, de desenvolvimento científico e tecnológico e de inovação, mediante contrapartida financeira ou não financeira assumida pelo ente beneficiário, na forma da lei. (Incluído pela Emenda Constitucional nº 85, de 2015).

Esta dispensabilidade licitatória, antes inserida na Lei nº 8.666/1993 pela Lei nº 10.973/2004, veio à luz como consequência lógica dos incentivos à pesquisa científica e tecnológica previstos no diploma, objetivando a ampliação da capacitação e da autonomia tecnológica, com o asseguramento do desenvolvimento da indústria nacional.

Na exposição de motivos da lei, foram apresentados os argumentos que fundaram a nova hipótese de dispensa:

> No contexto de estímulo à participação das entidades públicas de pesquisa no processo de inovação, o Capítulo III traz mecanismo de suma relevância. Trata-se da transferência e do licenciamento de tecnologia de nossas universidades e institutos de pesquisa públicos para o setor produtivo nacional. [...] o presente Projeto traz modificação ao texto dessa lei, dispensando das modalidades de licitação a contratação para transferência e licenciamento de tecnologia pelas instituições científicas e tecnológicas.
> O texto apresentado estabelece duas formas de tratamento à questão. Primeiramente, em se tratando de contratação com cláusula de exclusividade para exploração da criação, o Projeto prevê a modalidade de chamada pública, cujo procedimento será oportunamente regulamentado. Em outra hipótese, havendo fundamento para contratar sem exclusividade de exploração, as entidades públicas poderão fazê-lo diretamente, com os interessados do setor produtivo.
> Com a disposição acima proposta, findam-se os inúmeros obstáculos que impediam a exploração pela sociedade dos produtos e processos inovadores produzidos dentro das universidades e instituições públicas de pesquisa. É selada, assim, de forma objetiva, a relação entre tais entidades públicas e o setor produtivo nacional.

Destarte, com o firme propósito de fomentar ao máximo as atividades de pesquisa, após definir, em seu art. 2º, V, que uma ICT constitui ente da Administração Pública dedicado a trabalhos de pesquisa básica ou aplicada, de caráter científico ou tecnológico, a Lei nº 10.973/2004 sinalizou o uso da dispensabilidade de licitação quando

---

Art. 219-B. O Sistema Nacional de Ciência, Tecnologia e Inovação (SNCTI) será organizado em regime de colaboração entre entes, tanto públicos quanto privados, com vistas a promover o desenvolvimento científico e tecnológico e a inovação. (Incluído pela Emenda Constitucional nº 85, de 2015).
§1º Lei federal disporá sobre as normas gerais do SNCTI. (Incluído pela Emenda Constitucional nº 85, de 2015).
§2º Os Estados, o Distrito Federal e os Municípios legislarão concorrentemente sobre suas peculiaridades. (Incluído pela Emenda Constitucional nº 85, de 2015).

estas instituições necessitarem ceder direitos de sua titularidade relacionados à inovação tecnológica.

Além disso, mirando fomentar a pesquisa, fez menção à criação de agências de fomento (com atuação precípua no financiamento dos trabalhos dessa natureza),[277] as quais, nas suas contratações, também se valerão do recurso da dispensabilidade do certame licitatório.

Sublinhando que essas contratações têm aspecto econômico estratégico de médio e longo prazo, Antônio Flávio de Oliveira observa:

> Orientará a contratação a necessidade de adquirir determinado conhecimento tecnológico, ou o intuito de desenvolver certo setor da economia nacional com a transferência de tecnologia criada por entidades integrantes da Administração Pública, mas que tenham a capacidade de gerar ganhos econômicos e tornar competitivo determinado setor da economia que, de outro modo, estaria à mercê da concorrência internacional em condição de inferioridade, correndo até mesmo o risco de desaparecimento.[278]

Registrem-se os requisitos para a dispensa:

a) o ente da Administração Pública deverá estar qualificado como Instituição Científica e Tecnológica (ICT) ou como agência de fomento, como delineado na Lei nº 10.973/2004;
b) o objeto da contratação deverá ser a transferência de tecnologia ou o licenciamento de direito de uso de criação;
c) deverá ser titular da tecnologia a ser transferida ou do direito de uso da criação protegida; e
d) deverá ser demonstrada a vantagem para a Administração.

Sobre a transferência de tecnologia, vide também os comentários ao §6º do art. 26 (Item 2. *As compensações comerciais, industriais ou tecnológicas*).

---

[277] Lei nº 10.973/04 – Art. 2º Para os efeitos desta Lei, considera-se:
I – agência de fomento: órgão ou instituição de natureza pública ou privada que tenha entre os seus objetivos o financiamento de ações que visem a estimular e a promover o desenvolvimento da ciência, da tecnologia e da inovação.

[278] OLIVEIRA. Comentários à Lei de Licitações e Contratações Públicas.

ALÍNEA H DO INCISO IV DO ARTIGO 75

4 Licitação dispensável para atendimento de contingentes militares em operações de paz no exterior

> *Art. 75. É dispensável a licitação:*
> *IV – para contratação que tenha por objeto: [...]*
> **h) bens e serviços para atendimento dos contingentes militares das forças singulares brasileiras empregadas em operações de paz no exterior, hipótese em que a contratação deverá ser justificada quanto ao preço e à escolha do fornecedor ou executante e ratificada pelo comandante da força militar;**

A alínea 'h' sinaliza a dispensabilidade de licitação nas contratações que tenham por objeto bens e serviços para atendimento dos contingentes militares das forças singulares brasileiras empregadas em operações de paz no exterior, hipótese em que a contratação deverá ser justificada quanto ao preço e à escolha do fornecedor ou executante e ratificada pelo comandante da força militar.

> Art. 75. É dispensável a licitação:
> (...)
> IV – para contratação que tenha por objeto:
> (...)
> h) bens e serviços para atendimento dos contingentes militares das forças singulares brasileiras empregadas em operações de paz no exterior, hipótese em que a contratação deverá ser justificada quanto ao preço e à escolha do fornecedor ou executante e ratificada pelo comandante da força militar;

A medida visa garantir agilidade e condições operacionais adequadas aos militares no exterior, de acordo com os compromissos assumidos pelo Brasil com a Organização das Nações Unidas (ONU).

A dispensa é mais do que justificável, porquanto, como se sabe, nos acordos para envio de tropas em missões de paz, os países assumem a responsabilidade da manutenção operacional dos seus equipamentos. Como o apoio logístico das operações precisa ser célere, seria totalmente inviável atender a procedimentos tradicionais licitatórios. A exigência de que as tropas ou os destacamentos remetidos ao exterior, para cumprimento de uma missão de paz, submetessem suas contratações a procedimentos licitatórios suscitaria, é claro, problemas de toda ordem.

Conforme assenta Jacoby Fernandes, a decisão de se inserir em operações militares dessa natureza não nasce no âmbito da força, sendo, sim, uma decisão política, tomada em nível superior com absoluta desconsideração à capacidade, estrutura e adestramento dos planos inferiores. A intendência não é ouvida e a área operacional, subordinada à rígida hierarquia, acaba por não levar as instâncias superiores à efetiva capacidade de operação.

> Desse modo, recebendo a missão, os agentes acabam por se devotar com tal espírito que os aspectos legais acabam mitigados. Assim, o dispositivo assegura ampla margem para contratações nacionais e não nacionais (...) vinculadas às necessidades dos contingentes militares das Forças Singulares brasileiras empregadas em operações de paz no exterior.[279]

Guilherme Campos, relator da matéria quando o projeto de lei tramitava na Câmara dos Deputados, ressaltou, com propriedade, que fatores como o clima, o terreno e a infraestrutura disponível no local demandam a aquisição de materiais e equipamentos não previstos, o que, obviamente, justifica ainda mais a dispensa de licitação, uma vez que não se pode descartar o aumento da violência, que modifica substancialmente as condições iniciais de emprego da tropa e as características do suprimento que será utilizado.

A providência intenciona não só garantir condições de segurança na permanência de uma força militar no exterior, como também assegurar a capacidade operacional no cumprimento das missões.

Segundo o dispositivo, são requisitos para a dispensa de licitação:

a) aquisição de bens e/ou contratação de serviços necessários para atender aos contingentes militares das forças singulares brasileiras empregadas em operações de paz no exterior;

b) justificativa quanto ao preço (demonstração de que os preços são compatíveis para com o mercado onde as tropas se encontram) e à escolha do fornecedor ou executante;[280] e

c) ratificação por parte do comandante da força militar.

---

[279] JACOBY FERNANDES. *Contratação direta sem licitação*. 10. ed.
[280] Nessa justificativa não poderá ficar de fora a indicação de que foi avaliada a qualidade do objeto contratado. Não se pode tolerar contratações para o tipo de atividade com qualidade não adequada.

ALÍNEA I DO INCISO IV DO ARTIGO 75

5   Licitação dispensável para contratações objetivando os abastecimentos militares em estado de operação

> Art. 75. É dispensável a licitação:
> IV – para contratação que tenha por objeto: [...]
> **i) abastecimento ou suprimento de efetivos militares em estada eventual de curta duração em portos, aeroportos ou localidades diferentes de suas sedes, por motivo de movimentação operacional ou de adestramento;**

A alínea 'i' indica a dispensabilidade de licitação nas contratações que tenham por objeto o abastecimento ou o suprimento de efetivos militares em estada eventual de curta duração em portos, aeroportos ou localidades diferentes de suas sedes, por motivo de movimentação operacional ou de adestramento.

Art. 75. É dispensável a licitação:
(...)
IV – para contratação que tenha por objeto:
(...)
i) abastecimento ou suprimento de efetivos militares em estada eventual de curta duração em portos, aeroportos ou localidades diferentes de suas sedes, por motivo de movimentação operacional ou de adestramento;

O dispositivo é oportuno, por ser impossível que tropas, navios ou unidades aéreas militares, em deslocamento operacional ou em adestramento, na prática de suas atividades-fim, fiquem à mercê do procedimento moroso licitatório para se abastecerem, em que pese configurar situação peculiar e, indubitavelmente, enquadrável em inexigibilidade de licitação, diante da total inviabilidade de competição,[281] ou, da mesma forma, configurar-se como um caso de urgência, sendo factível a adoção da dispensabilidade definida no inc. VIII, que objetiva fazer frente a casos de urgente atendimento.

---

[281] Nesse sentido, Carlos Pinto Coelho Motta, em seu "Eficácia nas licitações e contratos". (MOTTA. *Eficácia nas licitações e contratos*. 10. ed.).

Nesse sentido, observa Felipe Boselli:

> Tem-se hipótese evidente de inviabilidade de competição por razão geográfico-temporal. É óbvio que não seria possível interromper a movimentação de veículos militares em operação para que se aguardasse alguns meses até a conclusão do processo licitatório para aquisição de combustível, por exemplo. Não há nenhuma dúvida que a hipótese prevista pelo legislador inviabiliza a competição licitatória e, portanto, a contratação sem licitação não é uma faculdade, e sim, uma imposição fática.[282]

A situação está intimamente relacionada a situações imprevisíveis, pois os representantes pelos abastecimentos não podem descurar-se do planejamento que se faz mister para deslocamentos dessa natureza. Como bom exemplo de planejamento voltado para o abastecimento, cita-se o longo deslocamento realizado todos os anos pelo Navio Escola Brasil, da Marinha brasileira, em viagem de seis meses de adestramento de aspirantes, percorrendo cerca de 20 portos, em diversos países, que é precedido de uma concorrência internacional para aquisição de todos os tipos de gêneros.

É o que também pondera Henrique Miranda:

> Esse dispositivo, contudo, caracteriza a faculdade de não realização do certame licitatório quando a eventual demora do procedimento licitatório possa fazer perecer o interesse público. Por certo, a conveniência e a oportunidade da contratação direta só ficarão demonstradas nas hipóteses de contratação de serviços e aquisição de gêneros perecíveis ou de produtos cuja necessidade não pôde ser vislumbrada no início da operação. A aquisição de objetos e bens não perecíveis, transportados por tropas e junto a equipamentos militares, deve ser precedida de certame licitatório, antes do início da viagem.[283]

A dispensa é cabível na ocorrência dos seguintes fatores:

a) eventualidade de estadia (curta permanência) de efetivos miliares (navios, embarcações, unidades aéreas e tropas) em portos, aeroportos ou localidades diversas de suas sedes;

---

[282] BOSELLI. *Dispensa e inexigibilidade de licitação*: o marco normativo constitucional e infraconstitucional da contratação direta no Brasil.
[283] MIRANDA. *Licitações e contratos administrativos*.

b) necessidade comprovável de abastecimento ou suprimento; e
c) movimentação operacional ou de adestramento.

INCISO XII DO ARTIGO 75

6 Licitação dispensável para contratação que contenha transferência de tecnologia de produtos estratégicos para o Sistema Único de Saúde (SUS)

> *Art. 75. É dispensável a licitação: [...]*
> *XII – para contratação em que houver transferência de tecnologia de produtos estratégicos para o Sistema Único de Saúde (SUS), conforme elencados em ato da direção nacional do SUS, inclusive por ocasião da aquisição desses produtos durante as etapas de absorção tecnológica, e em valores compatíveis com aqueles definidos no instrumento firmado para a transferência de tecnologia;*

O inciso XII autoriza a dispensa de licitação nas contratações em que houver transferência de tecnologia de produtos estratégicos para o Sistema Único de Saúde (SUS), conforme elencados em ato da direção nacional do SUS, inclusive por ocasião da aquisição desses produtos durante as etapas de absorção tecnológica, e em valores compatíveis com aqueles definidos no instrumento firmado para a transferência de tecnologia.

A dispensa de licitação volta-se para as contratações que permitem a transferência de tecnologia de produtos estratégicos para o Sistema Único de Saúde (SUS), no âmbito da Lei nº 8.080/1990, que dispõe sobre as condições para a promoção, a proteção e a recuperação da saúde, a organização e o funcionamento dos serviços correspondentes.

O art. 46 desse diploma prevê que o SUS deverá estabelecer mecanismos de incentivo à participação do setor privado no investimento em ciência e tecnologia e no estímulo à transferência de tecnologia das universidades e institutos de pesquisa aos serviços de saúde nos estados, no Distrito Federal e nos municípios, e às empresas nacionais.

A regra de dispensabilidade licitatória determina que a direção nacional do SUS emita ato elencando os produtos na categoria exigida, inclusive por ocasião da aquisição durante as etapas de absorção tecnológica, o que, a nosso ver, fere o princípio da isonomia entre os licitantes.

Consoante o já exposto, as dispensas para contratações com transferência de tecnologia se alicerçam no fomento à pesquisa científica e tecnológica, tendo como resultado a ampliação da capacitação e da autonomia tecnológica, com o asseguramento do desenvolvimento da indústria nacional.

Comentando a matéria, Aloysio Alves considerou a regra "perigosa":

> Nem é preciso que se efetive a absorção tecnológica. Basta se ter um contrato visando à absorção tecnológica para a fabricação de determinado produto, que isso por si só já habilita o empresário a vender os seus produtos para o Ministério da Saúde com dispensa de licitação. [...]. É perigoso, porque ele contradiz, ele afronta os princípios de impessoalidade que informam o capítulo "Da Administração Pública" da Constituição brasileira. É perigoso isso [...] pode ser uma porta aberta para a fraude, para o favoritismo, que vai atingir aquilo que é mais precioso na vida do brasileiro, que é a saúde.[284]

Instituindo a Política Nacional de Inovação Tecnológica na Saúde – PNITS, foi editado o Decreto nº 9.245/2017, regulamentando o uso do poder de compra do Estado em contratações e aquisições que envolvam produtos e serviços estratégicos para o Sistema Único de Saúde – SUS.

Consoante o prescrito em seu art. 3º, a PNITS possui os seguintes objetivos:

a) promover o aprimoramento do marco regulatório referente às estratégias e ações de inovação tecnológica na área da saúde;

b) promover a sustentabilidade tecnológica e econômica do SUS, com a definição de condições estruturais para aumentar a capacidade produtiva e de inovação do País, com vistas à contribuição para a ampliação do acesso à saúde;

c) estimular a atividade de inovação na administração pública e nas entidades privadas, inclusive para a atração, a constituição e a instalação de centros de pesquisa, desenvolvimento e inovação e de parques e polos tecnológicos no País;

---

[284] Arquivo pessoal.

d) estimular e fomentar a parceria entre a administração pública e as entidades privadas, com vistas à promoção da transferência, da internalização, da incorporação, do desenvolvimento e da qualificação de tecnologias em saúde no território nacional;
e) incentivar a inovação e a pesquisa científica e tecnológica no ambiente produtivo, com vistas à capacitação tecnológica, ao alcance da autonomia tecnológica e ao desenvolvimento do sistema produtivo nacional e regional na área da saúde;
f) promover a pesquisa, o desenvolvimento e a fabricação de produtos e serviços estratégicos para o SUS em território nacional, com estímulo à competitividade empresarial;
g) reduzir a dependência externa e a vulnerabilidade produtiva e tecnológica do País em relação aos produtos e serviços estratégicos para o SUS, com vistas à ampliação do acesso à saúde; e
h) estabelecer os critérios para o uso do poder de compra estatal com o intuito de racionalizar os gastos em saúde e induzir o desenvolvimento científico, tecnológico e industrial, com vistas à sustentabilidade do SUS e à consolidação do CIS no País.

Dentre os instrumentos estratégicos da PNITS há as Parcerias para o Desenvolvimento Produtivo – PDP, que têm como objeto, concomitantemente: (a) o desenvolvimento tecnológico, a transferência e a absorção de tecnologia relacionada aos produtos estratégicos para o SUS; (b) a capacitação produtiva e tecnológica no País relacionada aos produtos estratégicos para o SUS; e (c) a aquisição dos produtos estratégicos para o SUS, nos termos do disposto no inciso XXXII do art. 24 da Lei nº 8.666/1993, que versa sobre a dispensa de licitação para a contratação em que houver transferência de tecnologia de produtos estratégicos para o Sistema Único de Saúde – SUS.

> Art. 92. São necessárias em todo contrato cláusulas que estabeleçam:
> [....]
> §1º Os contratos celebrados pela Administração Pública com pessoas físicas ou jurídicas, inclusive as domiciliadas no exterior, deverão conter cláusula que declare competente o foro da sede da Administração para dirimir qualquer questão contratual, ressalvadas as seguintes hipóteses:
> I – licitação internacional para a aquisição de bens e serviços cujo pagamento seja feito com o produto de financiamento concedido por organismo financeiro internacional de que o Brasil faça parte ou por agência estrangeira de cooperação;
> II – contratação com empresa estrangeira para a compra de equipamentos fabricados e entregues no exterior precedida de autorização do Chefe do Poder Executivo;
> III – aquisição de bens e serviços realizada por unidades administrativas com sede no exterior.

PARÁGRAFO 1º DO ARTIGO 92

1   O foro competente para dirimir questões referentes aos contratos administrativos

O termo *contrato*, derivado do latim *contractus*, significa pacto, convenção ou acordo de vontade.

Na história do Direito, a teoria contratual evoluiu com o passar do tempo, acompanhando a antiga questão de autonomia das pessoas, tendo como ideia matriz a de que, no contrato, em função da plenitude da manifestação de vontade, a liberdade é absoluta, uma vez que materializa um encontro de interesses.[285]

O contrato pode ser definido, portanto, como um ajuste celebrado livremente pelas partes, com o objetivo de "adquirir, resguardar, modificar ou extinguir direitos", como conceituava Clóvis Beviláqua,

---

[285] Surgido no Direito Romano, com inspiração religiosa, o contrato estabeleceu-se inicialmente no âmbito do Direito Canônico. A partir dessa origem, um pouco antes da Revolução Francesa, a teoria da autonomia da vontade foi desenvolvida por estudiosos de todas as linhas de pensamento, quando se firmou posição no sentido da obrigatoriedade de pleno atendimento pelas partes das convenções, que passaram a ser equiparadas à própria lei.

ou "para criar obrigações e direitos recíprocos", como demarcava Hely Lopes Meirelles.

Por essência, o contrato é bilateral (sinalagmático), pois, em oposição ao ato jurídico, que é unilateral, depende da convergência de vontades opostas em torno de um mesmo objeto;[286] comutativo, uma vez que estipula obrigações mútuas de obrigações e vantagens; e, em regra, oneroso (podendo ser gratuito em situações excepcionais),[287] operando com força de lei entre as partes, devendo por elas ser fielmente atendido.[288]

Em termos genéricos, para que produza efeitos, tendo, por conseguinte, eficácia jurídica, o contrato deve conter: agentes capazes; objeto lícito e possível; forma prescrita ou não proibida em lei;[289] e livre manifestação de vontade das partes.

Com a contemporânea noção de personificação do Estado, fixou-se a natural possibilidade de, na sua atividade cotidiana – sendo pessoa jurídica e, por conseguinte, apta a adquirir clientes e contrair obrigações – celebrar os mais diversos contratos.

Conforme já registrado, enquanto os particulares dispõem de ampla liberdade para contratar (obras, serviços, fornecimentos etc.), o Estado, para fazê-lo, é obrigado a adotar um procedimento preliminar. Este procedimento obrigatório constitui-se na licitação pública (ou a inexigibilidade/dispensa).

Encerrada a licitação (ou procedido o afastamento do certame licitatório por dispensabilidade ou inexigibilidade), a Administração Pública, de regra, celebra o contrato com o terceiro vencedor da competição.

Portanto, regra geral, o contrato administrativo decorre da licitação, sendo o resultado desta vinculante para a Administração. Não se admite, por conseguinte, que, após a seleção da proposta vencedora, a Administração a ignore, deixando de celebrar o contrato.

---

[286] Há também os contratos unilaterais, quando apenas uma parte assume as obrigações, como na doação pura.
[287] Nos gratuitos, somente uma das partes se compromete economicamente, com a doação pura.
[288] Esse princípio advém dos brocardos do Direito Romano *lex inter partes* (lei entre as partes) e *pact sunt servada* (de força obrigatória, ou seja, para serem cumpridos).
[289] A liberdade contratual autoriza a criação de contratos atípicos, isto é, não regulamentados pelo direito vigente, quando, então, as partes derrogam as normas em vigor e dão um conteúdo totalmente autônomo ao instrumento.

Sobre o tema, é importante destacar um princípio que está intimamente atrelado à obrigatória celebração do contrato com o vencedor da licitação: o Princípio da Adjudicação Compulsória. No âmbito das contratações públicas, adjudicar é atribuir o objeto ao vencedor da licitação. Logo, em função do princípio, ao efetuar uma licitação, a Administração Pública obrigar-se-á a adjudicar o objeto desse certame ao vencedor. Em outras palavras, terminada a licitação, tendo ela um vencedor, a Administração não poderá adjudicar o objeto a outro, salvo se este vencedor, sem justificativa plausível, negar-se a firmar o contrato no prazo estabelecido, o que demandará a aplicação das sanções previstas.

Sempre que a Administração Pública estabelecer um ajuste com um terceiro, objetivando a execução de um objeto pelo qual será procedida uma remuneração, estará celebrando um contrato.

Estando a Administração num dos polos desse contrato, convencionada está no ordenamento jurídico pátrio a denominação *Contrato da Administração*. Tal expressão é adotada, portanto, em sentido lato, abrangendo qualquer contrato celebrado pela Administração Pública, que poderá reger-se tanto pelo direito público quanto pelo direito privado.

Os *contratos da Administração* subdividem-se em *Contratos privados celebrados pela Administração Pública* e *Contratos administrativos*.

Contratos privados celebrados pela Administração Pública são aqueles solenizados com terceiros, regidos pelo direito privado. Nessa condição, a Administração situa-se no mesmo plano jurídico do particular.[290]

São exemplos: o contrato de locação de bem imóvel para uso da Administração, que é regulado pela Lei do Inquilinato; e o contrato de comodato, também sob a égide do Direito Civil etc.

Contratos administrativos são aqueles que a Administração Pública celebra com terceiros, visando à consecução de objetivos de interesse público. Por serem contratos típicos da Administração, regem-se precipuamente pelo direito público, com aplicação suplementar das normas de direito privado.

---

[290] Alguns doutrinadores, considerando que a Administração Pública se encontra num dos polos do pacto, defendem que sempre existirão vantagens a favor do Poder Público. Outros, mais radicais, chegam a sustentar que todos os contratos celebrados pela Administração configuram um contrato administrativo, porque neles há sempre a interferência do regime jurídico administrativo. Assim, quanto à competência, à forma, ao procedimento e à finalidade, aplicar-se-ia sempre o Direito Público e nunca o Direito Privado.

Nesse sentido, o art. 89 da Nova Lei prescreve que os contratos de que trata este diploma regular-se-ão pelas suas cláusulas e pelos preceitos de direito público, e a eles serão aplicados, supletivamente, os princípios da teoria geral dos contratos e as disposições de direito privado.[291]

Nessa espécie contratual, a Administração participa com supremacia de poder e privilégio administrativo, que afloram nas chamadas "cláusulas exorbitantes",[292] derrogatórias do direito comum, ou seja, cláusulas que não constam dos contratos tradicionais, por conferirem prerrogativas para a Administração.

Por conseguinte, admite-se no contrato administrativo restrições ao Princípio da Reciprocidade das Prestações, essência dos acordos bilaterais.

Consequentemente, o contrato administrativo pode ser conceituado como o acordo celebrado entre a Administração Pública e o particular, regido precipuamente pelo direito público, que objetiva uma atividade que reflita o interesse público.

São sujeitos do contrato administrativo:

a) a Administração Pública, que é a parte contratante;[293] e
b) a pessoa física ou jurídica, ou consórcio de pessoas jurídicas do acordo, celebrantes, que é a parte contratada.[294]

Observe-se as definições do art. 6º da Lei (incs. VII e VIII):

- *Contratante*: pessoa jurídica integrante da Administração Pública responsável pela contratação.
- *Contratado*: pessoa física ou jurídica, ou consórcio de pessoas jurídicas, signatária de contrato com a Administração.

---

[291] Art. 89. Os contratos de que trata esta Lei regular-se-ão pelas suas cláusulas e pelos preceitos de direito público, e a eles serão aplicados, supletivamente, os princípios da teoria geral dos contratos e as disposições de direito privado.

[292] Também chamadas de "competências anômalas" ou "prerrogativas extraordinárias".

[293] No caso, a expressão "Administração Pública" abarca a Administração direta e parte da indireta (autarquias e fundações públicas).

[294] É possível que os sujeitos do contrato administrativo sejam pessoas administrativas. Nesse caso, entrementes, a relação jurídica, em tese, mais se assemelhará aos convênios, acordos que traduzem interesses comuns e coincidentes dos partícipes. Sobre convênios administrativos, sugerimos a leitura de nosso "Convênios Administrativos e outros instrumentos de transferência de recursos públicos". (BITTENCOURT. *Convênios administrativos e outros instrumentos de transferência de recursos públicos*).

A natureza peculiar do contrato administrativo determina-lhe características próprias, listadas a seguir, embora, evidentemente, algumas sejam inerentes a qualquer tipo de contrato:

- Bilateralidade, por ser um acordo de vontades que prevê obrigações e direitos de ambas as partes;
- Onerosidade, porque sempre remunerado;
- Formalismo, expressando-se sempre por escrito;
- Comutatividade, porque estabelece deveres recíprocos;
- Natureza personalíssima (realizado *intuitu personae*), não podendo o particular deixar de atendê-lo de forma direta, estando impedido de transferi-lo para ser executado por terceiros, a não ser com a anuência da Administração; e
- Precedido de licitação (ou de inexigibilidade/dispensabilidade).

Como qualquer acordo, os contratos a serem celebrados pela Administração devem estabelecer com exatidão as condições para a sua execução. Para tal, é imperiosa a necessidade de definição de cláusulas que bem estabeleçam obrigações, responsabilidades e direitos, sempre atreladas aos termos do certame licitatório realizado (ou ao previsto no processo de afastamento de licitação) e, é claro, à proposta oferecida.

Nesse contexto, o §1º do art. 89 prescreve que todo contrato, para ter eficácia jurídica, deverá mencionar:

- Os nomes das partes e os de seus representantes;
- A finalidade;
- O ato que autorizou sua lavratura;
- O número do processo da licitação ou da contratação direta; e
- A sujeição dos contratantes às normas desta Lei nº 14.133/2021 e às cláusulas contratuais.

Por sua vez, o §2º informa que seus termos deverão estabelecer com clareza e precisão as condições para sua execução, expressas em cláusulas que definam os direitos, as obrigações e as responsabilidades das partes, sempre em total conformidade com os termos do edital licitatório e os da proposta vencedora, ou com os termos do ato que autorizou a contratação direta e os da respectiva proposta.

Seja qual for a origem do contrato – precedido de licitação ou decorrente de dispensabilidade ou inexigibilidade –, a Administração sempre estará vinculada ao respectivo processo administrativo que contém entranhado o ato de adjudicação, autorizador da contratação.

Por conseguinte, os contratos decorrentes de dispensabilidade ou de inexigibilidade de licitação deverão atender aos termos do ato que os autorizou e da respectiva proposta. Logo, será nulo o contrato, mesmo na hipótese de não elaboração de licitação, quando não atenderem aos atos processuais prévios.

Os contratos administrativos, com características próprias, possuem as chamadas cláusulas necessárias (também chamadas obrigatórias ou essenciais). Sem elas, ocorreria a nulidade contratual.

O art. 92 da Nova Lei elenca essas cláusulas em longos 19 incisos, dispondo também sobre o tema em três parágrafos.

Consoante o preceituado no artigo, são obrigatórias nos contratos as cláusulas que estabeleçam:

a) o objeto e seus elementos característicos;
b) a vinculação ao edital de licitação e à proposta do licitante vencedor ou ao ato que tiver autorizado a contratação direta e à respectiva proposta;
c) a legislação aplicável à execução do contrato, inclusive quanto aos casos omissos;
d) o regime de execução ou a forma de fornecimento;
e) o preço e as condições de pagamento, os critérios, a data-base e a periodicidade do reajustamento de preços e os critérios de atualização monetária entre a data do adimplemento das obrigações e a do efetivo pagamento;
f) os critérios e a periodicidade da medição, quando for o caso, e o prazo para liquidação e para pagamento;
g) os prazos de início das etapas de execução, conclusão, entrega, observação e recebimento definitivo, quando for o caso;
h) o crédito pelo qual correrá a despesa, com a indicação da classificação funcional programática e da categoria econômica;
i) a matriz de risco, quando for o caso;
j) o prazo para resposta ao pedido de repactuação de preços, quando for o caso;
k) o prazo para resposta ao pedido de restabelecimento do equilíbrio econômico-financeiro, quando for o caso;

l)   as garantias oferecidas para assegurar sua plena execução, quando exigidas, inclusive as que forem oferecidas pelo contratado no caso de antecipação de valores a título de pagamento;
m)   o prazo de garantia mínima do objeto, observados os prazos mínimos legais estabelecidos e previstos nas normas técnicas aplicáveis, e as condições de manutenção e assistência técnica, quando for o caso;
n)   os direitos e as responsabilidades das partes, as penalidades cabíveis e os valores das multas e suas bases de cálculo;
o)   as condições de importação e a data e a taxa de câmbio para conversão, quando for o caso;
p)   a obrigação do contratado de manter, durante toda a execução do contrato, em compatibilidade com as obrigações por ele assumidas, todas as condições exigidas para a habilitação na licitação, ou para a qualificação, na contratação direta;
q)   a obrigação de o contratado cumprir as exigências de reserva de cargos prevista em lei, bem como em outras normas específicas, para pessoa com deficiência, para reabilitado da Previdência Social e para aprendiz;
r)   o modelo de gestão do contrato, observados os requisitos definidos em regulamento; e
s)   os casos de extinção contratual.

O §1º indica o foro competente para dirimir quaisquer questões contratuais. Segundo o explicitado, como regra geral, deverá ser fixada nos contratos celebrados pela Administração com pessoas físicas ou jurídicas, inclusive aquelas domiciliadas no estrangeiro, cláusula que declare competente o foro *da sede da Administração*.

O dispositivo sinaliza, contudo, algumas hipóteses de exceção:

a)   licitação internacional para a aquisição de bens e contratação de serviços cujos pagamentos venham a ser realizados com o produto de financiamento concedido por organismo financeiro internacional de que o Brasil faça parte ou por agência estrangeira de cooperação (inc. I);[295]

---

[295] Evidentemente, nas contratações que envolvam recursos provenientes de empréstimo ou doação oriundos de agência oficial de cooperação estrangeira ou de organismo financeiro de que o Brasil seja parte (art. 1º, §3º), admitir-se-á a eleição de foro diverso.

b) contratação com empresa estrangeira para a compra de equipamentos fabricados e entregues no exterior precedida de autorização do Chefe do Poder Executivo (inc. II);[296]
c) aquisição de bens e serviços realizada por unidades administrativas com sede no exterior (inc. III).

Como já explicitado ao longo deste trabalho, nas duas últimas hipóteses, a exigência de eleição de foro no Brasil seria descabida e totalmente inviável.

O preceptivo atende às disposições da Lei de Introdução às Normas do Direito Brasileiro (antiga Lei de Introdução ao Código Civil),[297] que, no art. 12, preceitua a competência da autoridade judiciária brasileira, quando o réu estiver domiciliado no Brasil ou nele tiver de ser cumprida a obrigação.

Assim, buscando estabelecer a jurisdição,[298] e não o foro, o dispositivo dispõe pela obrigatoriedade de o julgamento de litígios nos contratos celebrados entre a Administração Pública brasileira e pessoas físicas ou jurídicas, inclusive as sediadas no exterior, ocorrer em solo brasileiro, salvo nas situações elencadas como exceções. Não se deve entender, portanto, que, ao mencionar o "foro da sede da Administração", o legislador estaria fazendo menção à seção judiciária federal do domicílio da Administração, já que o §2º do art. 109 da Constituição Federal deixa ao alvedrio do autor da ação, quando sediado no Brasil, a escolha entre

---

[296] Apesar de o dispositivo mencionar somente as compras, qualquer contratação a ser executada no estrangeiro deverá receber o mesmo tratamento.

[297] A Lei nº 12.376, de 30.12.2010, alterou a ementa do Decreto-Lei nº 4.657/1942, substituindo "Lei de Introdução ao Código Civil" por "Lei de Introdução às Normas do Direito Brasileiro".

[298] "Jurisdição é função da soberania do Estado, o qual, em princípio e considerando-a em abstrato, poderia concebê-la ilimitada, ou absoluta, de modo a exercitar-se em relação a quaisquer causas, de qualquer natureza, sendo-lhe indiferente o domicílio ou a nacionalidade das partes, ou que os fatos, de que decorrerem, tenham ocorrido no país ou no estrangeiro. A jurisdição se exerceria em qualquer caso, sempre que provocada. A concepção de uma jurisdição assim ilimitada, não admitindo fronteiras de qualquer espécie, esbarraria com as jurisdições de outros Estados, daí resultando conflitos intoleráveis à convivência internacional, por um lado, e, por outro, o desprestígio daquela função, pela impossibilidade de fazer valer as decisões dos seus juízes no estrangeiro. Assim, é do interesse do próprio Estado limitar a jurisdição em relação ao espaço. É uma primeira limitação, além da qual não se exercita a jurisdição em caso algum. Mas, no âmbito da jurisdição assim limitada, ela se exerce validamente, sem embargo do domicílio, da nacionalidade das partes, ou do lugar da ocorrência dos fatos geradores da lide. Essa primeira delimitação traça as linhas divisórias da jurisdição do Estado em face da jurisdição de outros Estados, e, desse modo, estabelece a competência geral, dita também externa, ou internacional". (SANTOS. *Primeiras linhas de direito processual civil*. 12. ed.).

propô-la na seção judiciária federal de seu domicílio ou naquela onde houver ocorrido o fato, ou mesmo no Distrito Federal.

Quando o litígio ocorrer entre a Administração e pessoa sediada no exterior, a regra sinaliza a competência *ratione personae* dos entes públicos (com conexão com o assunto, remete-se ao capítulo 7: A aplicação do direito estrangeiro – A licitação e o contrato internacional celebrado pelo Estado).

Anote-se a não aplicação da regra nos ajustes sob o regime jurídico de direito privado.

CAPÍTULO 7

A APLICAÇÃO DO DIREITO ESTRANGEIRO A LICITAÇÃO E O CONTRATO INTERNACIONAL CELEBRADO PELO ESTADO

Os juristas especializados em Direito Internacional afirmam em uníssono que a maior conquista desse ramo do Direito é a possibilidade de sua aplicação nos casos em que a relação jurídica tenha maior conexão com outro sistema jurídico do que com o do foro.

Realmente, é possível a aplicação do direito estrangeiro em solo não pátrio em face de uma regra internacional que, munindo-se de parâmetro de distinção, consegue eleger a separação de categorias para dirimir o possível conflito de leis: a "regra de conexão".

Essa regra fundamenta-se na distinção das normas jurídicas relacionadas às pessoas daquelas que se intitulam territoriais, só aplicáveis às coisas situadas no próprio território de onde emanam.

O primeiro passo da regra de conexão consiste na caracterização da questão jurídica, que pode versar sobre o estado ou a capacidade da pessoa, a situação de um bem, um ato ou fato jurídico.[299]

Essas categorias possuem sede jurídica própria, que deverá ser delineada considerando:

a) se o estado e a capacidade da pessoa se localizam no país de sua nacionalidade ou de seu domicílio;

b) se a coisa se localiza no país em que estiver situada; e

---

[299] DOLING. *Direito internacional privado*.

c) se o ato ou fato jurídico se localiza no local que tiver sido constituído ou deva ser cumprido.

Localizada a sede jurídica, encontrar-se-á a conexão, tendo-se, em consequência, a aplicação do direito vigente.[300] A conexão é o elo entre a situação e a norma jurídica que a regerá (direito aplicável).

As regras de conexão, consagradas no Direito Internacional, disciplinam e decidem qual regime jurídico regerá uma possível lide, predominando, no caso de bem ou ato jurídico, as seguintes:

- *Lex loci actus* e *locus regit actum* – a lei do local da realização do ato jurídico;
- *Lex loci solutions* – a lei do local onde as obrigações devem ser cumpridas;
- *Lex fori* – a lei do foro no qual se celebra o acordo.

Cabe ressalvar, todavia, que, tanto para bens quanto para atos jurídicos, há a possibilidade, ainda que remota, da adoção do regime *lex voluntatis*, que se traduz pela lei do país.[301]

Impende relembrar, ainda, a existência de regras de conexão que orientam o Direito Processual Internacional, de suma importância para o que se analisa:

- *Forum rei sitae* – competência do foro em que se realiza o negócio; e
- *Forum obligationis* – competência do foro em que a obrigação será realizada.

De uma forma ou de outra, a doutrina majoritária pende para o entendimento de que a extraterritorialidade constitui princípio jurídico internacional ao qual somente se subordinam os conflitos de leis

---

[300] Perante o ordenamento jurídico brasileiro, não há de se confundir competência legislativa com competência jurídica. Conforme Franceschini, a lei aplicável ao contrato internacional constitui tema diverso das questões do foro, sendo certo que o Juízo competente (nacional ou estrangeiro) deve aplicar a lei indicada pelo Direito conflitual positivo como sendo regente da avença, ainda que diversa da lei do foro ou da lei apontada pelas partes contratantes (FRANCESCHINI. A lei e o foro de eleição. *In*: RODAS (Org.). *Contratos internacionais*).

[301] A Lei de Introdução às Normas do Direito Brasileiro (Decreto-Lei nº 4.657, de 4.09.1942) não reconhece a liberdade de escolha da lei aplicável em ajustes internacionais. Contudo, identifica-se referência à autonomia da vontade no art. 2º, §1º da Lei de Arbitragem (Lei nº 9.307/1996), verificando-se, inclusive, certa tendência de reconhecimento pela jurisprudência pátria quando a situação envolve interesse público.

pessoais, uma vez que apenas essas regras são consideradas extraterritoriais, acompanhando, por conseguinte, a pessoa do estrangeiro, visando regular atos jurídicos que tenham relação com seu estado e sua capacidade.

Como leciona De Plácido e Silva, "o conflito no espaço entende-se, pois, mais propriamente ao conflito suscitado entre leis de países diferentes, reguladoras de atos pessoais".[302]

No que concerne às contratações (de serviços, obras ou bens), apesar da regra de conexão *lex voluntatis* permitir a escolha da regra jurídica, é quase unânime a doutrina em afirmar que as regras do *lex locus regit actum* (a lei do local rege o ato) é que devem ser consideradas.

Mesmo com a globalização dos mercados, persiste uma grande resistência à aplicação de leis estrangeiras. Tal fato se justifica em face de vários fatores:

a) o normal desconhecimento das leis;
b) a falta de assimilação adequada da noção de comunidade jurídica internacional; e
c) principalmente, o perigo do surgimento de situações em que princípios de direito interno de cada país (e até mesmo de soberania) sejam desrespeitados, normas de moral e costumes de um povo sejam esquecidas, ou, ainda, interesses econômicos de um Estado sejam prejudicados.

É cediço que a doutrina internacionalista persegue incessantemente uma solução para os contratos internacionais em que uma das partes é o Estado.

Sobre a matéria, obtemperam Eliane Maria Martins e Fernando Passos:

> A disparidade de partes contratantes – de um lado a soberania do Estado e de outro o poder da empresa (geralmente multinacional), o receio de parcialidade e da recorrência a Tribunal de terceiro Estado – que provoca a discussão sobre a imunidade – ressalta a busca da internacionalização ou desnacionalização dos contratos pretendendo levar a solução de eventuais pendências, ou para Cortes internacionais, ou para tribunais arbitrais neutros representando alternativas para a justiça estatal.[303]

---

[302] SILVA. *Vocabulário jurídico*. 2. ed.
[303] MARTINS; PASSOS. Contratos internacionais com o Estado: algumas considerações.

A integração dos Estados através de blocos – que ultimamente anda sendo reconfigurada – sepultou aos poucos a vetusta ideia de que o Estado é o senhor do monopólio da produção das regras jurídicas, o que, de certa forma, põe de lado o empecilho causado com o total atendimento ao princípio da soberania. Há, certamente, uma nova ordem internacional a ser seguida.

O enfoque, no entanto, tem contornos ainda mais intrincados ao se verificar que, quando o contratante é a Administração Pública brasileira, há, antes da celebração do contrato internacional, o obrigatório procedimento licitatório ou o seu competente afastamento.

Assim, o primeiro aspecto a ser enfrentado, voltado para a fase inicial – a licitação –, diz respeito à legislação que ditará os caminhos e meandros de sua realização, isto é, a legislação que será aplicável.

Averbamos que essa questão – motivadora de inúmeras discussões no passado –, hoje, além de pacificada na doutrina, com irrestrito aceite jurisprudencial, inclusive com ratificação do Tribunal de Contas da União (TCU), alcançou guarida na legislação, com o acolhimento pelo legislador do entendimento de que o certame licitatório instaurado pela Administração Pública brasileira poderá se alicerçar na lei nacional ou em regras dispostas pela entidade estrangeira financiadora ou, ainda, nas duas diretrizes reguladoras, o que não caracteriza, sob nenhuma hipótese, qualquer hibridismo, mas sim a adoção da lei brasileira com restrições.

A hipótese inicial – adoção da lei nacional – é a regra. Em princípio, as licitações instauradas em solo brasileiro, ainda que de abrangência internacional, devem seguir as disposições prescritas na Lei de Licitações nacional, a Lei nº 14.133/2021.

A segunda hipótese – adoção de regras estabelecidas pela entidade estrangeira financiadora – está respaldada na ideia de que não há como determinar a adoção da legislação nacional, quando a entidade, detentora dos recursos, impõe como condição para o empréstimo a adoção de suas próprias regras, normalmente estabelecidas em regulamentos detalhados e predefinidos. É, como se diz no jargão popular, "pegar ou largar".

> Lei nº 14.133/2021 (Nova Lei de Licitações):
> Art. 1º. [...] §3º Nas licitações e contratações que envolvam recursos provenientes de empréstimo ou doação oriundos de agência oficial de cooperação estrangeira ou de organismo financeiro de que o Brasil seja parte, podem ser admitidas:

I – condições decorrentes de acordos internacionais aprovados pelo Congresso Nacional e ratificados pelo Presidente da República;
II – condições peculiares à seleção e à contratação constantes de normas e procedimentos das agências ou dos organismos, desde que:
a) sejam exigidas para a obtenção do empréstimo ou doação;
b) não conflitem com os princípios constitucionais em vigor;
c) sejam indicadas no respectivo contrato de empréstimo ou doação e tenham sido objeto de parecer favorável do órgão jurídico do contratante do financiamento previamente à celebração do referido contrato;
d) (VETADO).
§4º A documentação encaminhada ao Senado Federal para autorização do empréstimo de que trata o §3º deste artigo deverá fazer referência às condições contratuais que incidam na hipótese do referido parágrafo.

Relembra-se que as normas desses regulamentos, normalmente restritivas ao âmbito dos países que poderão participar do certame, não podem ser contrárias a dispositivos constitucionais, em respeito à soberania nacional.

Nesse diapasão, o parecer de Maria Fernanda Valverde, analisando as incompatibilidades entre a legislação financeira federal e a do Estado do Rio de Janeiro, com as exigências do Banco Interamericano de Reconstrução e Desenvolvimento (BIRD), que concluiu pela prevalência das normas de direito internacional.[304]

Ratificando o entendimento, Marcos Juruena ressaltou que, sendo o BIRD uma pessoa jurídica de Direito Internacional, poderia editar atos dessa ordem em relação aos países membros, dentre os quais os referentes aos empréstimos: "São, pois, normas de Direito Internacional que, introduzidas no Direito Interno, sobre ele prevalecem".[305]

Os interesses dos órgãos financiadores são justificáveis, uma vez que, sendo instituições de desenvolvimento, buscam fomentar o progresso das empresas dos chamados países-membros.

Inclusive, foi intentando autorizar a adoção das regras dos organismos internacionais que se alterou anteriormente a redação do §5º do art. 42 da Lei nº 8.666/1993, com a inserção da permissão da utilização de outros critérios de julgamento, além do menor preço, quando de licitação relacionada com recursos oriundos desses organismos.

À época, Marçal Justen observou que tal não significava autorização para superarem-se os princípios norteadores da atividade da

---

[304] Parecer nº 20/88 – MFV no Processo nº 20/88 – MFV no Processo nº E-14/34306/88.
[305] SOUTO. *Licitações e contratos administrativos*. 2. ed.

Administração Pública.³⁰⁶ Da mesma forma, Jessé Torres acrescentou que o texto legal se rendia à realidade dos financiamentos liberáveis pelas agências internacionais de fomento, que dispõem de regras próprias de licitação e as impõem aos tomadores.³⁰⁷

A última hipótese (adoção das duas regras em conjunto) é absolutamente correta e, sem dúvida, a mais usual, de vez que, quase sempre, as normas da entidade estrangeira são restritas ou, ainda que longas e detalhadas, reportam-se somente a alguns aspectos. Assim, o Estado beneficiário do empréstimo assume todos os demais contornos legais para que o certame se desenrole.

Com convincentes argumentos, João Parizi Filho sustenta que a convivência das normas (estrangeira e brasileira) é a única regra que a legislação nacional consente, pois, "em nenhum momento a legislação brasileira autoriza que se dispensem as normas aqui produzidas",³⁰⁸ relembrando que o documento denominado "Políticas Básicas e Procedimentos de Aquisições do BID", de 1995, estabelece, em seu subitem 3.13, que

> o mutuário poderá aplicar requisitos formais ou detalhes de procedimentos contemplados pela legislação local e não inclusos neste documento, desde que a sua aplicação não contrarie a regra principal de economia e eficiência, os princípios básicos de responsabilidade, igualdade, concorrência e o devido processo legal ou as normas do Banco na matéria.³⁰⁹

O segundo prisma da análise diz respeito ao contrato oriundo da licitação instaurada.

O assunto toma maior relevo por se tratar de contrato comercial internacional a ser celebrado com um Estado.

No Brasil, a possibilidade de entrega das resoluções das pendências a cortes arbitrais não encontrava respaldo na legislação pátria.

Ocorre que a Nova Lei de Licitações (Lei nº 14.133/2021) foi bastante inovadora nesse aspecto. Atendendo ao que a doutrina majoritária

---

³⁰⁶ JUSTEN FILHO. *Comentários à lei de licitações e contratos administrativos*. 7. ed.
³⁰⁷ PEREIRA JÚNIOR. *Comentários à lei das licitações e contrações da Administração Pública*. 3. ed.
³⁰⁸ PARIZI FILHO. A sujeição de licitações brasileiras às normas internacionais.
³⁰⁹ BRASIL. Ministério da Fazenda. *Políticas Básicas e Procedimentos de Aquisições do BID*. 1995. p. 19. Disponível em: https://www.gov.br/fazenda/pt-br/acesso-a-informacao/acoes-e-programas/pnafm/pnafm-i/acordos-e-contratos/politicas-basicas-e-procedimentos-de-aquisicoes-bid.pdf. Acesso em 04 abr. 2023.

pleiteava, o legislador da nova norma inseriu um capítulo, no título III, que trata dos contratos administrativos, versando sobre meios alternativos de resolução de controvérsias, no qual previu a possibilidade de a Administração lançar mão do juízo arbitral, bem como da conciliação, da mediação ou de um comitê de resolução de disputas.

> CAPÍTULO XII
> DOS MEIOS ALTERNATIVOS DE RESOLUÇÃO DE CONTROVÉRSIAS
> Art. 151. Nas contratações regidas por esta Lei, poderão ser utilizados meios alternativos de prevenção e resolução de controvérsias, notadamente a conciliação, a mediação, o comitê de resolução de disputas e a arbitragem.
> Parágrafo único. Será aplicado o disposto no *caput* deste artigo às controvérsias relacionadas a direitos patrimoniais disponíveis, como as questões relacionadas ao restabelecimento do equilíbrio econômico-financeiro do contrato, ao inadimplemento de obrigações contratuais por quaisquer das partes e ao cálculo de indenizações.
> Art. 152. A arbitragem será sempre de direito e observará o princípio da publicidade.
> Art. 153. Os contratos poderão ser aditados para permitir a adoção dos meios alternativos de resolução de controvérsias.
> Art. 154. O processo de escolha dos árbitros, dos colegiados arbitrais e dos comitês de resolução de disputas observará critérios isonômicos, técnicos e transparentes.

Em verdade, o contrato celebrado entre um Estado e um particular estrangeiro tem sido muito pouco estudado pela doutrina jurídica, o que torna o tema muito intrincado quanto a definições de linhas de ação. Diversamente, nos contratos internacionais celebrados entre empresas privadas, os especialistas em direito internacional têm demonstrado imensa preocupação com definições e conceitos, o que tem ocorrido também no âmbito dos tribunais, com farta jurisprudência firmada, o que permite a extração de conclusões.

No que concerne aos contratos celebrados entre o Estado e o particular estrangeiro – que não devem ser confundidos com os acordos entre Estados –, defendem alguns, alicerçados na soberania inatacável do Estado, que a legislação regente do acordo deveria sempre ser a do contratante (o Estado), conferindo-lhe a possibilidade de alterações unilaterais, à semelhança das prerrogativas dos contratos administrativos internos.

Essa posição, bastante apartada da realidade, é severamente questionada pelos internacionalistas, fundamentados em vários pontos, notadamente quanto aos seguintes aspectos:

- Não se caracteriza submissão do Estado aos interesses privados, mas sim, submissão a uma ordem internacional inafastável;[310]
- A internacionalização não equipara um contrato a um tratado, pois este é regido exclusivamente pelos Estados, em situação igualitária. A soberania de um dos contratantes seria aceita normalmente, impondo-se a ele limites éticos aceitáveis por todo o mundo civilizado;
- O princípio da imunidade de jurisdição não seria obstáculo para os contratantes estipularem que eventuais conflitos fossem dissipados por algum direito interno, diferente do Estado contratante;
- Em face das normas de direito internacional, com fulcro nas "regras de conexão", as partes poderiam optar entre normas jurídicas considerando o fator espaço, ou seja, escolher entre a lei do foro ou a do outro Estado (conflito interespacial);
- No que diz respeito às contratações, de um modo geral, não obstante a possibilidade da adoção da regra *lex voluntatis* (lei do país escolhido), a doutrina majoritária aponta para a solução *locus regit actum*, segundo a qual os atos são regulados pela lei do local de execução contratual;
- A adoção da lei brasileira, quando a execução do objeto contratado ocorrer em solo estrangeiro, se não impossível, será muito difícil de ser utilizada na prática, considerando que cada país possui sua própria consciência jurídica, oriunda de ideias concebidas no seio da sociedade, tão particular e própria, que não pode ser deixada de lado na avaliação de uma possível desavença.

---

[310] Tratando o tema, Caio Tácito foi objetivo: "A legalidade dos atos e contratos [...] estará sujeita quanto as regras de competência à lei nacional, mas terá, necessariamente, de adaptar aos deveres e formalidades do direito estrangeiro, na sede de sua celebração" (TÁCITO. Contratos de colocação no exterior ficam fora do alcance da Lei nº 8.666/93).

Em razão de todo o exposto, conclui-se que:

- A Nova Lei de Licitações, repisando as antigas Leis nºs 8.666/1993 e 10.520/2002, estatui normas de Direito Público interno. As licitações internacionais por ela regidas objetivam certames competitivos em solo brasileiro, quando empresas estrangeiras poderão participar com base nas regras nela estabelecidas.

    Art. 6º Para os fins desta Lei, consideram-se:
    [...]
    XXXV – licitação internacional: licitação processada em território nacional na qual é admitida a participação de licitantes estrangeiros, com a possibilidade de cotação de preços em moeda estrangeira, ou licitação na qual o objeto contratual pode ou deve ser executado no todo ou em parte em território estrangeiro;

- No caso de licitações que envolvam recursos provenientes de empréstimo ou doação oriundos de agência oficial de cooperação estrangeira ou de organismo financeiro de que o Brasil seja parte, os procedimentos licitatórios deverão ocorrer no Brasil, instaurados pelos entes interessados, podendo atender as condições decorrentes de acordos internacionais ou as regras estabelecidas pela entidade financiadora e, caso inexistam óbices nessas regras, pelas leis brasileiras, no que for cabível, ou, ainda, através das duas regras conjugadas.

    Art. 1º
    [...]
    §3º Nas licitações e contratações que envolvam recursos provenientes de empréstimo ou doação oriundos de agência oficial de cooperação estrangeira ou de organismo financeiro de que o Brasil seja parte, podem ser admitidas:
    I – condições decorrentes de acordos internacionais aprovados pelo Congresso Nacional e ratificados pelo Presidente da República;
    II – condições peculiares à seleção e à contratação constantes de normas e procedimentos das agências ou dos organismos, desde que:
    a) sejam exigidas para a obtenção do empréstimo ou doação;
    b) não conflitem com os princípios constitucionais em vigor;
    c) sejam indicadas no respectivo contrato de empréstimo ou doação e tenham sido objeto de parecer favorável do órgão jurídico do

contratante do financiamento previamente à celebração do referido contrato;

- Os contratos deverão ser celebrados no Brasil pelos entes instauradores das licitações, devendo conter cláusula que declare competente o foro da sede da Administração para dirimir quaisquer questões contratuais, salvo: a) nos certames para a aquisição de bens e serviços cujo pagamento seja feito com o produto de financiamento concedido por organismo financeiro internacional de que o Brasil faça parte ou por agência estrangeira de cooperação; b) na contratação com empresa estrangeira para a compra de equipamentos fabricados e entregues no exterior precedida de autorização do Chefe do Poder Executivo; e c) na aquisição de bens e serviços realizada por unidades administrativas com sede no exterior.

Art. 92 São necessárias em todo contrato cláusulas que estabeleçam: [...]
§1º Os contratos celebrados pela Administração Pública com pessoas físicas ou jurídicas, inclusive as domiciliadas no exterior, deverão conter cláusula que declare competente o foro da sede da Administração para dirimir qualquer questão contratual, ressalvadas as seguintes hipóteses:
I – licitação internacional para a aquisição de bens e serviços cujo pagamento seja feito com o produto de financiamento concedido por organismo financeiro internacional de que o Brasil faça parte ou por agência estrangeira de cooperação;
II – contratação com empresa estrangeira para a compra de equipamentos fabricados e entregues no exterior precedida de autorização do Chefe do Poder Executivo;
III – aquisição de bens e serviços realizada por unidades administrativas com sede no exterior.

- Quantos às leis aplicáveis aos contratos, deverão ser adotadas as dos locais de execução dos objetos. A lei aplicável aos contratos deve ser a norma interna do país de execução do objeto contratado, em face, principalmente, ao Princípio da Extraterritorialidade, sendo praticamente impossível, não obstante a existência da regra *lex voluntatis*, a adoção da lei brasileira nas contratações realizadas pela Administração

Pública brasileira no estrangeiro, quando a execução do objeto lá ocorrer, considerando que os países possuem sua própria "consciência jurídica", oriunda de ideias concebidas no seio da sociedade, tão particular e própria, que não pode ser deixada de lado na avaliação de uma possível desavença. A regra é, portanto, o estabelecimento em cláusula específica da lei aplicável ao contrato.[311]

- O Direito Internacional, apesar da intensa projeção que tem ocorrido para além das fronteiras de cada Estado, principalmente comerciais e econômicas, padece pelas dificuldades de integração dos diversos direitos, da grande instabilidade de conceitos, com diversidade jurisprudencial e doutrinária que ocorre desde a sua origem até o seu objeto.

- Nas contratações administrativas realizadas por unidades administrativas que o Brasil possua no exterior, aplicar-se-á a regra *lex loci contractus* (a lei do local de contrato) e não a lei brasileira, devendo ser atendidos tão somente os princípios basilares nela contidos.

Art. 1º
[...]
§2º As contratações realizadas no âmbito das repartições públicas sediadas no exterior obedecerão às peculiaridades locais e aos princípios básicos estabelecidos nesta Lei, na forma de regulamentação específica a ser editada por ministro de Estado.

---

[311] Eliane Maria Martins e Fernando Passos alertam: "A recorrência ao tribunal nacional é vista com temeridade pelas particularidades, quando se trata de litígios envolvendo o Estado. Presente se faz o receio da parcialidade" (MARTINS; PASSOS. Contratos internacionais com o Estado: algumas considerações).

REFERÊNCIAS

ABREU, Rogério Roberto Gonçalves de. Apontamentos sobre os contratos administrativos internacionais e as licitações internacionais no contexto do direito brasileiro. *Boletim de Licitações e Contratos – BLC*, São Paulo, v. 20, n. 12, dez. 2007.

ACCIOLY, Hildebrando. *Manual de direito internacional público*. 10. ed. São Paulo: Saraiva, 1973.

ALMEIDA, Hamilton. Controvérsias no Mercosul. *Gazeta Mercantil Latino-Americana*, Rio de Janeiro, 29 set. a 5 out. 1997.

ALMEIDA, Thiago Ferreira. A Nova Lei de Licitações e as regras dos Bancos Multilaterais de Desenvolvimento. *Jota*, 15 abr. 2021. Disponível em: https://www.jota.info/opiniao-e-analise/artigos/a-nova-lei-de-licitacoes-e-as-regras-dos-bancos-multilaterais-de-desenvolvimento-15042021. Acesso em 6 fev. 2023.

AMORIM, Maria Stella de. Tecnocracia e democracia: tendências e impasses. *Boletim Científico do Mestrado e Doutorado em Direito*, Rio de Janeiro, a. 1, n. 2, 1994.

AMORIM, Victor Aguiar Jardim de. *Licitações e contratos administrativos – teoria e prática*. 4. ed. Brasília: Senado Federal, 2021.

ARAÚJO FILHO, José Carlos Cavalcanti de. O Protocolo de Contratações Públicas do Mercosul. *Economia de Serviços*, 03 mar. 2018. Disponível em: https://economiadeservicos.com/2018/03/01/o-protocolo-de-contratacoes-publicas-do-mercosul/. Acesso em 12 jul. 2022.

ARAÚJO JÚNIOR, Ignácio Tavares de. *Uma análise dos custos e benefícios da entrada do Brasil no Acordo de Compras Governamentais da Organização Mundial do Comércio*. Brasília: IPEA, 2019.

ASSONI FILHO, Sérgio. *O Estado enquanto licitante internacional*. Disponível em: http://www.iobonlinejuridico.com.br. Acesso em 13 nov. 2009.

ATTIE, Paulo. Da aplicabilidade das guidelines do BIRD ao ordenamento jurídico pátrio, porém limitada pelos princípios constitucionais das licitações públicas brasileiras. *Migalhas*, 09 jun. 2010.

AZÚA, Daniel E. Real. *A licitação internacional*: análise dos editais. São Paulo: Aduaneiras, 1994.

BAPTISTA, Luiz Olavo. *Dos contratos internacionais*: uma visão teórica e prática. São Paulo: Saraiva, 1994.

BARBOSA, Denis Borges. *Licitação como instrumento de incentivo* à *inovação*: o impacto da Lei nº 12.349/2010. Disponível em: http://www.denisbarbosa.addr.com/arquivos/200/poder_compra/licitacao_instrumento_incentivo_inovacao.pdf. Acesso em 10 fev. 2023.

BARBOSA, Denis Borges. *Licitações subsídios e patentes*. Rio de Janeiro: Lumen Juris, 1997. v. 2. Direito de desenvolvimento industrial.

BARBOSA, Denis Borges. *Uma introdução à propriedade intelectual*. Rio de Janeiro: Lumen Juris, 1997. v. 1.

BARBOSA, Rui. *Orações aos moços*. São Paulo: Martin Claret, 2003.

BARROSO, Luís Roberto. Sociedade de economia mista prestadora de serviço público: cláusula arbitral inserida em contrato administrativo sem prévia autorização legal: invalidade. *Revista de Direito Bancário, do Mercado de Capitais e de Arbitragem*, São Paulo, v. 16, n. 19, p. 415-439, jan./mar. 2003.

BARROSO, Luís Roberto; SOUTO, Marcos Juruena Villela. Aquisição de bens financiada pelo BIRD. *Boletim Legislativo ADCOAS*, Rio de Janeiro, v. 30, n. 34, p. 1189-1193, dez. 1996.

BASSO, Maristela. *Contratos internacionais do comércio*: negociação, conclusão, prática. 3. ed. rev. atual. Porto Alegre: Livraria do Advogado, 2002.

BASTOS, Carlos Eduardo Caputo. *O processo de integração do Mercosul e a questão da hierarquia constitucional dos tratados*. Brasília: Senado Federal, 1997. (Estudos da Integração).

BRASIL. Ministério da Fazenda. *Políticas Básicas e Procedimentos de Aquisições do BID*. 1995. Disponível em: https://www.gov.br/fazenda/pt-br/acesso-a-informacao/acoes-e-programas/pnafm/pnafm-i/acordos-e-contratos/politicas-basicas-e-procedimentos-de-aquisicoes-bid.pdf. Acesso em 04 abr. 2023

BAZILLI, Roberto Ribeiro. *Contratos administrativos*. São Paulo: Malheiros, 1996.

BAZILLI, Roberto Ribeiro; MIRANDA, Sandra Julien. *Licitação à luz do direito positivo*: atualizado conforme a Emenda Constitucional 19, de 4.6.1998 e a Lei nº 9.648, de 27.5.1998. São Paulo: Malheiros, 1999.

BETIOL, Luciana. *Licitações sustentáveis*: o poder de compra do governo em prol da sustentabilidade. Disponível em: http://revista.construcaomercado.com.br/negocios-incorporacao-construcao/90/licitacoes-sustentaveis-120057-1.asp. Acesso em 10 fev. 2023.

BEVILÁQUA, Clóvis. *Princípios elementares de direito internacional privado*. 3. ed. Rio de Janeiro: Freitas Bastos, 1938.

BITTENCOURT, Sidney. A anunciada "nova lei de licitações". *Boletim ILC*, v. 4, n. 42, ago. 1997.

BITTENCOURT, Sidney. *A participação de cooperativas em licitações públicas*. Rio de Janeiro: Temas & Ideias, 2001.

BITTENCOURT, Sidney. A participação de empresas estrangeiras em licitações públicas nacionais: a ilegalidade da Instrução Normativa nº 10/2020. *Blog JML*, 08 dez. 2020. Disponível em: https://www.blogjml.com.br/?cod=a132ee0ebab31bf7b90d2c81efa76901. Acesso em 10 fev. 2023.

BITTENCOURT, Sidney. A sujeição de licitações brasileiras às normas internacionais. *Informativo de Licitações e Contratos*, 2000.

BITTENCOURT, Sidney. Algumas ponderações sobre o SICAF. *Direito Administrativo em Notícias nº 11/96*. Instituto de Direito Administrativo, FMU-FIAM-FAAM.

BITTENCOURT, Sidney. *As licitações públicas e o Estatuto Nacional das Microempresas*. 2. ed. Belo Horizonte: Fórum, 2010.

BITTENCOURT, Sidney. *Convênios administrativos e outros instrumentos de transferência de recursos públicos*. São Paulo: Letras Jurídicas. 2019.

BITTENCOURT, Sidney. *Contratos administrativos para provas, concursos e agentes públicos*. Rio de Janeiro: Freitas Bastos. 2011.

BITTENCOURT, Sidney. *Curso básico de contratos administrativos*. Rio de Janeiro: Temas & Ideias, 2000.

BITTENCOURT, Sidney. *Licitações internacionais*. 3 ed. Belo Horizonte: Fórum, 2011.

BITTENCOURT, Sidney. *Licitação passo a passo*. 2. ed. Rio de Janeiro: Lumen Juris, 1997.

BITTENCOURT, Sidney. *Licitação passo a passo*. 3. ed. Rio de Janeiro: Lumen Juris, 1998.

BITTENCOURT, Sidney. *Licitação passo a passo*. 4. ed. Rio de Janeiro: Temas & Idéias, 2002.

BITTENCOURT, Sidney. *Licitação passo a passo*. 6. ed. Belo Horizonte: Fórum, 2010.

BITTENCOURT, Sidney. *Licitação passo a passo*: comentando todos os artigos da Lei nº 8.666/93. 11. ed. Belo Horizonte: Fórum, 2021.

BITTENCOURT, Sidney. *Novo pregão eletrônico*: comentários ao novo decreto nº 10.024, de 20 de setembro de 2019. Leme, SP: JH Mizuno, 2020.

BITTENCOURT, Sidney. Participação de empresas estrangeiras em licitações públicas nacionais: a ilegalidade da instrução normativa nº 10/2020. *Fórum de Contratação e Gestão Pública*, Belo Horizonte, v. 19, n. 228, dez. 2020.

BITTENCOURT, Sidney. *Pregão eletrônico*. 3. ed. Belo Horizonte: Fórum, 2010.

BITTENCOURT, Sidney. *Pregão passo a passo*. 4. ed. Belo Horizonte: Fórum, 2010.

BONATTO, Hamilton. Notas sobre obras e serviços de engenharia na nascitura lei de licitações e contratos. *O licitante*, [S.D.]. Disponível em: https://www.olicitante.com.br/notas-servicos-engenharia-obras-nova-lei-licitacoes. Acesso em 14 fev. 2021.

BONOMO, Diego Z. As compras governamentais. *Valor Econômico*, 2010.

BORGES, Alice Gonzalez. *Normas gerais no Estatuto de Licitações e Contratos Administrativos*. São Paulo: Revista dos Tribunais, 1991.

BOSELLI, Felipe Cesar Lapa. *Dispensa e inexigibilidade de licitação*: o marco normativo constitucional e infraconstitucional da contratação direta no Brasil. Tese (Doutorado em Direito) – Universidade Federal de Santa Catarina, Florianópolis, 2020.

BRAGA, Teodomiro. Nada será como antes. *Jornal do Brasil*, 11 mai. 1997. Suplemento Américas.

BRASIL. Banco Central. *Relatório de Gestão das Reservas Internacionais*. v. 14. Mar. 2022.

BRASIL. Ministério da Economia. *Manual de Financiamentos Externos.* 23 jul. 2019. Disponível em: https://www.gov.br/produtividade-e-comercio-exterior/pt-br/assuntos/assuntos-economicos-internacionais/arquivos/cofiex/manual-de-financiamento-externos.pdf. Acesso em 14 set. 2022.

BRUM, Argemiro J. *Integração do cone sul*: Mercosul. 2. ed. Ijuí: Unijuí, 1995.

CALIXTO, Negi. *Ordem pública exceção à eficácia do direito estrangeiro.* Curitiba: Universidade Federal do Paraná, 1987.

CÂMARA, Alexandre Freitas. *Arbitragem*: Lei nº 9.307/96. Rio de Janeiro: Lumen Juris, 1997.

CAMPOS, Roberto. A quarta globalização. *O Globo*, Rio de Janeiro, 15 jul. 1997.

CAMPOS, Roberto. O pecador arrependido. *O Globo*, Rio de Janeiro, 10 ago. 1997.

CAPAGIO, Álvaro do Canto; COUTO, Reinaldo. *Nova lei de licitações e contratos administrativos.* São Paulo: Saraiva, 2021.

CAPELLA, Eduardo Goeldner. *Licitações*: instruções didáticas. Florianópolis: Conceito Editorial, 2008.

CAPELOTTO, Paulo Henrique Triandafelides; SILVA, Raphael Leandro. Artigo 75. In: DAL POZZO et al. *Lei de licitações e contratos administrativos comentada*: Lei nº 14.133/21. São Paulo: Revista dos Tribunais, 2021.

CARVALHO, Danilo Pereira. *As diretrizes do banco mundial aplicáveis às aquisições de bens*: obras e contratações de serviços. Disponível em: http://www.onecursos.com.br/index.php?option=com_content&view=article&id=79:asdiretrizes-do-banco-mundial-aplicaveis-as-aquisicoes-de-bens-obras-e-contratacoes-deservicos&catid=39:artigos&Itemid=86. Acesso em 02 fev. 2023.

CARVALHO, Eleazar de. Licitações internacionais no direito brasileiro. *JusBrasil*, 01 dez. 2014. Disponível em: https://eleazaralbuquerquedecarvalho.jusbrasil.com.br/artigos/154576563/licitacoes-internacionais-no-direito-brasileiro. Acesso em 09 fev. 2023.

CARVALHO FILHO, José dos Santos. *Manual de Direito Administrativo.* 14. ed. São Paulo: Atlas, 2009.

CASELLA, Paulo Borba. Considerações extemporâneas sobre a Lei Helms-Burton. *Jornal Diário, Comércio & Indústria – DCI*, São Paulo, 24 abr. 1997.

CASTRO, Humberto Barbosa de. *As licitações internacionais no ordenamento jurídico brasileiro, com ênfase na observância do princípio da competitividade.* Mestrado, (Dissertação) – Universidade Católica de Brasília, Brasília, 2002.

CAVALCANTI, Themistocles Brandão. *Princípios gerais de direito público.* 3. ed. Rio de Janeiro: Borsoi, 1966.

CHARLES, Ronny. *Leis de licitações públicas comentadas.* 2. ed. Salvador: JusPodivm, 2009.

CHARLES, Ronny. *Leis de licitações públicas comentadas.* 3. ed. Salvador: JusPodivm, 2010.

CHARLES, Ronny. *Leis de licitações públicas comentadas.* 6. ed. Salvador: Juspodivm, 2014.

CHARLES, Ronny. *Leis de licitações públicas comentadas*. 10. ed. Salvador: Juspodivm, 2020.

CHARLES, Ronny. Licitação com recursos oriundos de organismo internacional: análise do §5º do artigo 42 da Lei nº 8.666/93. *Revista Fórum de Contratação e Gestão Pública*, a. 6, n. 66, jun. 2007.

CHAVES, Luiz Claudio de Azevedo. *A atividade de planejamento e análise de mercado nas contratações governamentais*. 2. ed. Belo Horizonte: Fórum, 2022.

CHIAPPINI, Carolina Gomes. Reflexos da Convenção de Viena sobre Direito dos Tratados no ordenamento jurídico brasileiro. *Revista SJRJ*, v. 18, n. 30, 2011.

CHRISMANN, Pedro; HEBERLE Kayene. *Licitações internacionais*. Apostila do curso de licitações e contratos – FGV Direito PEC. [s.d.].

CITADINI, Antonio Roque. *Comentários e jurisprudência sobre a lei de licitações públicas*. São Paulo: M. Limonad, 1996.

COIMBRA, Guilhermina L. Os contenciosos comunitários europeu e do Mercosul. *Jornal do Comercio*, Rio de Janeiro, 22 mar. 2001.

COIMBRA, Marcelo; COLODETTI, Helena; OLIVEIRA, Lucas de. As licitações internacionais na Nova Lei de Licitações. *FCR Law*, 17 mai. 2021. Disponível em: https://news.fcrlaw.com.br/as-licitacoes-internacionais-na-nova-lei-de-licitacoes/. Acesso em 02 set. 2022.

COSTA, José Augusto Fontoura; TUSA, Gabriele. Expectativas e âmbito de aplicabilidade da nova lei de arbitragem. *In*: CASELLA, Paulo Borba (Org.). *Arbitragem*: a nova Lei brasileira nº 9.307/96 e a praxe internacional. São Paulo: Ltr, 1997.

CRETELLA JÚNIOR, José. *Das licitações públicas*: comentários a nova Lei Federal nº 8.666, de 21 de junho de 1993. Rio de Janeiro: Forense, 1993.

DALLARI, Adilson Abreu. *Aspectos jurídicos da licitação*. 3. ed. São Paulo: Saraiva, 1992.

DALLARI, Adilson Abreu. *Aspectos jurídicos da licitação*. 6. ed. São Paulo: Saraiva, 2003.

DAL POZZO, Augusto Neves; CAMMAROSANO, Márcio; ZOCKUN, Maurício. *Lei de licitações e contratos administrativos comentada*: Lei nº 14.133/21. São Paulo: Revista dos Tribunais, 2021.

DELGADO, Nelson Giordano. *O regime de Bretton Woods para o comércio mundial*: origens, instituições e significado. Rio de Janeiro: Mauad, 2009.

DI PIETRO, Maria Sylvia Zanella. *Direito administrativo*. São Paulo: Atlas, 1991.

DOLING, Jacob. *Direito internacional privado*. Rio de Janeiro: Freitas Bastos, 1986.

DOLING, Jacob. Uma lei ridícula. *O Globo*, Rio de Janeiro, 26 jan. 2011.

DROMI, Roberto. *Informativo Licitações e Contratos*, n. 42, ago. 97 *apud* VELASQUEZ, Maria Dolores Pohlmann. Licitações no Mercosul: uma análise comparativa entre Brasil e Uruguai. *Revista Eletrônica de Contabilidade*, v. 1, n. 1, set./nov. 2004. Disponível em: http://w3.ufsm.br/revistacontabeis/anterior/artigos/vIn01/a11vIn01.pdf. Acesso em 22 set. 2022.

DUARTE JUNIOR, Juvandi; PONTIN, Fabrício. Sistema Financeiro Internacional e os seus efeitos na soberania estatal. *Revista da Procuradoria-Geral do Banco Central*, v. 16, n. 2, 2022. Disponível em: https://revistapgbc.bcb.gov.br. Acesso em 22 set. 2022.

EISENBACH, Yara Christina. Como captar recursos financeiros junto a organismos internacionais. *Centro de Aperfeiçoamento Profissional – CEAP*, Rio de Janeiro, 1997. Apostila de curso.

ENEI, José Virgílio Lopes. Das Licitações Internacionais – Art. 52. In: DAL POZZO *et al*. *Lei de licitações e contratos administrativos comentada*: Lei nº 14.133/21. São Paulo: Revista dos Tribunais, 2021.

FAGUNDES, Seabra. O princípio constitucional da igualdade perante a lei e o poder legislativo. *Revista dos Tribunais*, São Paulo, v. 44, n. 235, p. 3-15, mai. 1955.

FERNANDES, Flávio Sátiro. Improbidade administrativa. *Revista do Tribunal de Contas da União*, v. 28, n. 73, p. 27-37, jul./set. 1997.

FERRARI, Lívia. As barreiras do EUA contra o Brasil. *Gazeta Mercantil*, 16 nov. 1997.

FERRAZ, Daniel Amin. *Joint venture e contratos internacionais*. Belo Horizonte: Mandamentos, 2000.

FERRAZ, Luciano. Função regulatória da licitação. *Revista Eletrônica de Direito Administrativo Econômico – REDAE*, Salvador, n. 19, ago./out. 2009. Disponível em: http://www.direitodoestado.com/revista/redae-19-agosto-2009-luciano-ferraz.pdf. Acesso em 14 jan. 2021.

FERRAZ, Sérgio; FIGUEIREDO, Lúcia Valle. *Dispensa e inexigibilidade de licitação*. 3. ed. São Paulo: Malheiros, 1994.

FERREIRA NETO, Cássio Telles. *Contratos administrativos e arbitragem*. Rio de Janeiro: Campus, 2008.

FERREIRA, Daniel. Função social da licitação pública: o desenvolvimento nacional sustentável (*no* e *do* Brasil, antes e depois da MP nº 495/2010). *Fórum de Contratação e Gestão Pública – FCGP*, Belo Horizonte, a. 9, n. 107, nov. 2010.

FERREIRA, Wolgran Junqueira. *Licitações e contratos na Administração Pública*. São Paulo: Edipro, 1994.

FIGUEIREDO, Lúcia Valle. *Curso de direito administrativo*. 6. ed. São Paulo: Malheiros, 2003.

FIUZA, Ricardo. *Novo Código Civil comentado*. São Paulo: Saraiva, 2002.

FLINT, Pinkas. Tributos na América Latina. *O Globo*, out. 2001. Pulso Latino-americano. Suplemento.

FLORES, César. *Contratos internacionais de transferência de tecnologia*: influência econômica. Rio de Janeiro: Lúmen Júris, 2003.

FRAGA, Mirtô. *O conflito entre tratado internacional e a norma de direito interno*. Rio de Janeiro: Forense, 1997.

FRANCESCHINI. A lei e o foro de eleição. *In*: RODAS, João Grandino (Org.). *Contratos internacionais*. São Paulo: Revista dos Tribunais, 2002.

FRANCO SOBRINHO, Manoel de Oliveira. *Obrigações administrativas*. Curitiba: Genesis, 1994.

FREITAS, Airton Carvalho. Parecer nº 231/95, de 13.11.95. *DOU*, 20 nov. 1995.

GALIL, João Victor Tavares. Capítulo III – Das definições. *In*: DAL POZZO *et al*. *Lei de licitações e contratos administrativos comentada*: Lei nº 14.133/21. São Paulo: Revista dos Tribunais, 2021.

GARCIA JUNIOR, Armando Alvares. *Como representar bens e serviços estrangeiros no Brasil*. 3. ed. São Paulo: Lex Editora, 2006.

GARCIA JUNIOR, Armando Alvares. *Contratos dolarizados no direito brasileiro*. São Paulo: LTr, 2000.

GARCIA JUNIOR, Armando Alvares. *Contratos indexados no direito brasileiro e a variação cambial*. São Paulo: Aduaneiras, 2000.

GOMES, Alessandro Martins. *A equalização das propostas nas licitações sob a ótica da nova interpretação constitucional*. [s.d.]. Disponível em: http://www.uff.br/direito/index.php?option=com_content&view=article&id=26%3Aa-equalizacao-das-propostas-nas-licitacoes-sob-a-otica-da-nova-interpretacao-constitucional&catid=3&Itemid=14. Acesso em 01 fev. 2023.

GRANZIERA, Maria Luiza Machado. Licitações internacionais; *In*: RODAS, João Grandino (Org.). *Contratos internacionais*. São Paulo: Revista dos Tribunais, 2002.

GRAU, Eros Roberto. *A ordem econômica na Constituição de 1988*: interpretação e crítica. São Paulo: Revista dos Tribunais, 1990.

GRAU, Eros Roberto. *Direito, conceitos e normas jurídicas*. São Paulo: Revista dos Tribunais, 1988.

GRAU, Eros Roberto. Parecer emitido em 11.08.92. *Boletim de Licitações e Contratos – BLC*, nov. 1992.

GRECO, Leonardo. Integração jurídica e integração econômica no Mercosul. *Boletim Científico do Mestrado e Doutorado em Direito*, Rio de Janeiro, Universidade Gama Filho – UGF, 1997.

GUIMARÃES, Bernardo Strobel. Âmbito de Incidência da Lei (Refere-se aos arts. 1º, 2º e 3º). *ONLL*, 05 mai. 2022. Disponível em: https://www.novaleilicitacao.com.br/2019/10/30/ambito-de-incidencia-da-lei-refere-se-aos-arts-1o-2o-e-3o/. Acesso em 12 dez. 2022.

GUIMARÃES, M. A. Miranda *Concorrências e licitações no Mercosul*. Porto Alegre: Livraria do Advogado, 1997.

HADJIMINAS, Christian. Por que off-set? *In*: WARWAR, Zuhair. *Panorama da prática do off-set no Brasil*. Brasília: CGECom, 2004.

HUCK, Hermes Marcelo. *Contratos com o Estado*: aspectos de direito internacional. São Paulo: Aquarela, 1989.

HUSEK, Carlos Roberto. *Curso de direito internacional público*. 9. ed. São Paulo: LTr, 2009.

IGNÁTIOS, Miguel. A Globalização, a Tailândia e o Brasil. *Diário Comércio & Indústria – DCI*, 29 jul. 1997.

FERNANDES, Jorge Ulisses. *Artigo comentando o Anteprojeto do Mare visando substituir a atual Lei nº 8.666/93*. Anotações pessoais.

JACOBY FERNANDES, Jorge Ulisses. *Contratação direta sem licitação*. Brasília: Brasília Jurídica, 2004.

JACOBY FERNANDES, Jorge Ulisses. *Contratação direta sem licitação*. 10. ed. Belo Horizonte: Fórum, 2016.

JACOBY FERNANDES, Jorge Ulisses. Impugnação ao edital de licitação. *Correio Braziliense*, Brasília, n. 12389. Caderno direito e justiça, 07 abr. 1997.

JAEGER JÚNIOR, Augusto. *Liberdade de concorrência na União Européia e no Mercosul*. São Paulo: LTr, 2006.

JORDÃO, Eduardo Ferreira; CUNHA, Luiz Filippe Esteves. A Adesão do Brasil ao Acordo sobre Contratações Públicas da OMC: entre tabus e dificuldades reais. *Revista Brasileira de Políticas Públicas*, v. 11, n. 3, dez. 2021.

JUSTEN FILHO, Marçal. A esperada lei de licitações. *Gazeta Mercantil*, 18 jun. 1997.

JUSTEN FILHO, Marçal. *Comentários à lei de licitações e contratos administrativos*. 4. ed. Rio de Janeiro: Aide, 1997.

JUSTEN FILHO, Marçal. *Comentários à lei de licitações e contratos administrativos*. 7. ed. São Paulo: Dialética, 2000.

JUSTEN FILHO, Marçal. *Comentários à lei de licitações e contratos administrativos*. 12. ed. São Paulo: Dialética, 2008.

JUSTEN FILHO, Marçal. *Comentários à lei de licitações e contratos administrativos*. 16. ed. São Paulo: Dialética, 2013.

JUSTEN FILHO, Marçal. *Comentários à Lei de Licitações e Contratos Administrativos*. São Paulo: Revista dos Tribunais, 2021.

KELSEN, Hans. *Teoria pura do direito*. 6. ed. Coimbra: A. Amado, 1984.

LAFER, Celso. *A OMC e a regulação do comércio internacional*: uma visão brasileira. Porto Alegre: Livraria do Advogado, 1998.

LAGÚDES, Pierre. A integração difícil da América Latina. *Jornal Diário Comércio & Indústria – DCI*, São Paulo, 06 jun. 1997.

LASO, Enrique Sayagués. *Tratado de derecho administrativo*. 6. ed. atualizada por Daniel H. Martins. Montevidéu: Fundación de la Cultura Universitária, 1991.

LATTES, Giulio. Adesão condicionada. *Conjuntura Econômica Especial*, FGV, mai. 1997.

LEÃO, Eliana Goulart. Concorrências internacionais. *Boletim de Licitações e Contratos – BLC*, mar. 1992.

LEÃO, Eliana Goulart. *O sistema de registro de preços*: uma revolução nas licitações. Campinas: Bookseller, 1997.

LIMA, Cláudio Vianna de. Mercosul, seu Tribunal e os dissidentes. *Jornal do Commercio*, Rio de Janeiro, 22 nov. 1997.

LIMA, Hermes. *Introdução à ciência do direito*. 22. ed. Rio de Janeiro: Freitas Bastos, 1972.

LIMA, Jonas. As Licitações Internacionais e a Nova Lei de Licitações. *Revista Solução em Licitações e Contratos – SLC*, a. 6, n. 59, fev. 2023.

LIMA, Jonas. As licitações internacionais e os contratos com carta de crédito. *Conjur*, 13 jan. 2023. Disponível em: https://www.conjur.com.br/2023-jan-13/licitacoes-internacionais-contratos-carta-credito. Acesso em 10 fev. 2023.

LIMA, Jonas. *EUA reforçam preferências nacionais*. Arquivo pessoal.

LIMA, Jonas. Lei nº 14.133/21: documentos equivalentes em licitações internacionais. *Conjur*, 02 jul. 2021. Disponível em: https://www.conjur.com.br/2021-jul-02/licitacoes-contratos-lei-1413321-documentos-equivalentes-licitacoes-internacionais. Acesso em 26 out. 2022.

LIMA, Jonas. Lei nº 14.133 e as razões para a licitação internacional obrigatória. *Conjur*. Disponível em: https://www.conjur.com.br/2023-fev-10/lei-14133-razoes-licitacao-internacional-obrigatoria. Acesso em 8 mar. 2023.

LIMA, Jonas. *Licitação pública internacional no Brasil*. Curitiba: Negócios Públicos, 2010.

LIMA, Jonas. Licitações internacionais e exigências dos órgãos competentes. *Conjur*, 01 jul. 2022. Disponível em: https://www.conjur.com.br/2022-jul-01/licitacoes-contratos-licitacoes-internacionais-exigencias-orgaos-competentes. Acesso em 04 mar. 2023.

LIMA, Jonas. Licitações internacionais na Lei nº 14.133/2021: 10 tópicos. *Consultor Jurídico*, 10 dez. 2020. Disponível em: https://www.conjur.com.br/2020-dez-10/senado-aprova-lei-licitacoes-texto-segue-sancao. Acesso em 16 dez. 2020.

LIMA, Jonas. Os erros mais comuns nas licitações internacionais. *Conjur*, 09 set. 2022. Disponível em: https://www.conjur.com.br/2022-set-09/licitacoes-contratos-erros-comuns-licitacoes-internacionais. Acesso em 12 jan. 2023.

LIMA, Jonas. Senado aprova nova Lei de Licitações. *Conjur*, 10 dez. 2020. Disponível em: https://www.conjur.com.br/2022-abr-22/licitacoes-contratos-licitacoes-internacionais-lei-141332021-10-topicos. Acesso em 31 ago. 2022.

LIMA, Jonas. Sicaf para estrangeiros é constitucional e legal. *Conjur*, 03 jun. 2022. Disponível em: https://www.conjur.com.br/2022-jun-03/licitacoes-contratos-sicaf-estrangeiros-constitucional#:~:text=Dessa%20forma%2C%20com%20toda%20e,estrangeiros%20%C3%A9%20inconstitucional%20e%20ilegal. Acesso em 10 fev. 2023.

LOPES FILHO, Osíris. Reabilitação tributária. *Tribuna da Imprensa*, 27 ago. 2001.

LÓPEZ, Luiz Hierro, Aprendendo a lição. *Gazeta Mercantil*, 15-21 set. 1997. Suplemento Mercosul.

LOUSSOUARN, Yvon; BREOINT, Jean-Denis. *Droit du commerce international*. Paris: Sirey, 1969.

MAGALHÃES, José Carlos. *Do Estado na arbitragem privada, arbitragem comercial*. Rio de Janeiro: Freitas Bastos, 1986.

MAGALHÃES, José Carlos. *O Supremo Tribunal Federal e o direito internacional*. Porto Alegre: Livraria do Advogado, 2000.

MAGNOLI, Demétrio. *Questões internacionais contemporâneas*. 2. ed. Brasília: FUNAG, 2000.

MALDONADO, Nicolau de Albernaz. A nova Lei de Licitações e o acordo de compras governamentais. *Consultor Jurídico*, 03 mar. 2021. Disponível em: https://www.conjur.com.br/2021-mar-03/opiniao-lei-licitacoes-acordo-compras-governamentais. Acesso em 14 mar. 2021.

MANATA, Leonardo. *Participação de empresas estrangeiras em licitações no Brasil*. Disponível em: http://edittal.com/pt/artigos/participacao-de-empresas-estrangeiras-em-licitacoes-no-brasil/. Acesso em 14 mar. 2023.

MARTINS, Eliane Maria Octaviano; PASSOS, Fernando. Contratos internacionais com o Estado: algumas considerações. *Boletim de Direito Administrativo, Contabilidade e Administração Pública – DCAP, IOB*, n. 6, jul. 1999.

MARTINS, Eliane Maria Octaviano; PASSOS, Fernando. *Contratos internacionais com o Estado*: algumas considerações. Disponível em: http://www.ambito-juridico.com.br/site/index.php?n_link=revista_artigos_leitura&artigo_id=7108. Acesso em 14 mar. 2023.

MASCARENHAS, Rodrigo Tostes de Alencar. O conflito entre a Constituição e os tratados internacionais: sob a ótica internacional e perante os ordenamentos constitucionais brasileiro e argentino. *In.: Revista da Faculdade de Direito Universidade Católica de Petrópolis*. Rio de Janeiro, v. 1, 1999.

MEDEIROS, Suzana Domingues. Arbitragem envolvendo o Estado no direito brasileiro. *Revista de Direito Administrativo – RDA*, Rio de Janeiro, n. 233, p. 71-101, jul./set. 2003.

MEIRELLES, Hely Lopes. *Direito Administrativo brasileiro*. 14. ed. São Paulo: Revista dos Tribunais, 1989.

MEIRELLES, Hely Lopes. *Licitação e contrato administrativo*. 11. ed. atualizada por Eurico de Andrade Azevedo e Célia Maria Prendes. São Paulo: Malheiros, 1996.

MEIRELLES, Hely Lopes. *Licitação e contrato administrativo*. 14. ed. São Paulo: Malheiros, 2007.

MELLO, Celso Antônio Bandeira de. *Curso de direito administrativo*. 12. ed. São Paulo: Malheiros, 2000.

MELLO, Celso Antônio Bandeira de. *Elementos de direito administrativo*. 2. ed. São Paulo: Revista dos Tribunais, 1991.

MELLO, Celso Duvivier de Albuquerque. *Curso de direito internacional público*. 15. ed. Rio de Janeiro: Renovar, 2004.

MENDES, Renato Geraldo. *Lei de licitações e contratos*: anotada. Curitiba: Zênite, 1996.

MENEZELLO, Maria D'Assunção Costa. Licitações internacionais e a Lei Federal nº 8.666/93. *Boletim de Licitações e Contratos – BLC*, mar. 1994.

MENEZELLO, Maria D'Assunção Costa. O conciliador/mediador e o árbitro nos contratos administrativos. *Boletim Legislativo ADCOAS*, n. 21, 1997.

MIRANDA, Henrique Savonitti. *Licitações e contratos administrativos*. São Paulo: Revista dos Tribunais, 2021.

MIRANDA, Pontes de. *Tratado de direito internacional privado*. Rio de Janeiro: J. Olympio, 1935. v. 2.

MIRANDA, Sandra Julien; BAZILLI, Roberto R. *Licitação à luz do direito positivo*. São Paulo: Malheiros, 1999.

MONASSA, Clarissa Chagas Sanches; LEONELLI, Aubrey de Oliveira. É interessante para o Brasil aderir ao acordo sobre compras governamentais da OMC?. *Revista de Direito Internacional UNICEUB*, v. 10, n. 1, 2013.

MOREIRA NETO, Diogo de Figueiredo. Arbitragem nos contratos administrativos. *Boletim de Direito Administrativo, Contabilidade e Administração Pública – DCAP*, IOB, n. 9, set. 1997.

MOREIRA, Heloíza C.; MORAIS José Mauro de. Compras governamentais: políticas e procedimentos no Nafta, nos Estados Unidos e no Brasil. *In*: BAUMANN, Renato (Org.). *A ALCA e o Brasil*: uma contribuição ao debate. Brasília: IPEA, 2003.

MOREIRA, Marcílio Marques. Interesses não colidem. *O Globo*, Rio de Janeiro, 11 out. 1997.

MOTA, Fabrício. *Direito da integração*. São Paulo: Quartier Latin, 2006.

MOTA, Tânia. Compras governamentais. *In*: BARRAL, Welber. *O Brasil e a OMC*: os interesses brasileiros e as futuras negociações multilaterais. Florianópolis: Diploma Legal, 2000.

MOTTA, Carlos Pinto Coelho. *Eficácia nas licitações e contratos*. 10. ed. Belo Horizonte: Del Rey, 2005.

MOTTA, Carlos Pinto Coelho. *Aplicação do Código Civil* às *licitações e contratos*. Belo Horizonte: Del Rey, 2004.

MOTTA, Carlos Pinto Coelho. *Eficácia nas licitações e contratos*. Belo Horizonte: Del Rey, 1995.

MOTTA, Carlos Pinto Coelho. Os efeitos das regulamentações complementares na condução dos pregões. *Revista do Tribunal de Contas do Estado de Minas Gerais*, v. 75, n. 2, abr./mai./jun. 2010.

MOTTA, Paulo Roberto Ferreira; SILVEIRA, Raquel Dias da. Artigos 7º a 10. *In*: DAL POZZO *et al*. *Lei de licitações e contratos administrativos comentada*: Lei nº 14.133/21. São Paulo: Revista dos Tribunais, 2021.

MUKAI, Toshio. As licitações internacionais, as normas da Lei n. 8.666/93 e as dos organismos financeiros internacionais. *Boletim de Licitações e Contratos – BLC*, ago. 1997.

MUKAI, Toshio. E ainda se legisla por portarias e/ou instruções normativas. *Boletim Legislativo ADCOAS*, 1995.

MUKAI, Toshio. *O estatuto jurídico das licitações e contratos administrativos*. São Paulo: Saraiva, 1988.

MUKAI, Toshio. *O novo estatuto jurídico das licitações e contratos públicos*. São Paulo: Revista dos Tribunais, 1993.

MURTA, Ribeiro de Oliveira. *Contratos em comércio exterior*. São Paulo: Aduaneiras, 1992.

NIEBUHR, Joel de Menezes. *Dispensa e inexigibilidade de licitação pública*. 2. ed. Belo Horizonte: Fórum, 2008.

NIEBUHR, Joel de Menezes. Margem de preferência para a produção nacional em licitação pública: repercussões da medida provisória nº 495/10. *Boletim Informativo – Procuradoria Geral do Município*, v. 24, n. 1, jan. 2011.

NIEBUHR, Joel de Meneses. O grande Desafio da Nova Lei de Licitações. *Blog Zênite*, 11 dez. 2020. Disponível em: https://www.zenite.blog.br/o-grande-desafio-diante-da-nova-lei-de-licitacoes-e-contratos/. Acesso em 15 dez. 2020.

NÓBREGA, Marcos; JURUBEBA, Diogo Franco de Araújo. Assimetrias de informação na nova Lei de Licitação e o problema da seleção adversa. *Revista brasileira de Direito Público*, Belo Horizonte, a. 18, n. 69, p. 9-32, 2020.

NOGUEIRA, Rômulo Luiz Nepomuceno. Licitações financiadas com recursos de organismos internacionais: a constitucionalidade da cláusula de confidencialidade. *In*: MORAES FILHO, Marco Antônio Praxedes de; GALENO, Marina Medeiros (Org.). *Dilemas Contemporâneos em Direito Administrativo e Gestão Pública*. Porto Alegre: Fi, 2019.

NORMANDO, Fernando. Licitações internacionais. *Informativo de Licitações e Contratos*, n. 59, 1999.

NORMANDO, Fernando. O pregão e a licitação internacional. *Boletim de Licitações e Contratos – BLC*, São Paulo, 2004.

NUNES, Pedro. *Dicionário de tecnologia jurídica*. 5. ed. Rio de Janeiro: Freitas Bastos, 1961.

NUSDEO, Fábio. Prefácio. *In*: CASELLA, Paulo Borba (Org.). *Arbitragem*: a nova lei brasileira (9.307/96) e a praxe internacional. São Paulo: LTr, 1997.

NYONZIMA, Matthias. *La Clause de Monnai étrangere dans les contrats internationaux*. Bruxelles: Émile Bruylant, 1991.

OCTÁVIO, Rodrigo. *Direito internacional privado:* parte geral. São Paulo: Freitas Bastos, 1942.

OLIVEIRA, Antônio Flávio de. Comentários à Lei de Licitações e Contratações Públicas. *Fórum de Contratação e Gestão Pública – FCGP*, Belo Horizonte: Fórum, v. 12, n. 144, dez. 2013.

OLIVEIRA, Ivo Ferreira de. *Diligências nas licitações públicas*. Curitiba: JM, 2001.

OLIVEIRA, João Rezende Almeida *et al.* Regime jurídico das operações de crédito externo de interesse da União, Estados, Distrito Federal e Municípios. *Revista de Direito Internacional Econômico e Tributário*, Universidade Católica de Brasília. Brasília: Fortium, v. 4, n. 1, jan./jun. 2009.

OLIVEIRA, Marcelo Fernandes de. Cooperação técnica internacional e financiamento externo: aportes teóricos. *In*: POSSAS, Lídia M. Vianna; SALA, José Blanes. (Org.). *Novos atores e relações internacionais*. Marília: Cultura Acadêmica, 2010.

OLIVEIRA, Rafael Carvalho Rezende. *Nova Lei de Licitações e Contratos Administrativos*. 2. ed. Rio de Janeiro: Forense, 2021.

ORTEGA, Maria Lúcia Jordão. *Licitações à Luz da Lei nº 8.666/93*. São Paulo: [s.e.], 1995.

PASCHOA; BARIANI JUNIOR. Artigos 62 a 70. *In*: DAL POZZO *et al. Lei de licitações e contratos administrativos comentada*: Lei nº 14.133/21. São Paulo: Revista dos Tribunais, 2021.

PARIZI FILHO, João. A sujeição de licitações brasileiras às normas internacionais. *Boletim de Licitações e Contratos – BLC*, set. 2000.

PASSOS, Ângelo. O campeão dos encargos. *A Gazeta*, Vitória, ES. Coluna perspectiva, [s.d.].

PASTORE, José. As cooperativas e a justiça trabalhista. *Valor Econômico*, 12 abr. 2007.

PEDRA, Anderson Sant'Anna. Licitação Internacional. *In*: TORRES, Ronny Charles L. de. *Licitações Públicas*: homenagem ao jurista Jorge Ulisses Jacoby Fernandes. Curitiba: Negócios Públicos, 2016.

PEIXOTO, Ariosto. É *possível fazer pregão eletrônico internacional?*. Disponível em: http://licitacao.uol.com.br/adm/img_upload/asse237.pdf. Acesso em 06 jan. 2023.

PÉRCIO, Gabriela Verona; RAMOS, Flávio. Preferência para produtos manufaturados e serviços nacionais em licitações: uma análise crítica à luz do desenvolvimento nacional sustentável. *Interesse Público – IP*, Belo Horizonte, a. 14, n. 71, jan./fev. 2012.

PEREIRA JÚNIOR, Jessé Torres. *Comentários à lei das licitações e contratações da Administração Pública*. 3. ed. Rio de Janeiro: Renovar, 1995.

PEREIRA JÚNIOR, Jessé Torres. *Comentários à lei das licitações e contratações da Administração Pública*. 7. ed. Rio de Janeiro: Renovar, 2007.

PEREIRA JÚNIOR, Jessé Torres; DOTTI, Marinês Restelatto. Haverá margens de preferência nas licitações e contratações entre empresas de Estados integrantes do MERCOSUL? *Jus.com.br*, 31 jan. 2018. Disponível em: https://jus.com.br/artigos/63660/havera-margens-de-preferencia-nas-licitacoes-e-contratacoes-entre-empresas-de-estados-integrantes-do-mercosul. Acesso em 06 jan. 2023.

PEREIRA, Ana Cristina Paulo. *Mercosul*: o novo quadro jurídico das relações comerciais na América Latina. Rio de Janeiro: Lumen Juris, 1997.

PEREIRA, Cesar; SCHWIND, Rafael Wallbach. *O GPA/OMC e a América Latina*: lições do processo de adesão do Brasil. [s.d.]. Disponível em: https://docs.google.com/viewerng/viewer?url=https://justenadv.com.br/pdfs/IE183/IE183-GPA_WTO.pdf. Acesso em 13 dez 2022.

PEREIRA, Luiz Henrique de Castro. *Licitações internacionais e a Lei nº 8.666/93*. São Paulo: All Print, 2013.

PEREIRA, Merval. Agricultura em xeque. *O Globo,* Rio de Janeiro, 26 jan. 2011.

PEREIRA, Merval. Ciências e eleições. *O Globo,* Rio de Janeiro, 7 jul. 2022.

PEREIRA, Merval. Desconfianças. *O Globo,* Rio de Janeiro, 10 fev. 2011.

PINTO, Célio. As virtudes da proteção. *Folha de S. Paulo,* São Paulo, 27 jul. 1997.

PIRES, Adilson Rodrigues. Integração econômica e soberania. *In*: GOMES, Fábio Luis (Org.). *Direito internacional*: perspectivas contemporâneas. São Paulo: Saraiva, 2010.

PIRES, Antonio Cecilio Moreira; PARZIALE, Aniello. *Comentários à Nova lei de Licitações Públicas e Contratos Administrativos*: Lei nº 14.133, de 12 de abril de 2021. São Paulo: Almedina, 2021.

PLAWIAK, Rainier Belotto. Contratos administrativos internacionais: a Lei nº 8.666/93 frente às normas do comércio internacional. *Revista Brasileira de Direito Internacional,* Curitiba, v. 2, n. 2, jul./dez. 2005.

PRADO, Maurício Curvelo de Almeida. *Contrato internacional de transferência de tecnologia patente e know-how*. Porto Alegre: Livraria do Advogado, 1997.

REQUI, Erica Miranda dos Santos. Licitação nacional x Licitação Internacional. *Blog Zenite,* 27 fev. 2013. Disponível em: https://zenite.blog.br/licitacao-nacional-x-licitacao-internacional. Acesso em 10 out. 2022.

REZEK, Francisco. *Direito internacional*: curso elementar. 12. ed. São Paulo: Saraiva, 2010.

REZENDE FILHO, Francisco. *Parecer sobre a Emenda Constitucional nº 06/95*. Arquivo pessoal.

RIGOLIN, Ivan Barbosa. Dispensa e inexigibilidade de licitação. *Fórum de Contratação e Gestão Pública – FCGP,* Belo Horizonte, a. 3, n. 34, out. 2004.

RIGOLIN, Ivan Barbosa. Lei das licitações é novamente alterada: a MP nº 495, de 19.7.10. *Fórum de Contratação e Gestão Pública – FCGP,* Belo Horizonte, a. 9, n. 104, ago. 2010.

RIGOLIN, Ivan Barbosa. *Lei nº 14.133/2021 comentada*: uma visão crítica. Belo Horizonte: Fórum, 2022.

RIGOLIN, Ivan Barbosa; BOTTINO, Marco Tullio. *Manual prático das licitações*. São Paulo: Saraiva, 1995.

RIGOLIN, Ivan Barbosa; BOTTINO, Marco Tullio. *Manual prático das licitações*. 7. ed. rev. e atual. São Paulo: Saraiva, 2008.

RIPERT, Georges. *O regime democrático e o direito civil moderno*. (Trad. J. Cortezão). São Paulo: Livraria Acadêmica, 1937.

RODAS, João Grandino. Tratado internacional só é executório no Brasil depois da promulgação e publicação. *Consultor Jurídico,* 24 dez. 2015. Disponível em https://www.conjur.com.br/2015-dez-24/olhar-economico-tratado-executorio-depois-promulgacao. Acesso em 10 set. 2022.

ROMERO, William. Participação de empresas estrangeiras em licitações no Brasil. *Justen Pereira Oliveira & Talamini*, [s.d.]. Disponível em: http://www.justen.com.br//informativo. php?&informativo=23&artigo=397&l=pt. Acesso em 11 jan. 2011.

ROVER, Oscar José. *Noções básicas de planejamento*. [s.d.]. Disponível em: www.ufcg.edu. br/~cedrus/.../nocoes_basicas_de_planejamento.rtf. Acesso em 10 fev. 2021.

SAMPAIO, Ricardo Alexandre. A nova Lei nº 8.666/93. *Revista Zênite: ILC: Informativo de licitações e contratos*, v. 18, n. 203, jan. 2010.

SANTOS, José Anacleto Abduch. A nova Lei das Estatais. *A Gazeta do Povo*, 30 jul. 2016.

SANTOS, Moacyr Amaral. *Primeiras linhas de direito processual civil*. 12. ed. São Paulo: Saraiva, 1985. v. 1.

SARDENBERG, Carlos Alberto. China: medo e cobiça. *O Globo*, Rio de Janeiro, 20 jan. 2011.

SCHAPOSNIK, Eduardo C. *As teorias da integração e o Mercosul*: estratégias. Florianópolis: UFSC, 1997.

SCHNEIDER, Fábio Böckmann. *Acesso à jurisdição no Mercosul*. Porto Alegre: Síntese, 2001.

SCHWIND, Rafael Wallbach. *Licitações internacionais*: participação de estrangeiros e licitações realizadas com financiamento externo. 2. ed. Belo Horizonte: Fórum, 2017.

SCHWIND, Rafael Wallbach. *Licitações internacionais*: participação de estrangeiros e licitações realizadas com financiamento externo. 3. ed. Belo Horizonte: Fórum, 2022.

SILVA, Robson Alves. Acordo de compensação (*offset*) em itens de defesa: uma perspectiva do setor aeronáutico. *Interfaces Científicas – Exatas e Tecnológicas*, Aracaju, v. 2, n. 1, 2016.

SILVA, De Plácido e. *Vocabulário jurídico*. 2. ed. São Paulo: Forense, 1967.

SILVA, Erivam da. *O uso do poder de compra do Estado como instrumento de política pública*: a Lei Complementar nº 123/2006, sua implementação. 2008. Dissertação (Mestrado em Administração Pública) – Escola Brasileira de administração Pública e de Empresas, Fundação Getulio Vargas, Rio de Janeiro, 2008.

SILVA, Josiel Gomes da. *Parecer emitido em 18 jan. 2011*. Arquivo pessoal.

SILVA, Luiz Eduardo Lopes da. Pagamento em moeda estrangeira. *Cadernos de Direito Econômico e Empresarial; Revista Cadernos de Direito Municipal*, jan./mar. 1984.

SILVA, Rodrigo Alberto C. da; MOLLICA, Julio Cesar. Pregões internacionais. *Ponto de vista, ILC*, n. 307, v. 122, abr. 2004.

SILVA, Vania Pereira da. O dinamismo das normas administrativas nas contratações públicas: impedâncias na implementação de novos procedimentos. *Revista Obras Civis*, a. 2, n. 02, dez. 2010.

SILVA, Walteno Marques. *Licitações e contratos*: a Lei nº 8.666 e suas inovações. 2. ed. Brasília: Brasília Jurídica, 1995.

SILVEIRA, Luis Felipe Dalmedico. Acordo global de compras: fim dos privilégios aos fornecedores locais? *Sollicita*, 17 nov. 2021. Disponível em: https://www.sollicita.com.br/Noticia/?p_idNoticia=18372&n=acordo-global-de-compras%3A-. Acesso em 13 jan. 2023.

SIMON, Pedro. A melhor lei do mundo. *O Globo*, Rio de Janeiro, mar. 1997.

SOARES, Mário Lúcio Quintão; TANURE, Rafael Jayme. A licitação internacional como instrumento de integração. *Boletim Jurídico*, 01 dez. 2013. Disponível em: http://www.boletimjuridico.com.br/doutrina/texto.asp?id=167. Acesso em 10 nov. 2022.

SOUTO, Marcos Juruena Villela. Critérios de julgamento das licitações internacionais. *Boletim de Licitações e Contratos – BLC*, jul. 1994.

SOUTO, Marcos Juruena Villela. *Desestatização*: privatização, concessões e terceirizações. Rio de Janeiro: Lumen Juris, 1997.

SOUTO, Marcos Juruena Villela. *Direito administrativo contratual*. Rio de Janeiro: Lumen Juris, 2004.

SOUTO, Marcos Juruena Villela. *Direito Administrativo Contratual*. 3. ed. Rio de Janeiro: Lumen Juris, 2004.

SOUTO, Marcos Juruena Villela. *Licitações e contratos administrativos*. 2. ed. Rio de Janeiro: Esplanda: ADCOAS, 1994. v. 1. Comentários ás Leis nºs 8.666/1993 e 8.883/1994.

SOUTO, Marcos Juruena Villela. *Licitações e contratos administrativos*. Rio de Janeiro: Esplanada: ADCOAS, 1994. (Série jurisprudência).

SOUTO, Marcos Juruena Villela. O Mercosul e a nova lei de licitações brasileira. *Boletim Científico do Mestrado e Doutorado Direito*, Rio de Janeiro, Universidade Gama Filho – UGF, 1997.

SOUZA, Washington Peluso Albino de. *Direito econômico*. São Paulo: Saraiva, 1980.

STOGA, Alan. Nafta *versus* Mercosul. *Gazeta Mercantil*, 17 abr. 1997.

SUNDFELD, Carlos Ari. *Licitação e contrato administrativo*. 2. ed. São Paulo: Malheiros, 1995.

SUNDFELD, Carlos Ari. *Licitação e contrato administrativo*. São Paulo: Malheiros, 1994.

TÁCITO, Caio. Contratos de colocação no exterior ficam fora do alcance da Lei nº 8.666/93. *Boletim de Licitações e Contratos – BLC*, mar. 1995.

THEODORO JÚNIOR, Humberto. *Curso de direito processual*. 4. ed. Rio de Janeiro: Forense, 1988. v. 1.

TIM, Luciano Benetti; RIBEIRO, Rafael Pelegrini; ESTRELLA, Angela T. Gobbi. *Direito do comércio internacional*. Rio de Janeiro: FGV, 2009.

TOLOSA FILHO, Benedicto de. *Comentários à lei de improbidade administrativa*. Rio de Janeiro: Forense, 2003.

TOLOSA FILHO, Benedicto de. *Comentários à nova Lei de Responsabilidade Fiscal*: Lei Complementar nº 101, de 04.05.2000: comentada e anotada. 2. ed. ampl. e atual. Rio de Janeiro: Temas & Ideias, 2001.

TOLOSA FILHO, Benedicto de. *Contratando sem licitação*. Rio de Janeiro: Forense, 1998.

TOLOSA FILHO, Benedicto de. Os efeitos da MP nº 495/2010 nas contratações públicas. *Revista Zênite: ILC: Informativo de licitações e contratos*, v. 17, n. 202, p. 1203-1207, dez. 2010.

TOLOSA FILHO, Benedicto de. Revogação da lei de gravidade. *O Estado de S. Paulo*, 1997. Parcialmente publicado.

TOLOSA FILHO, Benedicto. *Contratando sem licitação*: comentários teóricos e práticos. 3. ed. Rio de Janeiro: GZ, 2010.

TORRES, Ronny Charles Lopes de. *Leis de licitações públicas comentadas*. 11. ed. Salvador: JusPodivm, 2020.

TORRES, Ronny Charles Lopes de. *Leis de licitações públicas comentadas*. 12. ed. Salvador: JusPodivm, 2021.

TORRES, Ronny Charles Lopes de. *Leis de licitações públicas comentadas*. 13. ed. Salvador: JusPodivm, 2022.

VALLE, Vanice Lírio do. Contratos de gestão e organizações sociais Medida Provisória nº 1.591-1, de 09.10.97. *ILC*, n. 47, jan. 1998.

VARESCHINI, Julieta Mendes Lopes. Nova lei de licitações e contratos é aprovada no senado! *JML Blog*, 11 dez. 2020. Disponível em: https://blogjml.com.br/?area=artigo&c=b04b04e2029f52c1ec8543c749829b4e. Acesso em 15 dez. 2020.

VASCONCELOS, Edson Aguiar de. *Instrumento de defesa da cidadania na nova ordem constitucional*: controle da Administração Pública. Rio de Janeiro: Forense, 1993.

VIANNA, Flavia Daniel; BERLOFFA, Ricardo Ribas da Costa. Os diversos direitos de preferência em licitações e sua aplicação à luz do Decreto nº 8.538, de 06 de outubro de 2015. *Revista ILC*, a. XXIII, n. 264, 2015.

VIEIRA, Elevise Pedroso Teixeira Prado. *Lei de licitações e contratos da Administração Pública comentada*. São Paulo: Verbatim, 2010.

VIOLIN, Tarso Cabral. A ALCA, as compras governamentais e a defesa do interesse público nacional. *Jus.com.br*, 09 nov. 2003. Disponível em: http://jus.uol.com.br/revista/texto/4435/a-alca-as-compras-governamentais-e-a-defesa-do-interesse-publico-nacional/3. Acesso em 20 jan. 2023.

WALD, Arnoldo. *Obrigações e contratos*. 8. ed. São Paulo: Revista dos Tribunais, 1989. (Curso de direito civil brasileiro).

WALD, Arnoldo. Validade das convenções sobre o foro do contrato. *Revista dos Tribunais*, n. 345, p. 261-271, [s.d.]. Disponível em: https://pge.rj.gov.br/comum/code/MostrarArquivo.php?C=NzM0Mg%2C%2C. Acesso em: 8 mar. 2023.

YANAKIEW, Mônica. Pressões para abrir compras do governo. *Gazeta Mercantil*, 14-16 fev. 1997.

Esta obra foi composta em fonte Palatino Linotype, corpo 10
e impressa em papel Pólen Bold 70g (miolo) e Supremo 250g
(capa) pela Artes Gráficas Formato.